Pymes industriales y sistema de innovación en Navarra

Mikel Olazaran, Beatriz Otero, Peio Ayerdi, Ricardo Feliu, Iñaki Lavilla, Eneka Albizu, Cristina Lavía

Este informe ha sido realizado dentro del proyecto de investigación "Pymes industriales en el sistema regional de innovación: los casos de la C.F. de Navarra, la C.A. del País Vasco y Cataluña", realizado por investigadores de la Universidad Pública de Navarra (UPNA), Universidad del País Vasco (UPV-EHU) y Universitat Rovira i Virgili (URV), y financiado por el Ministerio de Ciencia e Innovación (en la actualidad Ministerio de Economía y Competitividad), Proyecto CSO2008-06520-C02-01.

DOI: http://dx.doi.org/10.3926/oms.18

ISBN versión impresa: 978-84-940234-0-8

DL: B-15290-2012

Fotografía portada y contraportada: Javier Campos. Fotógrafo. Pamplona. (javier@jcfoto.es)

Diseño portada y contraportada: OmniaScience

Impreso por Createspace

Índice

Índice de tablas

Índice de gráficos

Capítulo 1

Introducción y agradecimientos

En la sociedad moderna la investigación científica, el desarrollo tecnológico y la innovación (I+D+i) son un motor del crecimiento económico y el bienestar social. La innovación, entendida en un sentido amplio (técnica, organizativa, social), adquiere también una importancia crítica para el diseño de un modelo de desarrollo sostenible desde un punto de vista económico, medioambiental y social.

En los últimos años el conjunto de agentes y estructuras que conforman el sistema de investigación, desarrollo e innovación (I+D+i) de la Comunidad Foral de Navarra (CFN) ha experimentado un espectacular crecimiento. Partiendo de posiciones inferiores a la media estatal, en poco más de una década Navarra ha alcanzado las primeras posiciones entre las regiones españolas y se encuentra en posiciones cercanas a la media europea. El crecimiento se constata en todos los sectores donde se desarrollan actividades de I+D: empresas, centros tecnológicos, centros públicos y universidades.

En este informe se analiza el "despegue" de la I+D en Navarra así como, especialmente, las actividades de innovación en las pequeñas y medianas empresas (pymes) industriales, que son un pilar del desarrollo de la región. La atención se centra en cómo llevan a cabo sus innovaciones las pymes industriales y cómo se relacionan, para ello, con agentes externos (proveedores, clientes, agentes tecnológicos, etc.). También se analiza el papel que las políticas públicas, especialmente las de ámbito regional, han jugado en la promoción de la innovación empresarial.

El estudio se ha realizado desde la perspectiva teórica del "sistema de innovación", en concreto su variante regional ("sistema regional de innovación"), que subraya la influencia de factores institucionales, culturales y sociales en los procesos de innovación de las empresas.

En concreto, se atiende principalmente a los siguientes aspectos:

- o   Evolución del sistema de I+D+i
- o   Relaciones y procesos internos a las empresas
- o   Relaciones con otras empresas (clientes y proveedores)
- o   Relaciones entre la empresa y los agentes tecnológicos (centros tecnológicos, universidades)
- o   Papel del entorno institucional, especialmente, las políticas y ayudas públicas

El informe se ha basado en las siguientes fuentes de información:

- o   Estadísticas de I+D, encuestas sobre innovación y otras estadísticas económicas del Instituto Nacional de Estadística (hasta 2010)
- o   Explotación propia de las respuestas de 237 pymes industriales navarras de entre 25 y 249 empleados procedentes de la Encuesta sobre Innovación del INE de 2008
- o   20 entrevistas cualitativas a directivos o responsables de I+D de pymes industriales de más de 50 empleados pertenecientes a sectores de media-alta tecnología
- o   14 entrevistas cualitativas a agentes de I+D y organismos de intermediación del ámbito regional

Esta investigación se ha realizado dentro del proyecto Pymes industriales en el sistema regional de innovación (proyecto CSO2008-06520-C02-01), financiado por el Ministerio de Ciencia e Innovación (desde 2011 Ministerio de Economía y Competitividad) en el que participaron investigadores de la Universidad Pública de Navarra (UPNA), Universitat Rovira i Virgili (URV) y Universidad del País Vasco (UPV-EHU).

La estructura de este informe es la siguiente. En el apartado segundo se expone el marco teórico desde el que se ha realizado el estudio: la perspectiva de los sistemas regionales de innovación. Además de exponer los principios generales de esta teoría, se revisa la literatura internacional reciente sobre la importancia del entorno regional en los procesos de innovación de las pequeñas y medianas empresas.

En el apartado tercero se explicitan los objetivos e hipótesis principales de la investigación, así como la metodología empleada.

Seguidamente, se ofrece un análisis del sistema de I+D+i de la CFN, tanto en lo que se refiere a sus magnitudes y sectores de ejecución principales (apartado 4.1), como al análisis de las actividades de I+D e innovación de las empresas (apartado 4.2), que son el principal objeto de análisis de este estudio. Los datos provenientes de las encuestas de I+D e Innovación del INE (hasta 2010) son completados con una explotación propia de las respuestas de 237 pymes industriales navarras de entre 25 y 249 empleados a la Encuesta sobre Innovación del INE de 2008. Esta explotación nos ha permitido profundizar en el estudio de las relaciones entre actividades de I+D, cooperación con agentes externos en la innovación e influencia de las ayudas públicas.

En el resto del apartado cuarto se revisan brevemente algunos indicadores de resultados científicos y tecnológicos (apartado 4.4), así como los principales instrumentos de las políticas regionales.

Los apartados quinto y sexto ofrecen información detallada de la evidencia cualitativa recogida de las entrevistas a 20 pymes industriales y 14 agentes tecnológicos y de intermediación de la CFN. En el apartado quinto se analizan los procesos de innovación en las pymes industriales, atendiendo a los siguientes aspectos: en qué consisten las actividades de innovación para las empresas (5.1), organización interna de la innovación (5.2), cooperación con clientes, proveedores, centros tecnológicos y universidades (5.3) y efectos de las políticas públicas (5.4).

En el apartado sexto se analizan las percepciones de los agentes tecnológicos (centros tecnológicos y universidades) y de los agentes de intermediación (agentes gubernamentales, agentes de promoción de la I+D). Se atiende a la problemática de la universidad (6.1), los centros tecnológicos (6.2), las relaciones entre centros tecnológicos y empresas (6.3) y los efectos de las políticas y otros aspectos del entorno (6.4).

Finalmente, en el apartado séptimo, se exponen los principales resultados obtenidos en el estudio, "triangulando" las distintas fuertes de información: indicadores de I+D+i del INE, explotación propia de la encuesta del INE y entrevistas cualitativas a empresas y agentes tecnológicos. Al final del apartado séptimo se resumen las principales conclusiones del estudio.

El informe incluye cuatro anexos con información sobre la estructura económica regional (anexo primero), algunos rasgos de los agentes tecnológicos de la CFN (anexo segundo), lista de entrevistas realizadas a empresas y agentes tecnológicos, así como justificación de los criterios empleados para la selección de empresas a entrevistar (anexo tercero) y guiones empleados en las entrevistas (anexo cuarto).

Finalmente, queremos agradecer a las personas entrevistadas en las empresas industriales, centros de investigación y tecnología, y organismos de intermediación, su atención y su tiempo, sin los cuales no hubiera sido posible este informe. Esperamos que este trabajo, elaborado desde una perspectiva académica de ciencias sociales, pueda tener una utilidad también práctica en la detección de los retos principales del sistema de innovación de Navarra y de sus dimensiones y consecuencias sociales.

Pamplona, abril de 2012

Capítulo 2

Marco teórico del estudio

2.1 Sistema Nacional de Innovación

El marco teórico de esta investigación se sitúa dentro de la perspectiva de los "sistemas nacionales de innovación" y su variante "sistemas regionales de innovación". Esta perspectiva parte de una doble premisa: el conocimiento es el principal factor de producción en la economía actual y el "aprendizaje" (*learning*) es el proceso más importante. El aprendizaje o innovación es un proceso social, influido por el contexto institucional y cultural. Cuando los agentes que interactúan comparten unas normas o valores, o pertenecen a un mismo entorno social, el proceso de aprendizaje interactivo tendrá lugar con mayor facilidad.

La perspectiva del sistema nacional de innovación (SNI) surgió en los años 80 de la mano de autores como Christopher Freeman, Richard Nelson y Bengt-Ake Lundvall, que pusieron en cuestión los postulados ortodoxos sobre el papel del conocimiento como genérico, codificable, accesible sin coste e independiente del contexto (Freeman, 1987; Dosi, Freeman, Nelson, Silverberg Y Soete, 1988). La perspectiva tuvo un fuerte desarrollo en la década de los 90 (Lundvall, 1992a; Nelson, 1993; Edquist, 1997), llegando a adquirir un gran peso, tanto en el ámbito académico y de investigación, como en el político, en organismos como la OCDE, de gran importancia en la política científica y tecnológica (Sharif, 2006).

La definición de "innovación" propugnada por el enfoque del SNI pone en cuestión el modelo lineal dominante, caracterizado por la preeminencia de la I+D "formal" (actividades de investigación científica y desarrollo tecnológico en sentido estricto), la secuencialidad y la falta de interacciones. Para la perspectiva del SNI, las innovaciones son nuevas combinaciones de conocimiento que tienen un significado económico, llevadas a cabo normalmente por las empresas. La I+D es uno de los inputs que intervienen en el proceso de creación y aplicación de conocimiento, pero no es el único, ni tiene por qué ser el principal.

La innovación es un proceso continuo, gradual, acumulativo, relacionado con las actividades habituales de producción. Normalmente, la innovación supone usos, aplicaciones o combinaciones nuevas de elementos, componentes o posibilidades existentes. La innovación puede tomar distintas formas (de producto, de proceso, organizativa, de comercialización)[1]. Para la perspectiva de los SNI, la innovación es un proceso interactivo y sistémico, con conexiones y realimentaciones entre las distintas fases y niveles. El sistema nunca alcanza un estado de equilibrio, puesto que los procesos evolutivos son abiertos y dependientes de una trayectoria histórica (*path-dependent*).

El postulado central de la perspectiva del SNI es que las instituciones sociales condicionan o canalizan la acción económica en general y los procesos de innovación en particular. Las instituciones son conjuntos de hábitos, rutinas, reglas, normas y leyes que regulan la relación entre personas y moldean la interacción humana (Johnson, 1992: p.26). Las instituciones son "modos prevalentes de hacer las cosas", modos de coordinación multiplicadores de la acción, de cara a obtener un rendimiento deseado en contextos donde intervienen las acciones e interacciones de distintos actores (Nelson, 2008: p.2). Las instituciones reducen la incertidumbre y la búsqueda de información necesaria para la acción individual y colectiva, y son, por tanto, componentes fundamentales de todo sistema social.

> *"Societies which differ with respect to educational and communication infrastructures, incentive systems, the ways in which conflicts between groups and classes are coped with, ways of thinking and cooperating and so on, also learn and search differently in their production organisations."* (Johnson, 1992: p.37)

Para la perspectiva del SNI el cambio social o socioeconómico se explica, en última instancia, por las relaciones entre tecnología (o "tecnología física") e instituciones sociales (o "tecnología social").

> *"The advance of physical technologies is the key driving force [of economic growth]... New institutions often come into the picture as changes in the modes of interaction – new ways of organizing work, new kinds of markets, new laws, new forms of collective action – that are called for as the new technologies are brought into economic use. In turn, the institutional structure at any time has a profound effect on, and reflects, the technologies that are in use, and which are being developed."* (Nelson, 2002: p.269)

Entre las instituciones sociales que afectan a la innovación (o elementos de un sistema de innovación) pueden mencionarse los siguientes:

- ○ La organización interna de las empresas
- ○ Las relaciones entre empresas

- o   Las políticas públicas y el papel de los gobiernos de distintos niveles

- o   El sistema financiero

- o   El sistema o estructuras de I+D

- o   El sistema educativo y formativo

- o   Las normas y valores sociales

El aprendizaje interno se refiere a la comunicación y relaciones entre departamentos, niveles jerárquicos y personas en la empresa. El estilo de dirección, la participación de los trabajadores, la cultura de cooperación o conflicto, los niveles de legitimidad y confianza, las relaciones entre grupos de profesionales y las luchas por el poder o los sistemas de incentivos son aspectos determinantes.

En cuanto a las relaciones entre empresas, destaca la importancia, en las innovaciones de producto, de las relaciones entre productor y usuario, que van más allá de una relación pura de mercado.

El aprendizaje interactivo interno y externo tiene lugar dentro de un entorno institucional (nacional, regional) donde las relaciones entre el sector público y el privado, el sistema educativo y formativo (p.e. escuelas de Ingeniería, escuelas de Formación Profesional), el sistema financiero y el marco de relaciones laborales tienen una gran importancia. Respecto al sistema educativo, un aspecto interesante a analizar son los modelos transmitidos sobre el papel de los distintos agentes, profesionales o empleados en la empresa y, en particular, en las actividades de innovación (Johnson, 1992: p.35).

La perspectiva del sistema de innovación ha señalado la importancia de las innovaciones incrementales ligadas a la actividad productiva habitual, a la adopción e implementación de tecnologías y a la interacción entre usuarios y productores de sistemas técnicos (Rosenberg, 1994; von Hippel, 1988). Existen, por tanto, distintos tipos de aprendizaje y creación de conocimiento, como son el "learning by doing" (aprender haciendo, en las actividades productivas habituales, resolviendo problemas), "learning by using" (aprender en base al uso y adaptación de nuevos sistemas técnicos), y "learning by interacting", tanto interno a la organización (en base al trabajo en equipos multidisciplinares), como externo a la misma, notablemente, en las relaciones productor-usuario, típicas, por ejemplo, de la relación entre fabricantes especializados y grandes clientes.

En esta línea, recientemente se ha señalado la existencia de dos "modos de innovación", el basado más directamente en la ciencia y la tecnología (modo STI, "Science, technology and innovation") y el basado en las actividades productivas habituales y el aprendizaje interactivo (modo DUI, "Doing, Using and Interacting") (Jensen, Johnson, Lorenz y Lundvall, 2007; Lundvall y Lorenz, 2007).

El modo de innovación STI, típico de sectores de alta tecnología, se caracteriza por la importancia del conocimiento codificado, del personal científico interno y de las relaciones con instituciones científico-tecnológicas externas.

Por contra, en el modelo DUI, más relacionado con la innovación incremental, prima la interacción entre personas y entre departamentos, el intercambio de conocimiento tácito y la relación estrecha con usuarios o clientes. No obstante, hay que señalar que se trata de dos "tipos ideales" o modelos que pueden coexistir en el mismo sector e incluso en la misma empresa.

La noción de aprendizaje interactivo interempresarial entre productor y usuario de Lundvall y equipo es especialmente relevante desde el punto de vista de nuestra investigación (Lundvall, 1992b). Según estos autores, la importancia de los sistemas nacionales de innovación se deriva del hecho de que los mercados son "organizados" de maneras diferentes en países o entornos institucionales distintos. Las innovaciones de producto tienden a producirse dentro de relaciones productor-usuario que van más allá de la racionalidad instrumental o las puras relaciones de mercado.

> *"Product innovations would be rare and accidental, if markets were characterized by anonymous relationships between producers and users. Producers would have difficulties in observing new user needs, and users would lack qualitative information on the characteristics of the new products." (ibid., p.50)*

Las innovaciones de producto se producen dentro de mercados organizados caracterizados por el intercambio de información cualitativa, la cooperación, la jerarquía y la confianza mutua entre un número reducido de participantes. Por medio de la relación estable entre usuario y productor se comunica información sobre oportunidades tecnológicas y necesidades del usuario. Productor y usuario desarrollan un código común de comunicación que facilita el intercambio de información y la adaptación de las nuevas tecnologías a las necesidades de los usuarios avanzados. Las relaciones usuario-productor pueden ser jerárquicas o de poder, pero debe haber en ellas un elemento de lealtad, confianza y respeto a la autonomía de las partes (ibid., p.52).

Estos autores destacan la importancia de los mercados organizados frente a la integración vertical donde, si bien los costes de transacción entre las partes son menores, en el largo plazo se pierden las ventajas del aprendizaje interactivo entre un abanico más amplio de productores y usuarios independientes.

2.2 Sistemas Sectoriales y Regionales de Innovación

El enfoque de los SNI ha sido aplicado en ámbitos sectoriales (los sistemas sectoriales de innovación) y regionales. Consideraremos en primer lugar y brevemente, algunas ideas de los sistemas sectoriales que son relevantes para nuestra investigación (debido a la concentración de la actividad industrial de Navarra en algunos sectores manufactureros), para posteriormente centrarnos en los sistemas regionales, marco principal de nuestro análisis.

Un sistema de innovación sectorial es un conjunto de empresas activo en el desarrollo y fabricación de los productos y en la utilización de tecnologías dentro de un sector industrial (Breschi y Malerba, 1997). Los sectores industriales están caracterizados por un determinado "régimen tecnológico": tipo de conocimiento, condiciones de oportunidad, apropiabilidad y acumulabilidad del conocimiento, y modos de transmisión del mismo.

Breschi y Malerba han formulado algunas hipótesis interesantes sobre la relación entre el régimen tecnológico de un sector y la importancia de la proximidad. Sus análisis son particularmente interesantes en lo que respecta a sectores maduros (como la ingeniería mecánica o la máquina herramienta) caracterizados por el carácter tácito y específico del conocimiento, la importancia de las relaciones productor-usuario y la innovación como adaptación, desarrollo o mejora del producto en respuesta a las necesidades del cliente o a nuevos contextos de aplicación.

> *"The more the relevant knowledge base is tacit, complex, and part of larger systems, and the more the sources of new knowledge are associated with interdependent (systemic) suppliers and users, the more likely geographical proximity plays a relevant role in facilitating the transmission of knowledge across agents... The more the relevant knowledge base is codifiable, codified, simple, and independent, and the more the sources of new knowledge are associated with scientific advancements and generic (non-systemic) suppliers and users, the more likely spatial proximity does not play a relevant role in permitting the transfer of relevant knowledge." (Breschi y Malerba, 1997: p.143)*

Dentro del enfoque de los sistemas nacionales de innovación, la aplicación a nivel regional ha ganado una gran aceptación en los últimos años (Braczyk, Cooke, Heidenreich, 1996; Cooke y Morgan, 1998; Storper, 1997; Maskell y Malmberg, 1999; Cooke, Gómez-Uranga y Etxeberria, 1997; Maskell, 2001; OECD, 2001). La perspectiva de los "sistemas regionales de innovación" (SRI) enlaza con un creciente interés por la importancia del entorno regional de la innovación, especialmente para las pequeñas y medianas empresas (pymes), y con la creciente importancia de las políticas regionales que favorecen y promueven la innovación.

La perspectiva del SRI recoge elementos de la economía evolutiva, economía institucional, teorías sociales y geografía económica, integrando diferentes conceptos como "distritos industriales", "milieu" innovador o "learning region". Esta perspectiva surge en gran medida para explicar el éxito de algunas aglomeraciones, clústeres o regiones industriales (como Baden Wurttemberg, Emilia-Romagna o Silicon Valley).

Desde la perspectiva del SRI, la innovación se concibe como un proceso de aprendizaje interactivo dentro de la empresa y entre ésta y otras organizaciones. Se trata además de un proceso localizado, donde factores contextuales específicos pueden promover los procesos de creación y aplicación de conocimiento. Se considera que la aglomeración de empresas supone un ahorro en los costes de transacción en las relaciones entre empresas y favorece las interacciones basadas en la confianza mutua y el intercambio de conocimiento no codificado.

La confianza, la reciprocidad, los valores compartidos, las redes y las normas aceleran la transferencia de información y el desarrollo de nuevo conocimiento. Los "fallos del mercado" para el intercambio de conocimiento entre empresas pueden superarse si las relaciones puramente económicas son reemplazadas por acuerdos de intercambio recíprocos y estables basados en la confianza. Las redes de colaboración interempresarial son particularmente importantes en el caso de las pymes, que conforman la gran mayoría del tejido empresarial europeo.

2.3 Innovación y pymes

Se han realizado diferentes estudios a nivel internacional que se centran en la influencia del entorno regional en la actividad innovadora de las pymes:

- Reino Unido (Vickers y North, 2000; Kalantaridis y Phelby, 1999; Freel, 2000, 2003; Freel y Harrison, 2006)

- Alemania (Grotz y Braun, 1997; Fritsch, 2001; Gebauer, Woon Nam y Parsche, 2005)

- Austria (Kaufmann y Todtling, 2002; Todtling y Trippl, 2004)

- Europa/EEUU/Japón (Hassink, 1997)

- Canadá (Doloreux, 2003, 2004)

- Países nórdicos (Asheim y Coenen, 2005)

- Estudios europeos de carácter comparativo ERIS (Koschatzky y Sternberg, 2000) y SMEPOL (Asheim e Isaksen, 2003)

Estos estudios, realizados desde la perspectiva de sistemas de innovación, ofrecen conclusiones interesantes sobre la especificad de los procesos de innovación en pymes, las fuentes externas y las relaciones de cooperación que establecen éstas en sus procesos de innovación, así como la influencia del entorno regional en los procesos de innovación de las pymes.

Estos estudios resaltan que en la mayoría de las pymes la innovación es un proceso que se asienta principalmente sobre bases internas de conocimiento (Freel, 2003; Freel y Harrison, 2006; Gebauer et al., 2005; Kaufmann y Tödtling, 2000). Las pymes poseen una base limitada de recursos, lo cual limita sus posibilidades de realizar actividades de investigación y desarrollo (I+D) y de establecer relaciones de cooperación con otros agentes. Entre las razones de estas limitaciones se encuentran la falta de recursos financieros y humanos, la falta de tiempo, falta de *know how* tecnológico, y falta de capacidades para la búsqueda y selección de información relevante del exterior. (Kaufmann y Todtling, 2002; Smallbone, North y Vickers, 2003).

En este contexto se subraya la importancia de que las empresas hayan desarrollado competencias internas como condición indispensable para que puedan establecer relaciones fructíferas de cooperación con agentes externos y sean capaces de hacer uso de información externa e integrarla con la procedente del interior de la empresa (Freel y Harrison, 2006; Kaufmann y Todtling 2000; Koschatzky y Sternberg, 2000).

Como ponen de manifiesto estos estudios, las pymes innovan de manera reactiva, y no suelen realizar una planificación estratégica de sus actividades innovadoras Debido a su menor capacidad para moldear e influenciar el entorno externo, la innovación se produce a corto plazo como respuesta a circunstancias cambiantes del entorno y no forma parte de una estrategia proactiva a largo plazo (Freel, 2000; Hassink, 1997; Smallbone et al., 2003).

Este carácter reactivo y a corto plazo de la innovación en pymes dificulta la cooperación con agentes de I+D (universidades, centros tecnológicos), los cuales configuran su agenda de investigación a medio/ largo plazo (Hassink, 1997). Por otro lado, la innovación en pymes tiene un marcado carácter *market pull* (Grotz y Braun, 1997; Doloreux, 2003; Kaufmann y Todtling 2002). Los estudios coinciden en señalar el papel tractor del cliente en los procesos de innovación de las pymes y cómo, muchas veces, éstas se ven impulsadas por sus clientes a realizar nuevos desarrollos tecnológicos (Hassink, 1997; Kaufmann y Todtling, 2002, 2003; Gebauer et al., 2005).

Desde la perspectiva RIS se resalta el carácter sistémico de los procesos de innovación. Se parte de la premisa de que las redes formales e informales entre agentes (empresas, gobierno, agentes de I+D, otros agentes del entorno), en un contexto de confianza, permiten minimizar los costes de transacción, facilitando el intercambio de conocimientos tácitos de carácter innovador (Cooke, Gómez-Uranga y Etxeberria, 1997).

Así mismo, las características institucionales de una región y sus infraestructuras de conocimiento (universidades, centros de Formación Profesional, centros de investigación) se consideran importantes condiciones básicas y pueden servir de estímulo para promover las actividades innovadoras. Por ejemplo, la creación de diferentes organizaciones locales para crear densidad institucional ("institutional thickness") es enfatizada como importante para estimular la cooperación, el aprendizaje interactivo y la actividad innovadora (Isaksen y Asheim, 2003).

Por tanto, los estudios realizados desde el prisma RIS prestan especial atención al análisis de las relaciones de cooperación que establecen las pymes en sus procesos de innovación y al ámbito geográfico en que éstas se circunscriben. El hecho de que la mayoría de las innovaciones sea *market pull* tiene como consecuencia que las redes de cooperación para muchas pymes se limite a relaciones con agentes dentro de la cadena de valor, clientes y proveedores (Freel, 2000, 2003; Doloreux, 2003). Como señalan Kaufmann y Todtling (2002) unas pocas relaciones duraderas y selectivas con estos agentes moldean la mayor parte de las actividades de innovación de las pymes. Esto es especialmente cierto para empresas que realizan innovaciones incrementales en sectores maduros, pero también para empresas con desarrollos basados en avances científicos (Freel, 2003; Hassink, 1997).

Frecuentemente, estas relaciones son de carácter informal (Fritsch, 2001) y en ellas el precio no es el factor dominante sino que la existencia de valores compartidos, normas comunes y confianza entre las partes son de vital importancia (Doloreux, 2003, 2004; Asheim y Coenen, 2005, Hassink, 1997; Grotz y Braun, 1997). Como señala la teoría de sistemas de innovación, la confianza, la reciprocidad, las normas y valores compartidos aceleran la transferencia de información y el desarrollo de nuevo conocimiento. Los "fallos del mercado" para el intercambio de conocimiento entre empresas pueden superarse si las relaciones puramente económicas son reemplazadas por acuerdos de intercambio recíprocos y estables basados en la confianza.

Destaca que, fuera de estas relaciones con empresas de la cadena de valor, las pymes presentan escasos vínculos con empresas competidoras y agentes de I+D (Freel, 2000; Kaufmann y Todtling, 2002; Gebauer et al., 2005; Doloreux, 2003, 2004; Koschatzky y Sternberg, 2000). Desde estos estudios se ha prestado especial atención a la relación con agentes de I+D, ya que bajo el prisma de las "políticas de oferta tecnológica", difundidas a nivel europeo durante los años 80 se crearon una serie de infraestructuras de soporte de la innovación en pymes en diferentes regiones. Los estudios realizados coinciden en afirmar que las estructuras de I+D tienen un impacto limitado en los procesos de innovación en pymes.

El estudio de Vickers y North (2000) sobre el papel de 12 centros tecnológicos creados a nivel regional para fomentar la innovación en pymes en Reino Unido, subraya la falta de demanda de sus servicios por parte de las empresas y las dificultades de autofinanciación de estos centros. Grotz y Braun (1997), en su análisis sobre las relaciones de cooperación en innovación de pymes en tres regiones alemanas, concluye que las relaciones entre empresas de ingeniería mecánica e infraestructuras de transferencia de tecnología son débiles. De manera similar, el estudio de Kaufmann y Todtling (2002) en la región de Upper Austria, muestra que las pymes raramente interactúan con universidades, centros de investigación y centros tecnológicos. Hassink (1997) en su estudio comparado sobre diferentes experiencias de políticas de transferencia de tecnología en Europa, Estados Unidos y Japón muestra que dentro de las fuentes de innovación para las empresas, las universidades y centros tecnológicos juegan un papel menor.

Además la cooperación con estos agentes se circunscribe a empresas más grandes y/o con mayores capacidades tecnológicas (Koschatzky y Zenker, 1999; Kaufmann y Todtling, 2002). Hassink (1997) destaca que las empresas con mayores debilidades en tecnología, que deberían ser el grupo objetivo de estos agentes tienden a ignorar estas infraestructuras de I+D, mientras que las empresas con mayores capacidades en I+D e innovación son las que recurren a estas infraestructuras de I+D. Así mismo, el carácter reactivo de las innovaciones en pymes dificulta la colaboración con agentes de I+D, que poseen horizontes de investigación a más largo plazo.

Por otro lado, también se ha señalado el papel de la gerencia o propiedad en la decisión de colaborar con agentes de I+D externos. Arnold (1998) apunta que las pymes tienden a infravalorar el consejo profesional, que a veces es visto como una amenaza para la autoridad de la dirección. Hausman (2005) recuerda que en las pymes el poder y toma de decisiones está concentrado en un propietario/ gerente. Frecuentemente, estos gerentes rechazan el consejo de otros y son reacios a delegar autoridad o toma de decisiones.

A este respecto se considera que el *background* socioeconómico del propietario/ gerente y su actitud personal (reactiva o proactiva) tiene un impacto importante en el rango de fuentes tecnológicas. Se ha señalado que las pymes con un gerente de una segunda generación, especialmente aquellos que han estudiado en universidad, acuden a una mayor variedad de fuentes externas y consiguen buenos resultados del contacto con universidades. Por otro lado también se ha subrayado la importancia de la figura del gatekeeper relacionada con la capacidad de absorción de la empresa (Hassink, 1997).

Estos estudios destacan también factores por parte de la oferta tecnológica (agentes de I+D, centros tecnológicos) que dificultan estas relaciones. Se señala que estos agentes no llegan a satisfacer la demanda de las empresas y que realizan una escasa contribución a resolver problemas específicos de las empresas y aplicación de nuevas tecnologías en procesos de producción y nuevos productos (Gebauer et al., 2005). Estos estudios resaltan que las empresas buscan información tecnológica básica, apoyo telemático y solución de problemas básicos, indicando la necesidad de que estas infraestructuras se alineen en mayor medida con estas necesidades de las pymes (Asheim y Coenen, 2002; Vickers y North, 2000; Gebauer et al., 2005).

El estudio de Vickers y North (2000) muestra cómo los centros tecnológicos regionales creados por el Departamento de Industria del Reino Unido para dar soporte a las actividades de innovación de pymes en regiones inglesas, ante la falta demanda por parte de las empresas, han cambiado su estrategia y ahora tratan dar respuesta a requerimientos más modestos de apoyo tecnológico básico y mejora incremental.

Asimismo, también se señala la necesidad de que los agentes de I+D tengan una estrategia más proactiva (Kaufmann y Todtling, 2002; Gebauer et al., 2005; Vickers y North, 2000) y de que la transferencia de tecnología de estas infraestructuras de I+D se relacione con otras áreas de las empresas (planificación, marketing, finanzas, recursos humanos) (Vickers y North, 2000; Hassink, 1997).

A pesar de las limitaciones de las denominadas "políticas de oferta" que ponen de manifiesto estos estudios, se enfatiza que la existencia de un entorno regional que favorezca la actividad innovadora es especialmente importante en el caso de las pymes, ya que éstas se encuentran más imbricadas en el entorno regional que las empresas más grandes (Fritsch, 2001; Koschatzky y Sternberg, 2000; Koschatzky y Zenker, 1999; Kaufmann y Todtling, 2002).

En este sentido son relevantes las conclusiones del estudio realizado por Copus, Skuras y Tsegenidi (2008) realizado en 12 regiones (centrales y periféricas) en 6 países europeos sobre la importancia del entorno regional en las actividades innovadoras de las pymes, que concluye que las diferencias interregionales en las tasas de innovación son la consecuencia de heterogeneidad regional y no de características observables de las empresas.

Estos estudios destacan que la región es especialmente importante para el intercambio de conocimiento tácito y para la provisión de mano de obra cualificada, ambos mecanismos muy importantes en los procesos de innovación de las empresas pequeñas (Asheim y Coenen, 2002; Kaufmann y Todtling, 2003; Grotz y Braun, 1997; Doloreux, 2003; Gebauer et al., 2005).

No obstante, no todos los SRI favorecen la actividad innovadora de las empresas. Algunos déficits de los SRI que pueden dificultar la actividad innovadora de las empresas son la falta de actores regionales relevantes ("organizational thinness"), la fragmentación o la falta de colaboración en la innovación entre agentes de la región y el "lock in" institucional social y cultural (Asheim e Isaksen, 2003; Kaufmann y Wagner, 2005; Todtling y Trippl, 2005; Iammarino, 2005). Estos déficits se producen en mayor medida en regiones periféricas, donde prevalecen los sectores industriales tradicionales.

Para evitar el "lock in" se resalta la importancia de los vínculos extraregionales (Fritsch, 2001; Koschatzky y Sternberg, 2000; Kaufmann y Todtling, 2002, 2003; Arndt y Sternberg, 2000; Oinas,

2000). Los estudios señalan que la proximidad es más importante para la cooperación con agentes de I+D que para la cooperación dentro de la cadena de valor, donde tienen gran relevancia las relaciones con clientes y proveedores internacionales (Fritsch, 2001; Doloreux 2003, 2004; Koscahtzky y Zenker, 1999; Gebauer et al., 2005). En este sentido Simmie (2002) resalta la importancia de combinar vínculos con clientes de carácter internacional con el conocimiento local por parte de proveedores, universidades y agentes de transferencia locales.

2.4 Conclusiones en relación con el marco teórico e hipótesis de este estudio

En suma, de la revisión de estos estudios se derivan las siguientes conclusiones:

o Desde la perspectiva RIS se resalta el carácter sistémico de los procesos de innovación. Se parte de la premisa de que las redes formales e informales entre agentes (empresas, gobierno, agentes de I+D, otros agentes del entorno), en un contexto de confianza, permiten minimizar los costes de transacción, facilitando el intercambio de conocimientos tácitos de carácter innovador.

o Las características institucionales de una región y sus infraestructuras de conocimiento (universidades, centros de Formación Profesional, centros de investigación) pueden servir de estímulo para promover las actividades innovadoras.

o La innovación es, en gran medida, un proceso interno para la mayoría de las pymes.

o Las pymes poseen una base limitada de recursos, lo cual limita sus posibilidades de realizar actividades de investigación y desarrollo (I+D) y de establecer relaciones de cooperación con otros agentes.

o Dentro de estas relaciones de cooperación es muy importante la confianza mutua y se resalta que son normalmente un número limitado de relaciones usuario-proveedor duraderas y selectivas las que moldean y restringen la mayoría de las actividades, notablemente, de innovación de producto.

o Las universidades, centros tecnológicos y otros agentes de I+D no son fuentes tan relevantes para la innovación. Frecuentemente, la cooperación con estos agentes se circunscribe a empresas más grandes y/o con mayores capacidades tecnológicas

o El carácter reactivo y cortoplacista de la gestión de una gran parte de las pymes, así como la mencionada falta de recursos, dificulta la cooperación con las infraestructuras de conocimiento.

o Se pone de manifiesto la importancia del conocimiento tácito frente al codificado. El aprendizaje relacionado con las actividades productivas habituales ("learning by doing", "learning by using", "learning by interacting") juega un papel fundamental en la innovación en las pymes y, en todo caso, mucho más importante que el desempeñado por la I+D.

o Las pymes industriales se caracterizan por tener una cultura organizacional distintiva, que se deriva de la combinación propiedad/ dirección. En general, se trata de organizaciones donde el poder está centralizado y los niveles de participación de los trabajadores son bajos.

- o El *background* socioeconómico del propietario/ gerente y su actitud personal (reactiva, activa o proactiva) tiene un impacto importante en el rango de fuentes tecnológicas. Se ha señalado que las pymes con un gerente de una segunda generación, especialmente aquellos que han estudiado en universidad, acuden a una mayor variedad de fuentes externas y consiguen buenos resultados del contacto con universidades.

- o Menor capacidad de las pymes para moldear e influenciar el entorno externo.

Las principales hipótesis que se pretenden contrastar en este estudio, y que se derivan de una revisión de la literatura reciente sobre sistemas regionales de innovación, son las siguientes:

- o Las pymes industriales llevan a cabo una importante actividad innovadora en el marco del sistema regional de innovación.

- o Las innovaciones parten de las capacidades internas de la empresa, y consisten, principalmente, en el desarrollo, implementación e integración de nuevos elementos y tecnologías (generalmente, ya existentes en el mercado) en dichas capacidades.

- o En los procesos de innovación interactúan principalmente las direcciones de área de la empresa (gerencia, área técnica, área comercial, área de producción). La participación de los trabajadores es reducida.

- o La relación con proveedores y clientes (normalmente, con un grupo reducido de dichos agentes) tiene una importancia crítica para los procesos de innovación de las empresas. En estas relaciones surgen orientaciones de reciprocidad y confianza mutua que van más allá de una pura relación de mercado.

- o Las relaciones con agentes de I+D (centros tecnológicos, universidades) tienen una importancia menor en los procesos de innovación desarrollados por las pymes y existen importantes barreras al respecto.

- o El papel del gobierno regional (a través de sus principales instrumentos, como son el apoyo a los proyectos de I+D empresariales y el apoyo a la creación de una infraestructura de centros tecnológicos) ha sido determinante en la promoción y "animación" de un sistema de innovación en la CFN.

- -

Notas del capítulo

1. Las estadísticas sobre innovación, que siguen el modelo del Manual de Oslo de la OCDE, recogen esta pluralidad de formas de la innovación. La innovación tecnológica se define como un producto (bien o servicio) nuevo o sensiblemente mejorado introducido en el mercado, o un proceso nuevo o sensiblemente mejorado introducido en la empresa. La innovación se basa en los resultados de nuevos desarrollos tecnológicos, nuevas combinaciones de tecnologías existentes o en la utilización de otros conocimientos

adquiridos por la empresa. En cuanto al contenido, la innovación puede ser de producto, proceso, organizativa o de mercado. La innovación de productos consiste en la introducción en el mercado de bienes o servicios nuevos o mejorados de manera significativa con respecto a características básicas, especificaciones técnicas, software incorporado u otros componentes intangibles, finalidades deseadas o prestaciones. Los cambios de naturaleza meramente estética no deben ser tenidos en cuenta, así como la venta de innovaciones completamente producidas y desarrolladas por otras empresas. La innovación (novedad o mejora) debe serlo para la empresa, pero no necesariamente para el sector o mercado. No importa si la innovación la desarrolló inicialmente la empresa o lo hicieron otras. La innovación de proceso consiste en la implantación de procesos de producción, métodos de distribución o actividades de apoyo a sus bienes y servicios que sean nuevos o aporten una mejora significativa. La innovación (novedad o mejora) debe serlo para la empresa, pero no necesariamente para el sector o mercado. No importa si la innovación la desarrolló inicialmente la empresa o lo hicieron otras. Se excluyen las innovaciones meramente organizativas. Una innovación organizativa consiste en la implementación de nuevos métodos organizativos en el funcionamiento interno de la empresa (incluyendo métodos/sistemas de gestión del conocimiento), en la organización del lugar de trabajo o en las relaciones externas que no han sido utilizadas previamente por la empresa. Debe ser el resultado de decisiones estratégicas llevadas a cabo por la dirección de la empresa. Excluye fusiones o adquisiciones, aunque éstas supongan una novedad organizativa para la empresa.

Una innovación de comercialización es la implementación de nuevas estrategias o conceptos comerciales que difieran significativamente de los anteriores y que no hayan sido utilizados con anterioridad. Debe suponer un cambio significativo en el diseño o envasado del producto, en el posicionamiento del mismo, así como en su promoción y precio. Excluye los cambios estacionales, regulares y otros cambios similares en los métodos de comercialización. Estas innovaciones conllevan una búsqueda de nuevos mercados, pero no cambios en el uso del producto.

Capítulo 3

Ficha técnica

Esta investigación ha sido realizada dentro del marco proyecto Pymes industriales en el sistema regional de innovación (proyecto CSO2008-06520-C02-01), financiado por el Ministerio de Ciencia e Innovación, hoy Ministerio de Economía y Competitividad, en el que han participado investigadores/as de la Universidad Pública de Navarra (UPNA), Universitat Rovira i Virgili (URV) y Universidad del País Vasco (UPV-EHU), principalmente del área de Sociología.

El objetivo principal de la investigación ha sido analizar la incidencia de factores institucionales y sociales en los procesos de innovación de las pymes industriales. Este objetivo principal se desdobla en los siguientes objetivos específicos:

- o Caracterización de los procesos internos de creación de conocimiento en las pymes
- o Análisis de las relaciones entre las pymes y otras empresas (en particular, clientes y proveedores) en los procesos de innovación
- o Análisis de las relaciones de las pymes con agentes tecnológicos (como centros tecnológicos y universidades) en dichos procesos
- o Análisis de los efectos del entorno institucional, en particular, las políticas públicas, en los procesos de innovación de las empresas

Las principales preguntas que pretendemos responder en esta investigación son las siguientes:

- o ¿Cómo se producen las innovaciones en las pymes industriales? ¿Cuáles son las fuentes de la innovación? ¿Cuáles son las barreras a la innovación?

- o ¿Qué relación existe entre la manera en que se organizan y estructuran las empresas y los procesos de innovación desarrollados? ¿Cuál es la relación entre gerencia, dirección técnica y trabajadores en el proceso de innovación?

- o ¿Cooperan las empresas con otras empresas (principalmente, clientes y proveedores) en el proceso de desarrollo e introducción de innovaciones? ¿Cómo son estas relaciones?

- o ¿Cooperan las empresas con agentes tecnológicos (como centros tecnológicos y universidades) en sus procesos de innovación? ¿Qué potencialidades y barreras existen al respecto?

- o ¿Cómo valoran las pymes los instrumentos e infraestructuras de apoyo a la innovación impulsadas por las políticas públicas?

- o ¿Hasta qué punto es relevante el sistema regional de innovación para las pymes? ¿Qué estrategias o puntos de mejora se pueden plantear al respecto?

- o En suma, ¿cuál ha sido la evolución del sistema regional de innovación de la CFN? ¿Qué papel desempeñan las pymes industriales en el mismo?

Para el desarrollo de este estudio se han empleado tres tipos de fuentes de información. En primer lugar, las fuentes oficiales del INE: estadísticas de I+D, encuesta de innovación y otras estadísticas económicas. Se ha manejado información referida a los últimos años disponibles en el momento de la redacción del informe, que han sido, dependiendo del tipo de indicador, los años 2007 a 2010.

Además de los resultados oficiales de la Encuesta de Innovación del INE desagregados para la CFN, en el marco de este proyecto se ha llevado a cabo una explotación específica de los microdatos muestrales de la encuesta del año 2008 para esta región referentes a las pymes de 25 a 249 empleados que son manufactureras (CNAE09 de 10 a 33) y que realizaron algún tipo de innovación tecnológica en el periodo 2006-2008.

Los datos corresponden a la selección de las respuestas de las 237 empresas navarras con esas características del conjunto de la muestra total de la encuesta. El tamaño de esta submuestra implica un volumen de información que sería difícil de obtener por una encuesta ad hoc convencional, aunque los datos disponibles también cuentan con restricciones importantes por motivo de secreto estadístico (más detalles en el apartado 4.3). El objetivo de la explotación de estos datos es profundizar en algunos aspectos externos con incidencia en los procesos de innovación de estas pymes industriales innovadoras navarras, en concreto, los siguientes: fuentes de información para los procesos de innovación, cooperación con agentes externos en los procesos de innovación y subvención pública para actividades de innovación.

Al objeto de conocer por qué y cómo innovan las empresas, así como las relaciones que establecen en sus procesos de innovación con agentes externos (otras empresas y agentes tecnológicos) y la influencia del entorno institucional regional (en concreto, las políticas de I+D) en dichos procesos, el equipo de este proyecto ha llevado a cabo entrevistas cualitativas (semi-estructuradas en profundidad) con empresas y agentes del entorno de la CFN.

Concretamente, se han realizado 20 entrevistas con pymes industriales de la región, como agentes centrales del sistema de innovación, y 14 entrevistas con agentes del entorno (centros tecnológicos, agentes del gobierno, etc.) con influencia en los procesos de innovación de las empresas.

Las entrevistas con empresas tuvieron lugar entre noviembre de 2010 y marzo de 2011 y se mantuvieron por los miembros del equipo de investigación con directores gerentes y directivos de oficinas técnicas, de departamentos de I+D o personas con responsabilidad en innovación en las empresas entrevistadas. Así mismo, se entrevisto a un técnico de una asociación empresarial comarcal navarra.

Siguiendo un criterio de "significatividad teórica" (Leedy y Ormrod, 2005), la muestra de empresas se ha constituido tomando como referencia cómo es la pyme industrial "tipo" navarra. De esta manera, se han tenido en cuenta los siguientes criterios (véase el anexo 3 para más detalle):

- o Pertenencia a sectores de nivel tecnológico medio-alto. Concretamente, se han seleccionado sectores significativos dentro de la industria navarra como son, por ejemplo, la fabricación de maquinaria y la industria auxiliar de automoción

- o Tamaños diferenciados dentro del colectivo de pymes (11 pymes entre 50 y 149 empleados y 8 pymes con 150 o más empleados)

- o Distribución comarcal: 10 pymes en la zona de Pamplona, 4 en Ribera Alta, 3 en Tudela y 1 en la zona noroeste. La asociación empresarial entrevistada pertenece a Tierra Estella

Por otro lado, también se han realizado 14 entrevistas con agentes del entorno en Navarra con incidencia en el sistema de I+D. Así, los miembros del equipo de investigación mantuvieron durante el último cuatrimestre de 2009 y primero de 2010 entrevistas con dos grandes grupos de agentes:

- o Agentes de I+D: 6 entrevistas en centros tecnológicos, 1 entrevista en una universidad y 1 entrevista en una consultoría

- o Organismos de intermediación: agentes del gobierno y/u organizaciones de interfaz dirigidas a fomentar la innovación y la cooperación entre diferentes agentes del sistema (6 entrevistas)

Para alcanzar los objetivos planteados y contrastar las hipótesis establecidas, en las entrevistas con las pymes industriales se han abordado los siguientes aspectos relacionados con su actividad innovadora:

- ○ Definición del concepto de innovación, sus motivos y fuentes

- ○ Aspectos organizativos de los procesos de innovación

- ○ Relaciones con otras empresas en los procesos de innovación (principalmente clientes y proveedores)

- ○ Relaciones con agentes tecnológicos en los procesos de innovación (centros tecnológicos y universidades)

- ○ Valoración de las políticas de I+D en esta materia

Por otro lado, en las entrevistas con agentes del entorno se ha indagado sobre el papel de los diferentes agentes del sistema de I+D en Navarra y las relaciones entre ellos, así como en la percepción sobre la influencia que han tenido las políticas en la configuración de dicho sistema (el guión de las entrevistas realizadas se encuentra en el anexo cuarto).

Capítulo 4

Panorámica de la I+D en Navarra

4.1 Indicadores generales

En los últimos años la Comunidad Foral de Navarra (CFN) ha experimentado un espectacular crecimiento en sus recursos dedicados a investigación científica y desarrollo tecnológico (I+D) (tablas 1 y 2 y gráfico 1). Partiendo de una posición inferior a la media española en 1997, en los últimos en 12 años Navarra casi ha triplicado su gasto en I+D como porcentaje del PIB (gastos salariales y otros gastos corrientes, así como las inversiones en equipos e instalaciones dedicados a dicha actividad). Este crecimiento ha sido manifiestamente superior al experimentado por la media estatal en el mismo periodo de tiempo (174%).

	Gasto total en I+D (miles €)	Gasto total en I+D (% del PIB)
UE27	245.673.066	2,00
UE15	236.969.834	2,09
España	14.588.455	1,39
Madrid	3.854.768	2,02
Cataluña	3.227.218	1,63
Navarra	365.719	1,97
País Vasco	1.305.630	1,95

Tabla 1. Recursos económicos asignados a la I+D por el sistema (2010). (INE y Eurostat, elaboración propia)

En 2010, el gasto en I+D sobre el PIB en la CFN (1,97%) se situó en niveles superiores a la media española (1,39% del PIB), habiendo alcanzado niveles cercanos a la media europea (UE-27: 2,00%; UE-15: 2,09)[2].

	Navarra		España	
	Gasto total en I+D (miles €)	Gasto total en I+D (% del PIB)	Gasto total en I+D (miles €)	Gasto total en I+D (% del PIB)
1997	62.529	0,71	4.038.904	0,80
1998	76.407	0,82	4.715.018	0,87
1999	91.149	0,91	4.995.360	0,86
2000	94.595	0,87	5.718.988	0,91
2001	114.065	0,98	6.227.157	0,91
2002	130.880	1,05	7.193.537	0,99
2003	177.914	1,34	8.213.036	1,05
2004	256.947	1,80	8.945.761	1,06
2005	257.967	1,68	10.196.871	1,12
2006	316.978	1,91	11.815.217	1,20
2007	333.872	1,88	13.342.371	1,27
2008	358.666	1,94	14.701.393	1,35
2009	388.243	2,13	14.581.676	1,38
2010	365.719	1,97	14.588.455	1,39

Tabla 2. Evolución de los recursos del sistema (1997-2010). (Estadística de Actividades del I+D, INE)

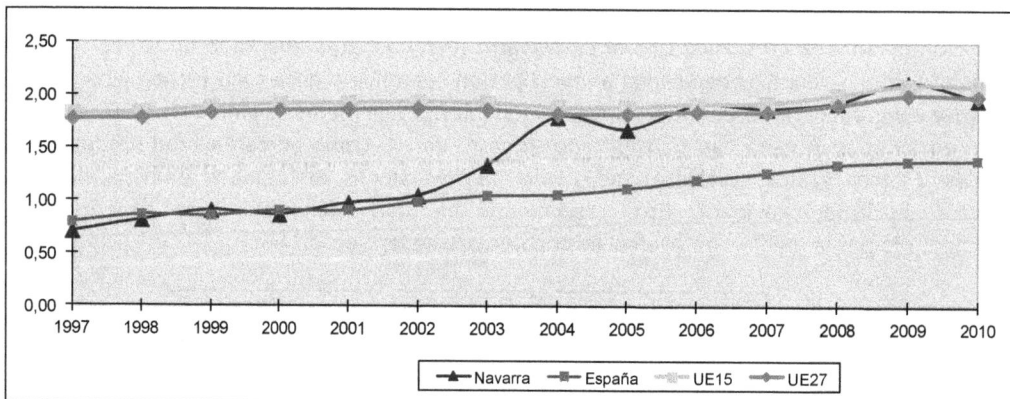

Gráfico 1. Evolución de los recursos del sistema (1997-2010). (Estadística de Actividades del I+D, INE)

En cuanto a los sectores de ejecución de la I+D, Navarra destaca por el peso relativo del sector empresarial (69,4%), mayor que la media europea y española (63,1% y 51,6% respectivamente), así como de Cataluña (56,8%) y Madrid (54,6), siendo sólo superado la Comunidad Autónoma del País Vasco (CAPV, 75,5%). No obstante, hay que señalar, como se verá más adelante, que el sector empresarial incluye a los centros tecnológicos, organismos de I+D con un considerable peso en el sistema en Navarra y, sobre todo, en la CAPV.

El porcentaje del sector universitario (22,5%) está ligeramente por debajo de la media europea (UE-27) y el de los organismos públicos de investigación (8,1%) es 5 puntos inferior al de la UE-27 (tabla 3 y gráfico 2).

En términos relativos al PIB, hay que destacar la fortaleza del sector empresarial, situada por encima de niveles europeos, si bien hay que matizar un tanto la importancia de este dato por la inclusión en el mismo de los centros tecnológicos. El sector público tiene un tamaño inferior al de las medias europea y española, en parte como resultado de la opción a favor de los centros tecnológicos (privados, pero sin ánimo de lucro) como agentes de generación y transferencia de conocimiento. El peso del sector universitario es superior a la media española, aunque inferior a la europea.

	% sobre total			% sobre PIB		
	Empresas e IPSFL	Admón. pública	Enseñanza superior	Empresas e IPSFL	Admón. pública	Enseñanza superior
UE27	62,5	13,3	24,2	1,25	0,27	0,49
UE15	63,1	12,8	24,1	1,32	0,27	0,51
España	51,6	20,1	28,3	0,71	0,28	0,39
Madrid	54,6	27,6	17,8	1,11	0,56	0,36
Cataluña	56,8	19,8	23,4	0,93	0,32	0,38
Navarra	69,4	8,1	22,5	1,36	0,16	0,44
País Vasco	75,5	6,0	18,5	1,47	0,12	0,36

Tabla 3. Gasto en I+D según sectores de ejecución (2010) (%).(Estadística de Actividades del I+D, INE, elaboración propia)

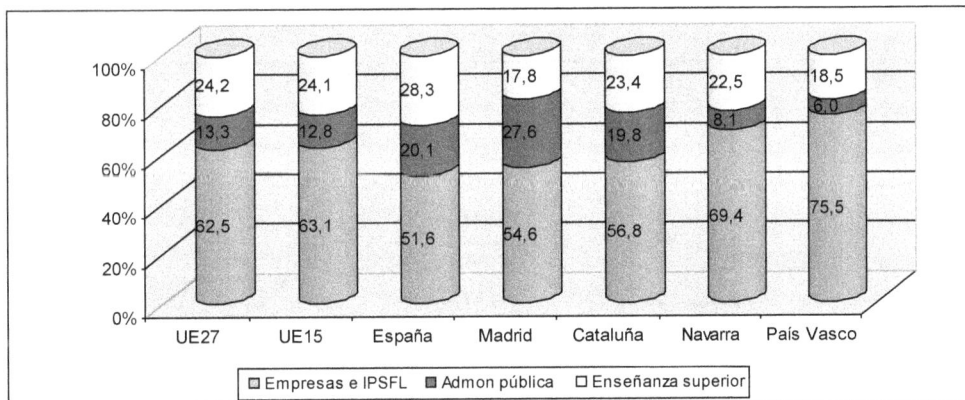

Gráfico 2. Gasto en I+D según sectores de ejecución 2010 (%). (Estadística de Actividades del I+D, INE)

Es interesante observar la evolución de los distintos sectores de ejecución de actividades de I+D en los últimos años, con un aumento espectacular de la I+D empresarial y, en los últimos años, un aumento importante del sector administración pública, así como una disminución relativa del sector de enseñanza superior (que no obstante ha crecido 0,14 puntos sobre el PIB) (tabla 4 y gráfico 3). El aumento del sector público puede deberse en parte a la inclusión en el mismo de entidades de carácter público o participadas principalmente por agentes públicos, que son consideradas como centros tecnológicos en los planes regionales. Los años 1997-2010 pueden verse como el periodo del "despegue" de la I+D empresarial en la CFN.

	Empresas e IPSFL		Enseñanza superior		Administración Pública	
	% del total gasto I+D	% sobre PIB	% del total gasto I+D	% sobre PIB	% del total gasto I+D	% sobre PIB
1997	54,6	0,39	42,6	0,30	2,8	0,02
1998	62,0	0,51	35,4	0,29	2,5	0,02
1999	63,8	0,58	34,3	0,31	1,8	0,02
2000	65,3	0,57	32,4	0,28	2,2	0,02
2001	70,1	0,69	29,0	0,28	0,8	0,01
2002	68,9	0,72	31,1*		0,33*	
2003	72,1	0,96	23,3	0,31	4,6	0,06
2004	64,9	1,17	30,0	0,54	5,0	0,09
2005	66,0	1,11	30,7	0,51	3,3	0,06
2006	67,8	1,30	24,7	0,47	7,5	0,14
2007	65,7	1,24	23,5	0,44	10,8	0,20
2008	69,0	1,34	23,2	0,45	7,8	0,15
2009	68,9	1,47	21,7	0,46	9,4	0,20
2010	69,4	1,36	22,5	0,44	8,1	0,16

*Los datos corresponden al sector de enseñanza superior y administración pública ya que no se dispone de información desagregada para estos dos sectores para el año 2002

Tabla 4. Evolución de la ejecución del gasto en I+D según sectores de ejecución en Navarra (%). (Estadística de Actividades del I+D, INE, elaboración propia)

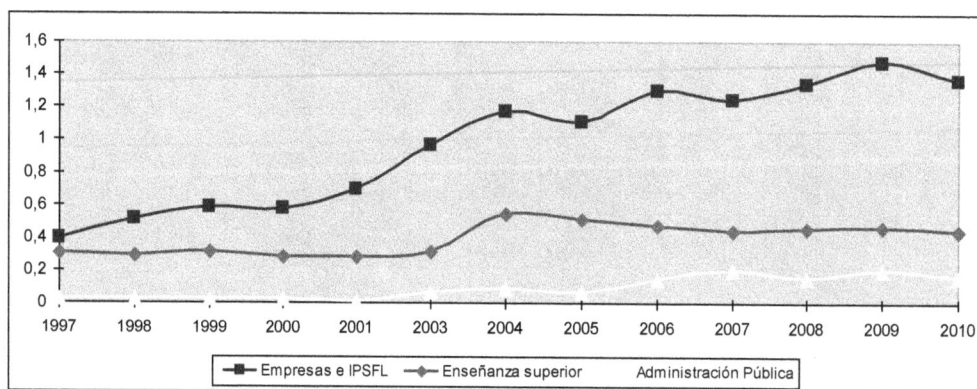

Gráfico 3. Evolución de la ejecución del gasto en I+D según sectores de ejecución en Navarra (% del PIB). (Estadística de Actividades del I+D, INE)

Los procesos de creación y aplicación de conocimiento son llevados a cabo por personas (personal de I+D en equivalente a dedicación plena, EDP). Navarra presenta buenos indicadores en las cifras de personal dedicado a I+D: 19 personas por 1000 unidades de población ocupada, muy por encima de la media española (tabla 5)[3].

	Personal ocupado I+D (EDP)	Personal ocupado I+D (‰ pob. ocupada)	Investigadores en I+D (EDP)	Investigadores I+D (‰ pob.ocupada)
UE27	2.486.743	11,5	1.564.770	7,2
UE15	2.222.493	12,9	1.378.345	8,0
España	222.021,7	12,03	134.653	7,30
Madrid	54.721,4	17,44	31.966,2	10,19
Cataluña	46.335,9	16,12	27.058,4	9,41
Navarra	5.231,5	19,25	3.315,2	12,20
País Vasco	16.920,6	18,02	10.578,4	11,27

Tabla 5. Recursos humanos en I+D (2010). (INE y Eurostat, elaboración propia)

En las tablas 6.1 y 6.2 se puede observar el espectacular crecimiento que ha experimentado el personal en I+D y los investigadores EDP en los últimos años en Navarra y España. El personal EDP ha pasado de suponer un 10,4‰ a un 19,3‰ de la población ocupada en Navarra entre los años 2001 y 2010, mientras que en España, pasa de un 6,9‰ a un 12‰ en el mismo periodo. Los investigadores EDP, por su parte, han pasado de suponer un 6,7‰ a un 12,2‰ de la población ocupada en Navarra, y de un 4,4 a un 7,3‰, en el caso de España. En consonancia con el crecimiento en los gastos de I+D, la CFN ha triplicado el número de personas dedicadas a I+D (EDP), pasando de 1.685 a 5.232. La evolución del número de personas en los distintos sectores puede observarse en la tabla 7.

	Navarra			
	Personal en I+D en EDP	Sobre población ocupada	Investigadores en EDP	Sobre población ocupada
1997	1685	7,96	1125	5,31
1998	1880	8,65	1352	6,22
1999	2136	9,45	1423	6,30
2000	2063	8,56	1601	6,64
2001	2557	10,44	1656	6,76
2002	2900	11,73	-	-
2003	3920	15,49	2591	10,24
2004	4041	15,49	2726	10,45
2005	4493	16,37	2997	10,92
2006	5277	18,61	3374	11,90
2007	4881	16,84	2983	10,29
2008	5409	18,69	3492	12,07
2009	5511	19,97	3388	12,28
2010	5232	19,25	3315	12,20

- No hay dato disponible

Tabla 6.1. Evolución del personal en I+D en la Comunidad Floral de Navarra (1997-2010).
(Estadística de Actividades del I+D, INE, elaboración propia)

Destaca el aumento del personal de I+D de las empresas, que ha cuadriplicado sus efectivos desde 1997, así como el crecimiento del sector público, espectacular en los últimos años (ha multiplicado sus efectivos por 6,8 desde 1997). Este crecimiento puede deberse a la inclusión en este sector de ejecución de centros como el Centro Nacional de Energías Renovables (CENER), puesto en marcha a partir de 2002, y el Centro Nacional de Tecnología y Seguridad Alimentaria (CNTA)[4].

	España			
	Personal en I+D en EDP	Sobre población ocupada	Investigadores en EDP	Sobre población ocupada
1997	87150	6,5	53883	4,0
1998	97098	7,0	60269	4,3
1999	102238	7,0	61568	4,2
2000	120618	7,8	76670	4,9
2001	125.750	6,9	80.081	4,4
2002	134.258	7,7	83.318	4,8
2003	151.487	8,8	92.523	5,3
2004	161.933	9	100.994	5,6
2005	174.773	9,2	109.720	5,8
2006	188.978	9,6	115.798	5,9
2007	201.108	9,9	122.624	6
2008	215.676	10,6	130.986	6,5
2009	220.777	11,7	133.803	7,1
2010	222021,7	12,03	134653	7,30

Tabla 6.2 Evolución del personal en I+D en España (1997-2010). (Estadística de Actividades del I+D, INE, elaboración propia)

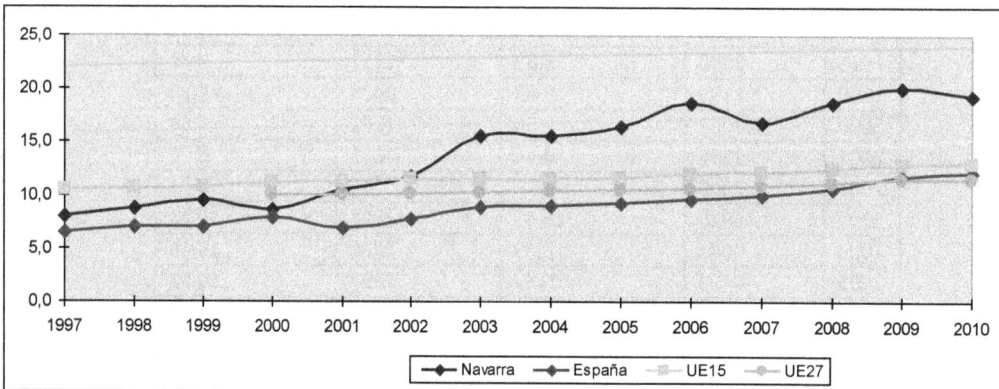

Gráfico 4. Evolución del personal en I+D EDP sobre la población ocupada en la Comunidad Foral de Navarra y España (1997-2010). (Estadística de Actividades del I+D, INE, elaboración propia)

El sector empresarial absorbe la mayor parte del personal para actividades de I+D, concretamente, un 55% del total del personal y un 43% de los investigadores, habiendo aumentado este porcentaje en los últimos años. Por otro lado, el peso relativo del personal en el sector de enseñanza superior ha decrecido en los últimos años. El peso del personal en el sector empresas en España (tabla 8) es inferior al de Navarra (42%).

	Total	Empresas		Admón. pública		Enseñanza superior	
1997	1685	665	39,5	55	3,3	965	57,3
1998	1880	669	35,6	51	2,7	1160	61,7
1999	2136	931	43,6	44	2,1	1161	54,4
2000	2063	738	35,8	72	3,5	1253	60,7
2001	2557	1257	49,2	43	1,7	1257	49,2
2002	2900	1350	46,6	1550*		53,40*	
2003	3920	1792	45,7	94	2,4	2034	51,9
2004	4041	2019	50	126	3,1	1896	46,9
2005	4493	2266	50,4	188	4,2	2039	45,4
2006	5276	2891	54,8	249	4,7	2136	40,5
2007	4881	2699	55,3	272	5,6	1910	39,1
2008	5410	3070	56,7	309	5,7	2031	37,6
2009	5511	3181	57,7	364	6,6	1966	35,7
2010	5232	2863	54,7	374	7,2	1995	38,1

Los datos corresponden al sector de enseñanza superior y administración pública ya que no se dispone de información desagregada para estos dos sectores para el año 2002.

Tabla 7. Evolución del personal en I+D EDP en Navarra por sectores de ejecución. (Estadística de Actividades del I+D, INE, elaboración propia)

	Total	Empresas e IPSFL		Administración Pública		Educación superior	
	N	N	%	N	%	N	%
1997	87150	30023	34,4	19189	22,0	37938	43,5
1998	97098	34667	35,7	20170	20,8	42261	43,5
1999	102238	38323	37,5	22283	21,8	41632	40,7
2000	120618	47055	39,0	22400	18,6	51163	42,4
2001	125.750	47.660	37,9	23.468	18,7	54.623	43,4
2002	134.258	56.814	42,3	23.211	17,3	54.233	40,4
2003	151.487	65.421	43,2	25.760	17	60.307	39,8
2004	161.933	71.436	44,1	27.166	16,8	63.331	39,1
2005	174.773	75.701	43,3	32.077	18,4	66.996	38,3
2006	188.978	83.440	44,2	34.588	18,3	70.950	37,5
2007	201.108	88.042	43,8	37.919	18,9	75.148	37,4
2008	215.676	95.691	44,4	41.139	19,1	78.846	36,6
2009	220.777	94.221	42,7	45.353	20,5	81.203	36,8
2010	222.022	92714	41,8	46008	20,7	83300	37,5

Tabla 8. Evolución del personal en I+D EDP en España por sectores de ejecución. (Estadística de Actividades del I+D, INE, elaboración propia)

En el caso de los investigadores, la mayor proporción se encuentra en la universidad, por el tipo de investigación que se lleva a cabo en esta institución y el personal implicado (en gran medida profesores), si bien la distancia con el sector empresas es muy inferior en la CFN respecto a la media española.

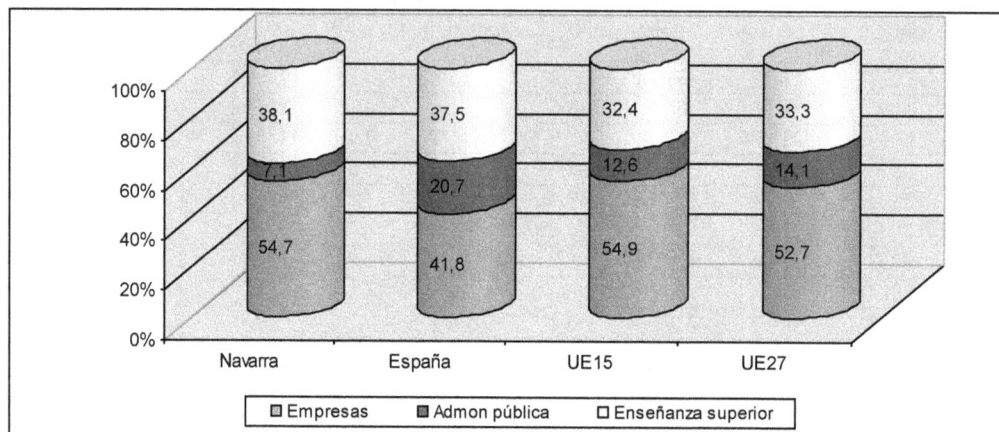

Gráfico 5. Personal en I+D EDP por sectores de ejecución (2010). (INE y Eurostat)

	Total	Empresas		Admón. pública		Enseñanza superior	
1997	1124	215	19,1	50	4,4	859	76,4
1998	1351	268	19,8	28	2,1	1055	78
1999	1423	316	22,2	42	3	1065	74,8
2000	1596	389	24,3	71	4,4	1136	71
2001	1653	483	29,2	39	2,4	1131	68,3
2002	-	-	-	-	-	-	-
2003	2591	715	27,6	88	3,4	1788	69
2004	2726	962	35,3	104	3,8	1660	60,9
2005	2997	1049	35	152	5,1	1796	59,9
2006	3374	1366	40,5	182	5,4	1826	54,1
2007	2983	1154	38,7	209	7	1620	54,3
2008	3492	1536	44	235	6,7	1721	49,3
2009	3388	1499	44,3	258	7,6	1631	48,1
2010	3315	1412	42,6	259	7,8	1644	49,6

- No hay dato disponible

Tabla 9. Evolución del los investigadores EDP en Navarra por sectores de ejecución. (Estadística de Actividades del I+D, INE)

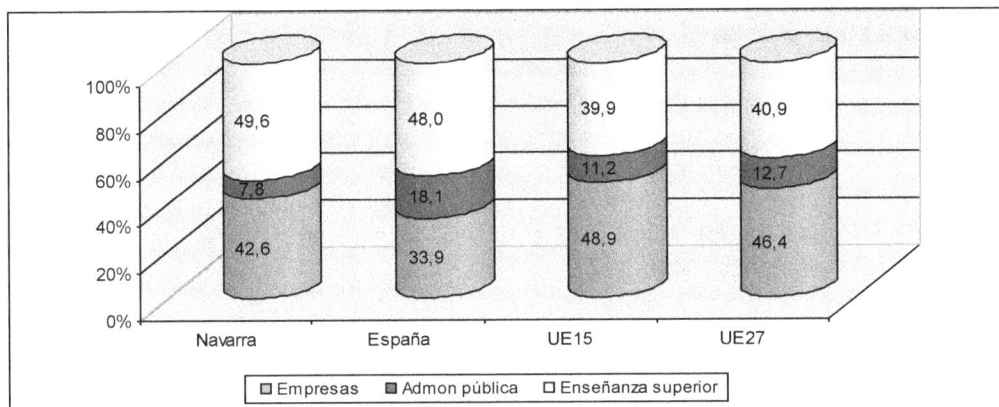

Gráfico 6. Investigadores EDP por sectores de ejecución (2010). (INE y Eurostat)

	Total	Empresas e IPSFL		Administración Pública		Educación superior	
	N	N	%	N	%	N	%
1997	53148	12009	22,6	10490	19,7	30649	57,7
1998	59447	13902	23,4	11021	18,5	34524	58,1
1999	60953	15178	24,9	11935	19,6	33840	55,5
2000	75641	20869	27,6	12708	16,8	42064	55,6
2001	80081	19771	24,7	13345	16,7	46964	58,6
2002	83318	24966	30	12625	15,2	45727	54,9
2003	92523	27839	30,1	15489	16,7	49196	53,2
2004	100994	32227	31,9	17151	17	51616	51,1
2005	109720	35247	32,1	20446	18,6	54028	49,2
2006	115798	40293	34,8	20063	17,3	55443	47,9
2007	122624	42400	34,6	21412	17,5	58813	48
2008	130986	46673	35,6	22578	17,2	61736	47,1
2009	133803	46464	34,7	24165	18,1	63175	47,2
2010	134653	45686	33,9	24377	18,1	64590	48,0

Tabla 10. Evolución del los investigadores EDP en España por sectores de ejecución. (Estadística de Actividades del I+D, INE)

4.2 La I+D+i empresarial

El agente que crea conocimiento con valor comercial (y, por tanto, el agente central del sistema de innovación) es la empresa. Tras realizar en el apartado anterior una caracterización general del sistema de I+D de la Comunidad Foral de Navarra (CFN), nos centramos ahora en las actividades de I+D e innovación del sector empresarial, con especial atención a la industria. Se analizan variables como la rama de actividad, el tamaño empresarial y el origen de los fondos para la realización de las actividades de I+D.

Al igual que en apartado anterior, seguimos utilizando indicadores de recursos o *inputs* dedicados a I+D e innovación, por ser los más desarrollados y los de mayor interés para esta investigación. En un apartado posterior se tratarán brevemente algunos indicadores de resultados de la actividad innovadora, como la producción científica y las patentes. Tras ello, se hará referencia a un aspecto particularmente importante del entorno institucional de la innovación, como son las políticas públicas, y especialmente en este caso las regionales.

Respecto al gasto en I+D por ramas de actividad, cabe señalar que las actividades de la industria ejecutan el 51,2% del gasto en I+D empresarial en la CFN, 4 puntos porcentuales por encima del gasto en I+D ejecutado por la industria española. Los sectores de material y equipo eléctrico, otra maquinaria y equipo y vehículos de motor concentran una cuarta parte del gasto en I+D empresarial (25,8%), 15 puntos porcentuales sobre la media estatal. Estos sectores están clasificados como de tecnología media-alta, que podríamos considerar, sin desdeñar el resto de sectores, como "típicos" del estilo de innovación regional navarro (en el apartado quinto de este informe se analizan los procesos de innovación en sectores de intensidad tecnológica media-alta en base a entrevistas cualitativas a empresas navarras.

Aunque con mucho menor peso dentro de la distribución regional de la ejecución del gasto empresarial en I+D, resalta también la especialización navarra en actividades innovadoras de la industria de alimentación (4,0% del gasto en CFN *vs.* 2,6 en el Estado), la metalurgia (1,9% en Navarra *vs.* 1% en España) y las actividades relacionadas con Energía y Agua (4,9% en Navarra *vs.* 1,9 en España). Por el contrario, la Construcción dedica proporcionalmente menos recursos a la I+D en Navarra (0,7% del total) que en el Estado (2,1%). Por otro lado, la agricultura Navarra apuesta por la I+D en mayor medida que el Estado (3,0% del gasto en I+D *vs.* 0,7%).

En lo que se refiere al sector servicios, destaca el menor peso en los gastos de I+D en servicios de alto contenido tecnológico en Navarra frente al total de España. El subsector de empresas de Servicios de I+D (donde se incluyen actividades: Investigación y desarrollo sobre ciencias naturales y técnicas, e Investigación y desarrollo sobre ciencias sociales y humanidades) es menor en la CFN que en el conjunto del Estado (10,6% en la CFN *vs* 21% en el Estado). Lo mismo ocurre con el subsector de actividades informáticas (2,5% en CFN *vs* 8,1% en el Estado).

	España		Cataluña		Navarra		País Vasco	
Total	7.506.443	100,0	1.691.835	100,0	280.407	100,0	1.163.757	100,0
Agricultura, ganadería, silvicultura y pesca	55.803	0,7	10.056	0,6	8.414	3,0	*	
Industria	3.534.737	47,1	998.742	59,0	143.606	51,2	515.245	44,3
Industrias extractivas y del petróleo	78.539	1,0	*		*		*	
Alimentación, bebidas y tabaco	198.479	2,6	55.033	3,3	11.186	4,0	7.891	0,7
Textil, confección, cuero y calzado	83.742	1,1	52.362	3,1	1.258	0,4	*	
Madera, papel y artes gráficas	44.877	0,6	12.169	0,7	2.657	0,9	2.831	0,2
Química	249.216	3,3	104.701	6,2	2.348	0,8	14.381	1,2
Farmacia	628.924	8,4	350.503	20,7	*		10.761	0,9
Caucho y plásticos	104.351	1,4	18.218	1,1	4.510	1,6	14.835	1,3
Productos minerales no metálicos diversos	71.300	0,9	15.540	0,9	4.120	1,5	7.744	0,7
Metalurgia	73.251	1,0	8.544	0,5	5.293	1,9	30.359	2,6
Manufacturas metálicas	137.405	1,8	28.636	1,7	4.250	1,5	51.270	4,4
Productos informáticos, electrónicos y ópticos	232.193	3,1	59.679	3,5	7.543	2,7	47.167	4,1
Material y equipo eléctrico	205.505	2,7	36.346	2,1	23.153	8,3	70.162	6,0
Otra maquinaria y equipo	215.708	2,9	54.132	3,2	23.112	8,2	62.514	5,4
Vehículos de motor	382.198	5,1	158.741	9,4	26.156	9,3	28.439	2,4
Otro material de transporte	572.629	7,6	6.185	0,4	*		111.139	9,6
Muebles y otras actividades de fabricación	72.469	1,0	27.361	1,6	2.481	0,9	9.366	0,8
Reparación e instalación de maquinaria y equipo	14.043	0,2	*		*		3.345	0,3
Energía y agua	140.200	1,9	6.522	0,4	13.697	4,9	36.737	3,2
Saneamiento, gestión de residuos y descontaminación	29.707	0,4	2.394	0,1	*		3.283	0,3
Construcción	158.916	2,1	18.446	1,1	1.832	0,7	*	
Servicios	3.756.986	50,1	664.592	39,3	126.555	45,1	639.047	54,9
Actividades informáticas	606.354	8,1	73.795	4,4	6.870	2,5	59.890	5,1
Servicios de I+D	1.568.787	20,9	354.671	21,0	29.811	10,6	358.216	30,8
Otros servicios	1.581.845	21,1	236.126	14,0	89.874	32,1	220.941	19,0

* Dato no disponible por secreto estadístico.

Tabla 11. Gasto en I+D interna sector empresarial por rama de actividad (2010). (Estadística de I+D, INE)

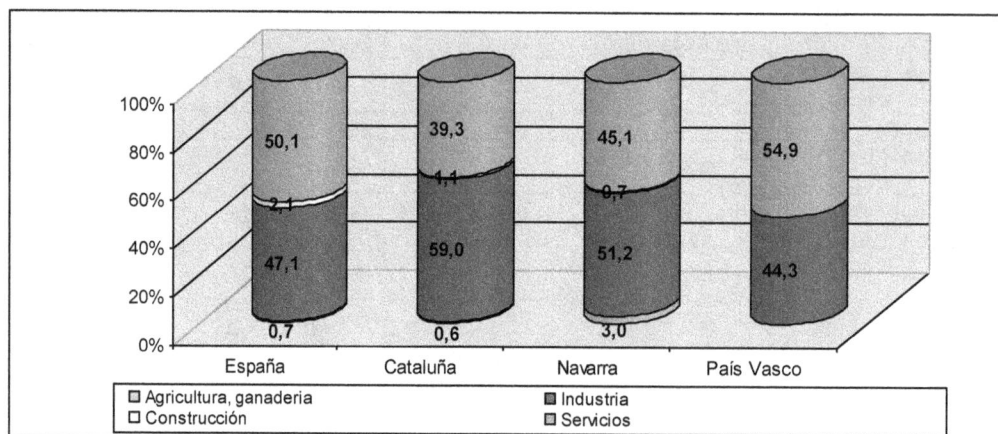

Gráfico 7. Gasto en I+D interna sector empresarial por grandes ramas de actividad (2010).
(Estadística de I+D, INE)

La afirmación anterior sobre el peso relativo del sector servicios dentro de la I+D empresarial debe matizarse atendiendo a la evolución reciente de los sectores. Como muestran la tabla 12 y el gráfico 8, en la CFN, durante los últimos, años ha descendido el peso relativo de la I+D industrial sobre el total de la I+D empresarial (de suponer el 71% de los gastos en I+D en el año 2000 ha pasado a ser un 51% en el año 2010), mientras que el peso en el gasto en I+D empresarial del sector servicios ha aumentado en casi 20 puntos (de un 26,5% en el año 2000 ha pasado a representar el 45,1 en el año 2010) (Tabla 12 y gráfico 8). Esto puede deberse, en parte, al surgimiento de los centros tecnológicos y otros servicios con un contenido importante de I+D.

	Agricultura	Industria	Construcción	Servicios
2000	2,7	70,8	0,0	26,5
2001	*	73,9	*	24,0
2002	*	74,9	*	23,6
2003	*	74,9	*	23,6
2004	1,7	83,1	0,3	14,9
2005	1,5	76,9	0,6	21,0
2006	2,5	67,5	0,5	29,5
2007	2,5	58,6	1,4	37,5
2008	2,9	52,6	1,5	43,0
2009	2,3	53,6	1,6	42,5
2010	3,0	51,2	0,7	45,1

* Dato no disponible por secreto estadístico

Tabla 12. Evolución de los gastos en I+D interna en el sector empresarial según ramas de actividad en Navarra (%).(Estadística de Actividades del I+D, INE)

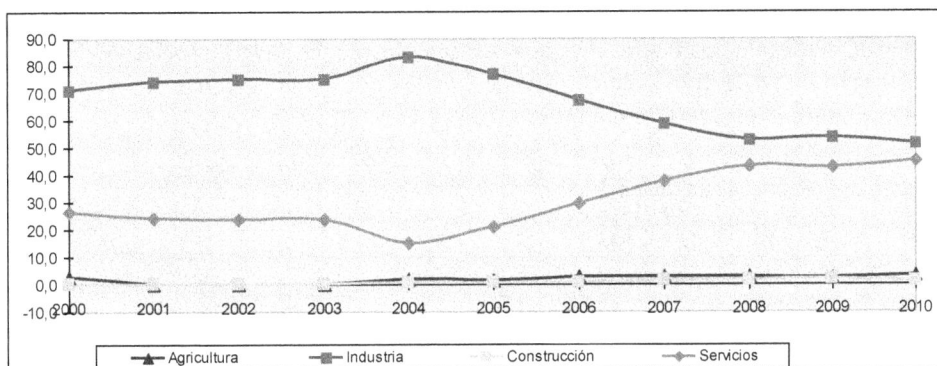

Gráfico 8. Evolución de los gastos en I+D interna en el sector empresarial según ramas de actividad en Navarra (%). (Estadística de Actividades del I+D, INE)

En relación con la realización de I+D y tamaño empresarial, hay que señalar, en primer lugar, y para el sector industrial, que el porcentaje de empresas que realiza actividades de I+D crece a medida que crece el tamaño empresarial, especialmente a partir de los 75 empleados.

	CAPV	Navarra	Cataluña	España
Entre 0-24 empleados	9,0	10,4	6,0	5,4
Entre 25-74 empleados	26,5	22,8	17,8	15,4
Entre 75-149 empleados	54,4	47,1	43,0	34,9
Entre 150-249 empleados	66,9	45,8	50,6	45,3
250 y más empleados	68,1	61,6	63,0	59,9
TOTAL	21,3	20,7	15,0	12,2

Tabla 13. Porcentaje de empresas que realizan I+D sobre total empresas en el sector industrial en cada región (2010). (Encuesta de innovación, INE)

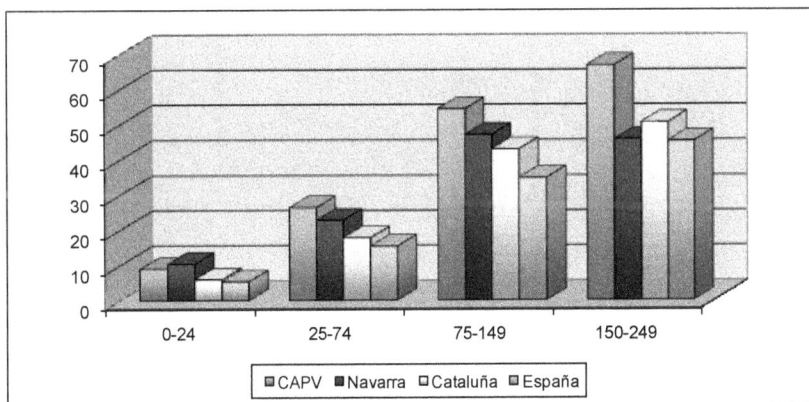

Gráfico 9. Porcentaje de empresas que realizan I+D sobre total empresas en el sector industrial en cada región (2010). (Encuesta de innovación, INE)

33

Si atendemos a la evolución de este indicador, podemos ver que en estos años se ha producido un aumento en el porcentaje de empresas que realizan actividades de I+D, especialmente en las pymes de entre 25 y 149 trabajadores, estratos en los que prácticamente se ha duplicado durante este período el porcentaje de empresas que efectúan dichas actividades.

	2002	2003	2004	2005	2006	2007	2008	2009	2010
Entre 0-24 empleados	7,1	6,5	7,8	8,4	10,9	11,7	9,9	11,8	10,4
Entre 25-74 empleados	12,9	19,7	18,9	23,8	22,3	25,2	26,8	29,9	22,8
Entre 75-149 empleados	25,3	33,5	35,6	37,6	43,5	47,2	43,4	46,8	47,1
Entre 150-249 empleados	57,5	65,8	71,3	61,2	51,6	45,9	52,9	53,9	45,8
250 y más empleados	78,1	72,1	72,2	66,8	66,0	73,5	76,5	70,6	61,6
TOTAL	21,4	18,2	19,2	19,6	21,8	23,5	22,6	23,5	20,7

Tabla 14. Evolución del porcentaje de empresas que realizan I+D sobre total empresas en el sector industrial en Navarra. (Encuesta de innovación, INE)

Las políticas públicas, y en concreto el volumen dedicado por las administraciones públicas al fomento de la I+D, son un elemento muy importante del sistema de innovación.

Como se puede ver en la tabla 15 y el gráfico 10, el gasto I+D empresarial en Navarra está financiado en un 21,3% por la administración pública, valor similar al de la media estatal (22,2%), situándose por encima del de Cataluña (17,5%) pero por debajo del de la CAPV (30,5%).

	España		Cataluña		Navarra		País Vasco	
	Miles €	%	Miles €	%	Miles €	%	Miles €	%
Total	3.767.009	100,0	855.662	100,0	124.906	100,0	650.116	100,0
Admón. pública	837.970	22,2	149.538	17,5	26.605	21,3	198.090	30,5
Empresas	2.737.413	72,7	657.768	76,9	90.824	72,7	424.605	65,3
Extranjero	172.602	4,6	42.772	5,0	5.150	4,1	25.012	3,8
Otros	19.023	0,5	5.584	0,7	2.328	1,9	2.409	0,4

Tabla 15. Gastos en I+D de las pymes del sector empresarial según origen de los fondos (2010). (Estadística de I+D, INE)

Respecto a las pymes, en la tabla 16 se puede observar un aumento progresivo de la financiación del gasto en I+D empresarial por parte de la administración pública a partir del año 2001, coincidiendo con la puesta en marcha del Primer Plan Tecnológico de Navarra.

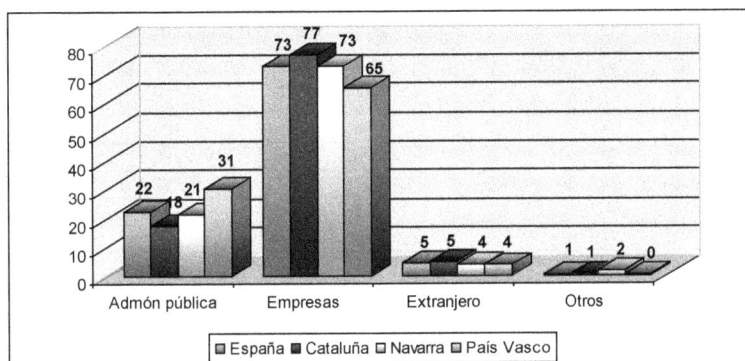

Gráfico 10. Gastos en I+D de las pymes del sector empresarial según origen de los fondos (2010).
(Estadística de I+D, INE)

	Admón Pública	Empresas	Extranjeros	Otros	Total
1997	12,5	85,8	1,7	0,0	100
1998	13	84,6	2,4	0,0	100
1999	13,9	85,4	0,7	0,0	100
2000	6,8	83,3	0,7	9,2	100
2001	18,5	76,5	1,9	3,1	100
2002	15,1	78,0	1,7	5,1	100
2003	19,4	76,7	1,4	2,4	100
2004	13,6	76,0	7,3	3,1	100
2005	24,2	72,2	0,9	2,7	100
2006	25,9	70,4	1,3	2,4	100
2007	25,7	72,1	0,7	1,5	100
2008	24,1	74,2	0,5	1,2	100
2009	21,1	75,0	1,9	1,9	100
2010	21,3	72,7	4,1	1,9	100

Tabla 16. Evolución de los gastos en I+D de las pymes del sector empresarial según origen de los
fondos en Navarra. (Encuesta de actividades de I+D, INE)

En la tabla 17 se puede observar cómo se distribuye el gasto en I+D empresarial según origen de los fondos y el tamaño de las empresas. El gasto en I+D de las grandes empresas supone un 55,5% del total del gasto en I+D. Dentro de las pymes, destaca el gasto realizado por las pymes de entre 25 y 150 empleados, que concentran un 26% del gasto en I+D empresarial. Respecto al peso de los fondos públicos en el gasto en I+D empresarial, se puede ver que, como cabe esperar, el nivel de apoyo es especialmente importante en las pymes. Destaca el nivel de financiación pública en las pymes entre 75 y 149 empleados (27,2% del gasto) y entre las pymes de menos de 75 empleados (en torno al 22% del gasto).

	Total	Admón. pública	%	Empresas	%	Extranjero	%	Otros	%
Total (Empleados)	280.407	37.581	13,4	231.652	82,6	7.927	2,8	3.247	1,2
0-24	30.528	6.113	20,0	23.988	78,6	104,2	0,3	322,9	1,1
25-74	35.549	8.606	24,2	24.756	69,6	2186,1	6,1	0	0,0
75-149	37.403	10.155	27,2	24.347	65,1	2815,4	7,5	85,7	0,2
150-249	21.427	1.731	8,1	17.733	82,8	43,9	0,2	1.919	9,0
250 y más	155.501	10.976	7,1	140.828	90,6	2.778	1,8	919,3	0,6

Tabla 17. Gastos en I+D del sector empresarial por tamaño y origen de fondos en Navarra (2010). (Encuesta de actividades de I+D, INE)

Si atendemos a la información elaborada a partir de la Encuesta de Innovación del INE, cabe destacar que, dentro del conjunto de los gastos en innovación, Navarra presenta un peso sensiblemente mayor de los gastos en I+D interna (63,4%) frente a la media del Estado (46,5%), Cataluña (42,7%) y CAPV (58%) que, comparativamente, presentan un mayor porcentaje de gastos en I+D externa y adquisición de maquinaria.

	España	Cataluña	Navarra	País Vasco
Gastos totales en innovación (miles €)	7.499.395	2.325.950	222.458	871.166
I+D interna	46,51	42,68	63,39	58,13
Adquisición de I+D (I+D externa)	20,62	29,66	16,20	18,40
Adquisición de maquinaria, equipos y software	19,52	16,94	14,74	15,58
Adquisición de conocimientos externos	5,73	2,32	0,96	1,44
Formación	0,52	0,37	0,70	1,02
Introducción de innovaciones en el mercado	5,12	6,35	2,71	4,21
Diseño, otros preparativos para producción y/o distribución	1,99	1,68	1,30	1,23

Tabla 18. Distribución (%) del gasto en innovación en el sector industrial según tipo de actividad (2010). (Encuesta de innovación, INE)

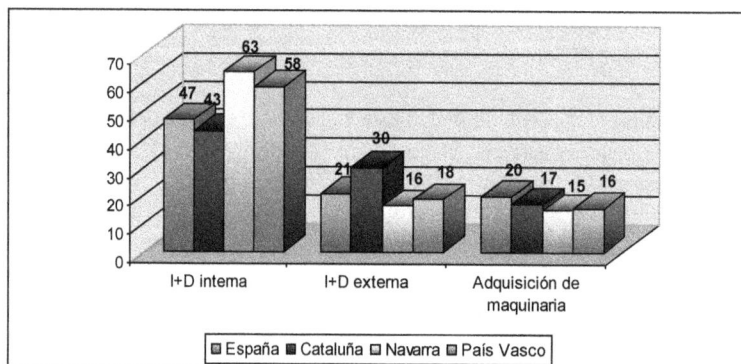

Gráfico 11. Distribución (%) del gasto en innovación en el sector industrial según principales tipos de actividad (2010). (Encuesta de innovación, INE)

En la tabla 19 se puede observar el peso de la I+D interna en los gastos de innovación del sector industrial a lo largo de los años, así como el del resto de actividades de innovación en el sector industrial en los últimos años, entre las que se encuentran, a gran distancia de la I+D interna, la adquisición de I+D externa y la adquisición de maquinaria, equipos y software.

	2000	2002	2003	2004	2005	2006	2007	2008	2009	2010
I+D interna	30,7	58,7	69,1	63,8	57,0	64,4	59,6	51,8	56,9	63,4
Adquisición de I+D (I+D externa)	14,3	10,7	12,4	11,9	11,3	15,9	18,5	13,6	14,8	16,2
Adquisición de maquinaria, equipos y software	50,1	22,9	14,4	20,7	18,4	15,1	17,6	21,2	22,2	14,7
Adquisición de conocimientos externos	1,6	3,8	2,2	1,4	9,0	0,9	1,1	0,1	0,3	1,0
Formación	1,1	0,7	0,5	0,4	0,3	0,3	0,4	0,4	0,2	0,7
Introducción de innovaciones en el mercado	1,1	1,7	0,6	0,6	3,0	3,0	2,3	11,9	4,3	2,7
Diseño, otros preparativos para producción y/o distribución	1,2	1,4	0,9	1,3	1,0	0,3	0,6	1,0	1,3	1,3

Tabla 19. Evolución de la distribución (%) del gasto en innovación en el sector industrial según tipo de actividad en Navarra (2000-2010). (Encuesta de innovación, INE)

Respecto al gasto en innovación por tipo de actividad, en la siguiente tabla podemos ver cómo el peso de la I+D externa en las pymes industriales, esto es, la cooperación con otros agentes, aumenta a medida que crece el tamaño de la empresa.

También se observa un mayor peso en las empresas de menos de 75 empleados de la adquisición de maquinaria, equipos y software que en el resto de empresas.

Respecto a las ayudas públicas a empresas innovadoras, Navarra y la CAPV destacan ampliamente respecto a la media española y a comunidades autónomas como Cataluña. En la CFN el porcentaje de pymes industriales innovadoras que han obtenido financiación pública para sus actividades de innovación es el 38% frente a un 27% de media estatal. Además del apoyo público del gobierno regional a la innovación en las pymes industriales, destaca también la capacidad de éstas para obtener fondos del gobierno central (bastante por encima de las empresas de la CAPV), lo cual puede deberse, a la luz de la evidencia cualitativa analizada en otros apartados de este informe, a la coordinación de los agentes decisores del Gobierno de Navarra y del CDTI.

	0-24	25-74	75-149	150-249	250 y más	Total
Gastos totales en innovación (miles €)	13.359	42.744	22.487	11.191,0	132.676	222.458
I+D interna	62,1	59,6	60,4	63,3	65,3	63,4
Adquisición de I+D (I+D externa)	11,1	12,1	23,1	23,7	16,2	16,2
Adquisición de maquinaria, equipos y software	21,6	20,8	9,7	4,8	13,8	14,7
Adquisición de conocimientos externos	0,8	0,1	5,2	-	0,6	1,0
Formación	1,2	1,8	0,1	1,0	0,4	0,7
Introducción de innovaciones en el mercado	2,3	2,2	1,6	5,3	2,9	2,7
Diseño, otros preparativos para producción y/o distribución	0,9	3,4	0,0	2,0	0,8	1,3

Empresas EIN: Empresas innovadoras o con innovaciones en curso o no exitosas
Los porcentajes de administración financiadora están calculados sobre el total de empresas que reciben subvenciones

Tabla 20. Distribución (%) del gasto en innovación en el sector industrial en Navarra según tipo de actividad y tamaño empresarial (2010). (Encuesta de innovación, INE)

	España	Cataluña	Navarra	CAPV
% Empresas EIN[5] que han recibido financiación pública	27,44	21,67	37,70	41,29
De administraciones locales o autonómicas	64,4	37,9	75,0	83,0
De la Administración Central del Estado	49,6	71,4	56,7	42,7
De la Unión Europea	7,3	4,2	5,5	6,9

Empresas EIN: Empresas innovadoras o con innovaciones en curso o no exitosas
Los porcentajes de administración financiadora están calculados sobre el total de empresas que reciben subvenciones

Tabla 21. Obtención de ayudas públicas a la innovación por parte de las pymes industriales según región y administración financiadora (% de empresas) (2010). (Encuesta de innovación, INE)

En la tabla 22 se observa que el porcentaje de las empresas innovadoras (EIN) que han obtenido ayudas públicas para su actividad innovadora tiende a crecer con el tamaño empresarial y, en el caso de las grandes empresas, un 72% de las empresas innovadoras, con innovaciones en curso o exitosas reciben ayudas públicas para la realización de esta actividad innovadora. Dentro de las pymes, el mayor peso de empresas con financiación pública corresponde a las pymes de más de 75 empleados.

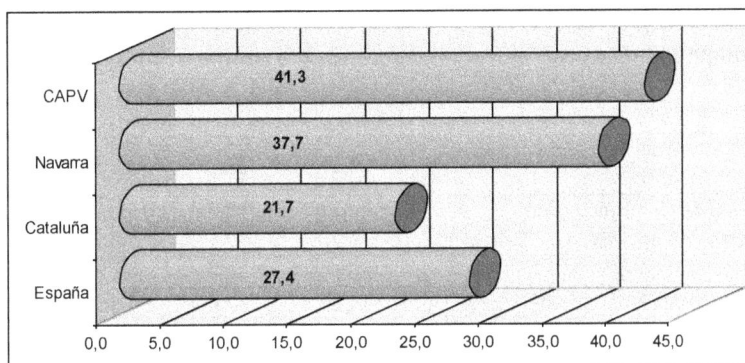

Gráfico 12. Obtención de ayudas públicas a la innovación por parte de las pymes industriales innovadoras según región (%) (2010). (Encuesta de innovación, INE)

Por otro lado, respecto a la administración financiadora, las administraciones más cercanas (local o autonómica) son especialmente importantes para las pymes más pequeñas.

	1-24	25-74	75-149	150-249	250 y más	Total
% Empresas EIN que han recibido financiación pública	27,0	42,7	48,4	51,6	71,9	40,0
De administraciones locales o autonómicas	77,1	74,3	86,7	50,0	78,3	75,9
De la Administración Central del Estado	35,4	58,6	83,3	62,5	73,9	58,8
De la Unión Europea	0,0	11,4	0,0	6,3	13,0	6,4

Empresas EIN: Empresas innovadoras o con innovaciones en curso o no exitosas
Los porcentajes de administración financiadora están calculados sobre el total de empresas que reciben subvenciones

Tabla 22. Obtención de ayudas públicas a la innovación según tamaño empresarial y administración financiadora en Navarra (2010). (Encuesta de innovación, INE)

Un aspecto que interesa especialmente desde el punto de vista del sistema de innovación es el de la cooperación entre empresas y agentes externos, puesto que los recursos internos (base de conocimiento interna) no son suficientes para el desarrollo de una gran parte de las innovaciones.

A este respecto, cabe señalar que el 22% de las pymes industriales navarras ha cooperado con agentes externos en el desarrollo de innovaciones, porcentaje por debajo del de la CAPV (33%) pero ligeramente por encima del de Cataluña (18,7%) y de la media española (20,3%). Los principales agentes para la cooperación en Navarra son los proveedores (50,0%), clientes (38,5%), otras empresas del grupo (30,2%) y los centros tecnológicos (29,2%), todos ellos, excepto en el caso de los centros tecnológicos, con un peso netamente superior al que representan estos agentes respecto a la media estatal. No obstante, como muestra la tabla 23, este dato puede ser coyuntural, y debe matizarse atendiendo al nivel de cooperación con los centros tecnológicos en Navarra en años anteriores, que es netamente superior.

Por otro lado, las empresas navarras cuentan con inferiores niveles de cooperación a la media estatal con los competidores u otras empresas del sector y las universidades.

	España	Cataluña	Navarra	País Vasco
% empresas EIN que han cooperado en innovación	20,3	18,7	22,1	33,0
Otras empresas de su mismo grupo	20,2	23,3	30,2	26,5
Proveedores de equipo, material o software	45,2	52,1	50,0	48,2
Clientes	28,5	30,7	38,5	37,2
Competidores u otras empresas del sector	14,8	17,0	7,3	13,6
Consultores, laboratorios comerciales o institutos privados de I+D	25,6	23,1	24,0	27,7
Universidades	30,4	34,1	18,8	19,3
Organismos públicos de investigación	14,3	12,7	9,4	11,9
Centros tecnológicos	35,6	29,4	29,2	48,4

Empresas EIN: Empresas innovadoras o con innovaciones en curso o no exitosas
Los porcentajes de *partners* de cooperación están calculados sobre el total de empresas que cooperan

Tabla 23. Cooperación con agentes externos por parte de las pymes industriales según región y partners de cooperación (% de empresas) (2008-2010). (Encuesta de innovación, INE)

	España				Navarra			
	2005-2007	2006-2008	2007-2009	2008-2010	2005-2007	2006-2008	2007-2009	2008-2010
% empresas EIN que han cooperado en innovación	14,3	17,4	19,2	20,3	20,9	22,0	19,4	22,1
Otras empresas de su mismo grupo	18,2	18,6	16,6	20,2	25,7	24,5	29,0	30,2
Proveedores de equipo, material o software	44,8	46,9	47,9	45,2	47,5	48,2	46,0	50,0
Clientes	24,5	24,3	24,2	28,5	26,7	26,4	31,0	38,5
Competidores u otras empresas del sector	15	13,6	12,5	14,8	7,9	7,3	9,0	7,3
Consultores, laboratorios comerciales o institutos privados de I+D	24,6	24,0	23,2	25,6	31,7	40,0	35,0	24,0
Universidades	29,1	29,6	25,1	30,4	27,7	25,5	25,0	18,8
Organismos públicos de investigación	12,6	12,1	10,4	14,3	10,9	12,7	11,0	9,4
Centros tecnológicos	31,0	30,5	30,2	35,6	38,6	39,1	39,0	29,2

Tabla 24. Evolución de la cooperación con agentes externos por parte de las pymes industriales en Navarra y España (%) (2005-2010). (Encuesta de innovación, INE)

La cooperación con agentes externos también aumenta según crece el tamaño de las empresas. Así mismo, cabe destacar que la cooperación con agentes de la cadena de valor (clientes y proveedores) es especialmente importante para las pymes más pequeñas. Por otro lado, la cooperación con agentes de I+D (centros tecnológicos, universidades y OPIs) se circunscribe en gran medida a las empresas más grandes.

	0-24	25-74	75-149	150-249	250 y más	Total
% empresas EIN que han cooperado en innovación	12,9	20,7	45,2	35,5	62,5	24,8
Otras empresas de su mismo grupo	4,3	14,7	57,1	63,6	80,0	39,7
Proveedores de equipo, material o software	39,1	67,6	39,3	45,5	65,0	52,6
Clientes	47,8	32,4	39,3	36,4	45,0	39,7
Competidores u otras empresas del sector	4,3	8,8	7,1	9,1	20,0	9,5
Consultores, laboratorios comerciales o institutos privados de I+D	13,0	17,6	35,7	36,4	45,0	28,4
Universidades	13,0	23,5	17,9	18,2	50,0	25,0
Organismos públicos de investigación	0,0	14,7	7,1	18,2	50,0	17,2
Centros tecnológicos	17,4	29,4	39,3	27,3	65,0	35,3

Empresas EIN: Empresas innovadoras o con innovaciones en curso o no exitosas
Los porcentajes de *partners* de cooperación están calculados sobre el total de empresas que cooperan

Tabla 25. Cooperación con agentes externos según tamaño empresarial y partners de cooperación en el sector industrial de la CFN (2008-2010). (Encuesta de innovación, INE)

	España	Cataluña	Navarra	CAPV
A. Factores de coste	52,72	50,37	41,06	52,23
Falta de fondos en la empresa	37,57	35,22	28,14	38,45
Falta de financiación de fuentes exteriores a la empresa	33,27	32,28	24,71	34,53
Coste demasiado elevado	38,39	35,54	28,49	38,79
B. Factores de conocimiento	27,14	24,93	22,42	26,99
Falta de personal cualificado	15,46	14,47	12,77	14,82
Falta de información sobre tecnología	12,04	11,21	8,94	11,31
Falta de información sobre los mercados	11,22	9,98	8,39	11,29
Dificultades para encontrar socios para innovar	13,92	12,46	10,23	13,48
C. Factores de mercado	34,35	31,91	30,16	34,02
Mercado dominado por empresas establecidas	19,02	16,91	15,44	18,40
Incertidumbre respecto a la demanda de bienes y servicios innovados	28,89	25,80	25,82	29,27
D. Motivos para no innovar	21,23	20,42	18,06	18,31
No es necesario, debido a las innovaciones anteriores	9,35	8,72	7,39	8,62
No es necesario, porque no hay demanda de innovaciones	18,30	17,01	15,44	15,68

Tabla 26. Porcentaje de empresas industriales que consideran de elevada importancia los siguientes factores al dificultar sus actividades de innovación o influir en la decisión de no innovar. (Encuesta de innovación, INE)

Entre los obstáculos mayores para la realización de actividades de innovación, el mayor porcentaje de empresas industriales en Navarra (41%) menciona los factores de coste, aunque hay que señalar que este porcentaje es menor al de las otras dos regiones comparadas y al del conjunto estatal. Seguidamente se señalan los factores de mercado (30%) y los factores de conocimiento (22%).

4.3 Cooperación con agentes externos y financiación pública de las actividades de innovación en las pymes navarras

Además de los resultados oficiales de la Encuesta sobre Innovación en las empresas del INE[6] desagregados para la Comunidad Foral de Navarra, disponemos de algunos análisis procedentes de una explotación específica de los microdatos muestrales de la encuesta correspondientes al año 2008 para esta región referentes a las pymes de 25 a 249 empleados que son manufactureras (CNAE09 de 10 a 33) y que han realizado algún tipo de innovación en el periodo 2006-2008[7].

Los datos corresponden a la selección de las respuestas de las 237 empresas navarras con esas características del conjunto de la muestra total de la encuesta. El tamaño de esta submuestra implica un volumen de información que sería difícil de obtener por una encuesta ad hoc convencional, aunque los datos disponibles también cuentan con restricciones importantes por motivo de secreto estadístico[8]. El objetivo de la explotación de estos datos es profundizar en algunos aspectos externos con incidencia en los procesos de innovación de estas pymes industriales.

Concretamente, nos centramos en los siguientes elementos:

- o Fuentes de información para los procesos de innovación de las pymes industriales innovadoras navarras

- o Cooperación de las pymes industriales innovadoras navarras con otros agentes externos en sus procesos de innovación

- o Subvención pública para actividades de innovación obtenida por las pymes industriales innovadoras navarras

A continuación, se describe y analiza la relación de estos aspectos con algunas características de las empresas (tamaño, sector de actividad, nivel tecnológico, pertenencia a grupo empresarial, actividad exportadora), así como con los tipos de actividades de innovación que realizan estas pymes industriales. Por último, se aborda la relación entre la cooperación con agentes externos y la obtención de subvenciones públicas para actividades de innovación.

Las principales variables clasificatorias relativas a las pymes se han elaborado del siguiente modo:

- o Tamaño (nº empleados). Se ha trabajado con la única desagregación posible: una división entre empresas más pequeñas (25-74) y mayores (75-250)

- o Nivel tecnológico sectorial: según la clasificación de la OCDE (que también se utiliza habitualmente en la explotación de datos de esta encuesta), se ha conseguido discriminar las empresas cuyos sectores de actividad vienen a priori definidos como de intensidad tecnológica Alta y Media-Alta (clasificación INE[9]) , frente a todo el resto de pymes. Por motivos de secreto estadístico no fue posible desagregar más esta variable o Sector. Además de la identificación de sectores de actividad por la intensidad tecnológica, la enorme variedad de actividades que incluyen los CNAE permite trabajar con distintas agrupaciones que podrían constituir tipologizaciones relevantes sobre las actividades productivas de las empresas. En este caso, y partiendo de un conocimiento previo de las características diferenciales del sistema industrial navarro y de otros sistemas industriales de CCAA con una posición preeminente en cuanto a su sistema de I+D+i, se ha elaborado una distinción entre dos grandes grupos de pymes manufactureras: las empresas agrupables en sectores que denominamos Metalmecánica (CNAE09 de 24,25, y 27 a 30) frente a todas las demás (Resto)[10]

o Actividad exportadora. Las pymes se clasifican como Exportadoras/No exportadoras según su respuesta en la encuesta a la pregunta sobre el alcance geográfico de sus mercados[11]

o Pertenencia a grupo empresarial. Esta es también una característica objetiva de las empresas tal y como aparece reflejada en el cuestionario original: SI/NO pertenece a algún grupo empresarial[12]

4.3.1 *Fuentes de información para los procesos de innovación*[13]

Para intentar profundizar en la influencia de algunos aspectos externos sobre el desarrollo y alcance de la innovación que realizan las pymes industriales navarras que son innovadoras, nos fijamos primero en los datos disponibles sobre la valoración que hacen estas empresas de las diferentes fuentes de información para el desarrollo de sus innovaciones.

En primer lugar, cabe destacar la importancia que otorgan estas pymes a sus bases de conocimiento interno en los procesos de innovación. Más de la mitad de las empresas atribuyen la máxima importancia a sus fuentes internas y sólo un 11% de las empresas manifiestan no haberlas utilizado. Comparadas con cualquier otro tipo de fuente de información son las únicas en las que se refleja tal alcance y relevancia.

En segundo lugar, destacan dos de las fuentes del mercado: proveedores y clientes. De las fuentes externas son las más ampliamente utilizadas y, con diferencia, las que se valoran con mayor importancia como fuentes para proyectos de innovación. En definitiva, parece bastante claro que las innovaciones de las pymes surgen de alguna manera muy dentro del proceso productivo y en el contexto más cercano de la cadena de valor. Incluso las otras fuentes formalmente clasificadas como de mercado (consultores y competidores) tienen claramente una relevancia considerablemente menor para el proceso de innovación desde la perspectiva de las pymes.

		No utilizada	Reducido	Intermedio	Elevado	Total
Interna	Dentro de la empresa	11,0	8,0	27,4	53,6	100
Fuentes del mercado	Proveedores	21,5	16,9	37,1	24,5	100
	Clientes	28,7	19,4	28,3	23,6	100
	Competidores	37,6	24,9	28,7	8,9	100
	Consultores	38,4	23,6	24,1	13,9	100
Fuentes institucionales	Universidades	64,1	21,1	11,0	3,8	100
	OPIs	67,5	21,1	9,7	1,7	100
	Centros tecnológicos	53,2	20,3	18,6	8,0	100
Otras fuentes	Conferencias, ferias	38,4	26,2	27,0	8,4	100
	Revistas	40,9	33,3	20,7	5,1	100
	Asociaciones profesionales o sectoriales	53,2	31,2	11,8	3,8	100

Tabla 27. Grado de utilización e importancia atribuidas a diferentes fuentes de información en los procesos de innovación (%). (Explotación de microdatos de Encuesta de Innovación 2008 (INE), elaboración propia)

En lo que respecta a los agentes científicos y tecnológicos definidos en el cuestionario como fuentes institucionales (Universidades, OPIs y Centros Tecnológicos), hay que mencionar que son con mucha claridad el tipo de fuente de información al que menos recurren las pymes: no más de un 47% las valora en alguna medida. Entre estas, no obstante, los Centros Tecnológicos destacan comparativamente con hasta un 27% de las empresas navarras otorgando a los centros tecnológicos una importancia intermedia o elevada como fuente de información para sus procesos de innovación.

Buscando la asociación entre las valoraciones realizadas por las pymes y sus características objetivas, es interesante observar que los datos no muestran diferencias significativas en cuanto al recurso e importancia atribuida a todas estas fuentes de información para las actividades de innovación en función de ninguna de las variables consideradas. Es decir, básicamente, las respuestas de los diferentes tipos de empresas son muy similares a la descripción global y en consecuencia independientes de su tamaño, sector, actividad exportadora, pertenencia a grupo e incluso del nivel tecnológico al que pertenecen.

Únicamente en el caso de la utilización como fuentes de información de agentes científicos (universidades y OPIs) se aprecia que ésta es significativamente mayor entre las empresas más grandes respecto de las menores, aunque siempre dentro de unos límites cuantitativos de incidencia muy bajos (los menores).

En resumen, se puede concluir que precisamente ciertos factores/agentes externos parecen tener poca influencia en el inicio o desarrollo de proyectos de innovación, al menos comparados con la iniciativa interna a las propias pymes y su interacción más directa con clientes y proveedores, de las que parece surgir más frecuentemente el conocimiento o la necesidad de innovar.

Sin embargo, se detecta que el recurso a estas fuentes externas de información es superior entre las empresas que cooperan y también entre las que obtienen subvenciones públicas para sus actividades de innovación. Como veremos a continuación, la cooperación y la subvención son dos aspectos estrechamente relacionados para las empresas innovadoras.

4.3.2 Cooperación con otros agentes externos en procesos de innovación

Respecto al alcance de las cooperaciones entre las pymes y otros agentes, en el anterior apartado se ha visto cómo la incidencia de la cooperación por parte de las empresas industriales navarras viene evolucionando en los últimos años un poco por encima de la media española y también cómo la cooperación detectada aumenta en función del mayor tamaño de las empresas. A partir de la explotación de microdatos 2008 relativos al subconjunto de pymes manufactureras entre 25 y 250 empleados, se ratifica que la relación entre cooperación y tamaño de las pymes innovadoras navarras es estadísticamente significativa y que además, con una incidencia equivalente, la cooperación está significativamente más asociada a las pymes que pertenecen a grupos empresariales (40,0%).

Así mismo, la clasificación elemental en función del nivel tecnológico discrimina las situaciones de cooperación, las cuales aparecen con mayor presencia entre las pymes innovadoras de nivel tecnológico alto y medio (37,5%).

	Coopera	No coopera	Total
Tamaño**			
25-74	22,9	77,1	100
75-250	39,3	60,7	100
Sector			
Metalmecánica	28,6	71,4	100
Resto	28,8	71,2	100
Nivel tecnológico *			
Alto y medio-alto	37,5	62,5	100
Resto	24,2	75,8	100
Grupo empresarial **			
Sí	40	60,0	100
No	20,4	79,6	100
Exporta			
Sí	28,3	71,7	100
No	29,8	70,2	100
Total	28,7	71,3	100

*Significación $\chi^2 \leq 0,05$
**Significación $\chi^2 \leq 0,001$

Tabla 28. Cooperación según características de las empresas (%). (Explotación de microdatos de Encuesta de Innovación 2008 (INE), elaboración propia)

La pertenencia a sectores de actividad diferenciados en la clasificación utilizada (Metalmecánica frente al resto) no marca, por contra, diferencias relevantes en la incidencia de la cooperación, como tampoco la definición de las pymes como exportadoras.

La mayoría de las pymes de la muestra (60%) con experiencias en cooperación entre 2006-2008 ha colaborado sólo con uno o dos socios de distinta naturaleza[14] en sus proyectos de innovación. Respecto a la variedad del número de socios, la incidencia de las variables objetivas de las empresas es, como cabía esperar, relativamente poco concluyente, ya que los datos no permiten saber de cuántos proyectos de cooperación distintos o de cuantos socios concretos se trata. En este sentido, se puede decir que la cooperación con un solo tipo de socio es algo más frecuente entre las empresas pequeñas y/o del sector metalmecánica. A la inversa, la cooperación con 4 o más tipos de socios es un poco más frecuente en empresas grandes y/o que pertenecen a grupos y/o que operan en sectores de tecnología media y alta.

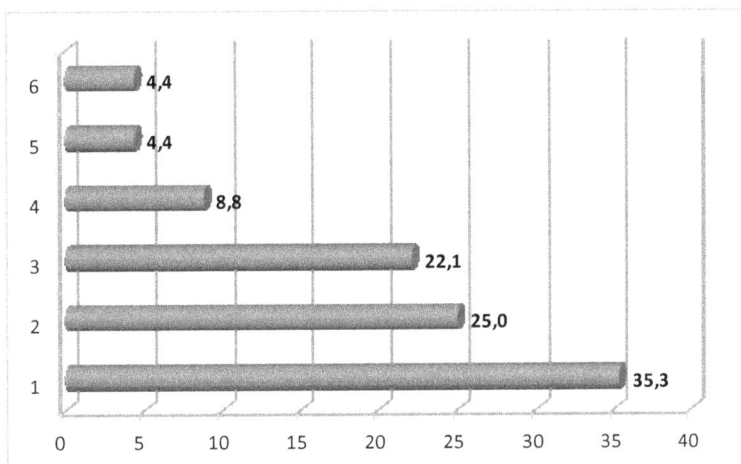

Gráfico 13. Número de socios distintos con que se ha cooperado en actividades de innovación (%). (Explotación de microdatos de Encuesta de Innovación 2008 (INE), elaboración propia)

Anteriormente, con los datos globales, se ha visto que los principales *partners* para la cooperación de todas las empresas industriales navarras vienen siendo los agentes dentro de la cadena de valor (proveedores y clientes), así como otras empresas del mismo grupo y también los centros tecnológicos. Al objeto de intentar relacionar los distintos perfiles de cooperación con las características de las pymes analizadas, la explotación de microdatos nos ha permitido crear una tipología agrupada de socios de cooperación, teniendo en cuenta la diferente naturaleza de los posibles *partners* de las empresas:

- o "Horizontal" = Cooperación con otras empresas y/o competidores
- o "Vertical" = Cooperación con proveedores y/o clientes
- o "Tecnológica" = Cooperación con centros tecnológicos y/o consultoras
- o "Científica" = Cooperación con universidades y/o organismos públicos de investigación

Descubrimos así que, entre las pymes industriales innovadoras navarras de la muestra, efectivamente los principales tipos de cooperación detectados son la vertical (67,6% de entre las que cooperan) y la tecnológica (64,7%), mientras que la cooperación horizontal presenta prácticamente la mitad de incidencia que las anteriores y los agentes científicos sólo han sido socios en actividades de innovación para el 28% de las pymes con experiencia en cooperación.

Dado que la experiencia en cooperación no deja de ser una característica minoritaria respecto del conjunto de la muestra manejada, es difícil extraer asociaciones significativas entre los tipos de cooperación y las características objetivas de las pymes innovadoras, incluso manejando una tipología agrupada como la elaborada. Al analizar los datos en función de tamaño, sector, nivel tecnológico, pertenencia a grupo empresarial o actividad exportadora se pueden observar ciertas diferencias porcentuales que con un mayor volumen de casos podrían llegar a ser estadísticamente significativas pero que no lo son para este conjunto por efecto de su tamaño.

	Horizontal	Vertical	Tecnológica	Científica
Tamaño				
25-74	20,0	65,7	57,1	28,6
75-250	51,5*	69,7	72,7	27,3
Sector				
Metalmecánica	36,1	66,7	58,3	16,7
Resto	34,4	68,8	71,9	40,6*
Nivel tecnológico				
Alto y medio alto	40,0	63,3	60,0	30,0
Resto	31,6	71,1	68,4	26,3
Grupo empresarial				
Sí	60,0	67,5	65,0	27,5
No	0,0	67,9	64,3	28,6
Exporta				
Sí	33,3	66,7	66,7	25,5
No	41,2	70,6	58,8	35,3
Total	35,3	67,6	64,7	27,9

*Significación $\chi^2 \leq 0,05$

Tabla 29. Tipos de cooperación según características de las empresas (%). (Explotación de microdatos de Encuesta de Innovación 2008 (INE), elaboración propia)

Con todo, se observan dos diferencias estadísticas muy claras: por una parte, una asociación fuerte entre el tamaño de las pymes y la incidencia de la cooperación horizontal (empresas y competidores) que llega a alcanzar un 51,5% entre las pymes más grandes, mientras que es solo del 20% entre las menores. Además, aunque no concluyente a nivel estadístico, también se aprecia que la cooperación tecnológica es también más frecuente entre las pymes más grandes. Por otra parte, destaca significativamente que si la cooperación científica tiene alguna presencia entre el conjunto de experiencias de cooperación es fundamentalmente porque se produce entre las empresas que no pertenecen a los sectores de metalmecánica; respecto al resto de sectores industriales, las pymes de metalmecánica cooperan significativamente menos con agentes científicos.

En general, los dos tipos de cooperación más extendidos (vertical y tecnológica) mantienen niveles más parecidos en los distintos tipos de pymes definidas según éstas características, con excepción de una distancia sustancialmente importante en virtud del tamaño y del sector para la detección de cooperaciones tecnológicas. Paralelamente, también consideramos relevante constatar que el nivel tecnológico de las pymes actúa particularmente sobre la incidencia de las cooperaciones menos habituales (horizontal y científica), de manera que en estos tipos hay una presencia diferencial de unos diez puntos porcentuales a favor de las empresas de nivel tecnológico alto y medio.

La encuesta sobre innovación define siete tipos de actividades[15] para la innovación tecnológica (proceso/producto) por parte de las empresas. Como la información sobre cooperación recogida en la encuesta no especifica las características o el contenido de los proyectos de cooperación, en la explotación de microdatos intentamos relacionar las actividades realizadas por las pymes en 2008 con sus experiencias en cooperación para intentar avanzar en las formas en que las empresas innovadoras desarrollan y obtienen sus innovaciones.

En general, observamos que las actividades más frecuentes son la realización de I+D interna, la adquisición de I+D externa y la compra de maquinaria, equipos y software. Al cruzar la incidencia de las actividades declaradas con el hecho de haber tenido experiencia en proyectos de cooperación con otros agentes se aprecia claramente que las pymes innovadoras con experiencia en cooperación entre 2006 y 2008 presentan una mayor incidencia en la realización de cualquier tipo de actividad para la innovación en 2008, con la única excepción de la adquisición de maquinaria, actividad algo más frecuente entre las empresas que no cooperan. Esta relación (cooperación con actividad) es significativa y fuerte en el caso de las dos actividades más comunes y que además absorben la mayor parte del gasto en innovación: realización de I+D interna, y adquisición de I+D externa. También se aprecia una diferencia significativa de actividad en el mismo sentido para el desarrollo de actividades de formación para la innovación en las pymes que, aunque es una actividad bastante minoritaria en comparación con las anteriores, muestra un perfil claramente asociado a las empresas que cooperan.

	Coopera	No coopera	Total
I+D interna **	77,9	49,7	57,8
I+D externa **	51,5	19,5	28,7
Maquinaria	26,5	30,2	29,1
Conocimientos	2,9	1,2	1,7
Formación *	20,6	7,1	11,0
Innov.mercado	19,1	15,4	16,5
Diseño	8,8	8,3	8,4
Total	100	100	100

*Significación $\chi^2 \leq 0,05$
**Significación $\chi^2 \leq 0,001$

Tabla 30. Cooperación y tipos de actividades para la innovación realizadas (%). (Explotación de microdatos de Encuesta de Innovación 2008 (INE), elaboración propia)

Dado que se trata de actividades no excluyentes, las combinaciones de situaciones de actividad son muy numerosas y no es sencillo establecer una tipología básica de pymes en este sentido. Atendiendo a la frecuencia de las dos actividades principales (I+D interna y externa) se comprueba la preeminencia de la I+D interna ya que sólo un pequeñísimo porcentaje de empresas compra I+D externa pero no realiza I+D interna. Por otra parte, la mayoría de las empresas que realizan otras actividades que no son I+D lo hacen fundamentalmente combinadas con la I+D interna. En consecuencia, podemos trabajar con una clasificación combinada de 3 perfiles principales de actividad para las pymes: las que realizan I+D interna pero no externa (combinada o no con otras actividades), las que realizan ambas, y las que no realizan ninguno de los dos tipos principales de I+D sino otras actividades (fundamentalmente, adquisición de maquinaria).

	I+ D interna (externa no)	I+D interna y externa	Solo Otras actividades (ninguna I+D)	Total
Vertical	32,6	47,8	19,6	100
Horizontal	33,3	41,7	25,0	100
Tecnológica*	25,0	63,6	11,4	100
Científica	36,8	63,2	0,0	100
Total cooperan	32,4	51,5	16,2	100

*Significación $\chi^2 \leq 0,05$

Tabla 31. Cooperación y realización de actividades de I+D (%). (Explotación de microdatos de Encuesta de Innovación 2008 (INE), elaboración propia)

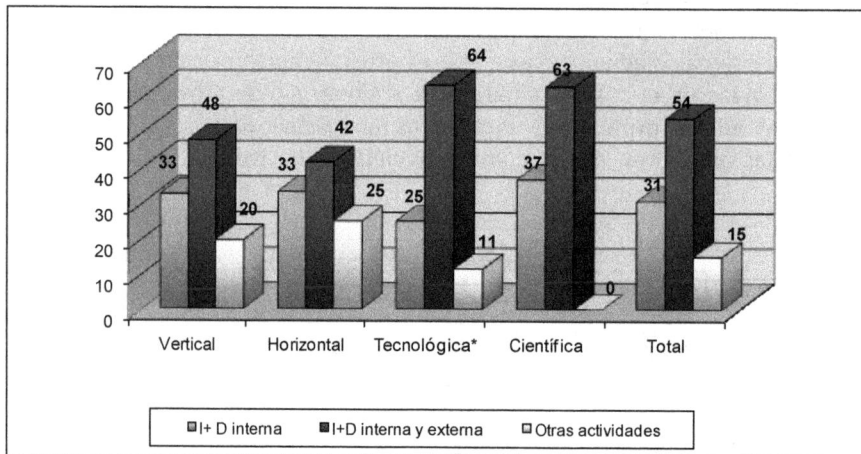

Gráfico 14. Cooperación y realización de actividades de I+D (%). (Explotación de microdatos de Encuesta de Innovación 2008 (INE), elaboración propia)

Del análisis de la distribución de estos perfiles entre las pymes con distintos tipos de experiencias en cooperación se deduce en general la conexión entre cooperación y una situación intensiva en I+D (combinación de interna y externa). Además, destaca el hecho de que tal asociación procede fundamentalmente de las pymes que cooperaron con agentes científicos y tecnológicos, entre las cuales el porcentaje que combina I+D interna y externa es abiertamente mayoritario.

En definitiva, los datos parecen ir mostrando que esta forma de relación con agentes externos, la cooperación activa para la innovación, se inserta en un umbral superior de actividad para las pymes innovadoras, el cual, como veremos a continuación tiene mucho que ver con la financiación pública de las actividades de innovación.

4.3.3 Subvención de las actividades de innovación y relación con la cooperación

De entre los factores externos a considerar con incidencia en los procesos de innovación de las pymes, la acción de las políticas públicas es ineludible. De la información contenida en la encuesta sobre innovación, el indicador más elemental sobre los efectos de estas políticas es el acceso a recursos económicos públicos[16]. En general, la incidencia de la subvención pública de la innovación entre las pymes de la muestra analizada casi llega a la mitad (48%), aunque se detecta que la situación varía en función de ciertas características de las empresas, las más descriptivas de su tipo de actividad: sector de actividad, nivel tecnológico y actividad exportadora.

	Sí subvención	No subvención	Total
Tamaño			
25-74	45,8	54,2	100
75-250	52,4	47,6	100
Sector			
Metalmecánica	54,0	46,0	100
Resto	41,4	58,6	100
Nivel tecnológico *			
Alto y medio-alto	62,5	37,5	100
Resto	40,8	59,2	100
Grupo empresarial			
Sí	49,0	51,0	100
No	47,4	52,6	100
Exporta			
Sí	51,7	48,3	100
No	36,8	63,2	100
Total	48,1	58,6	100

*Significación $\chi^2 \leq 0,05$

Tabla 32. Subvención según características de las empresas (%). (Explotación de microdatos de Encuesta de Innovación 2008 (INE), elaboración propia)

Así, entre las empresas que consiguieron innovaciones, las empresas de nivel tecnológico medio-alto y alto han sido subvencionadas significativamente en mayor medida (62,5% frente a 40,8%), las de metalmecánica lo hicieron subvencionadas más frecuentemente que el resto (54% frente a 41%) y, también, las exportadoras innovaron con ayuda de subvenciones más frecuentemente que las no exportadoras (54% frente a 41%). En estos dos últimos casos la relación está cerca de alcanzar la significación estadística (NS5%). Por otra parte, no deja de ser interesante que ni la pertenencia a grupos empresariales ni el tamaño de las pymes marquen una pauta diferencial concluyente en el acceso a la financiación pública de la innovación.

En el apartado anterior (4.2) se ha visto que el conjunto de las empresas industriales navarras reciben financiación principalmente de las administraciones locales y autonómicas. De la explotación realizada se deduce además que, una vez pasado ese nivel, es más frecuente que las pymes tengan una financiación múltiple que en exclusiva de la administración estatal. Según los datos explotados, un 35,1% de las subvencionadas entre 2006/08 se financió con las dos fuentes principales, lo que supone un 17% del total de las pymes innovadoras analizadas.

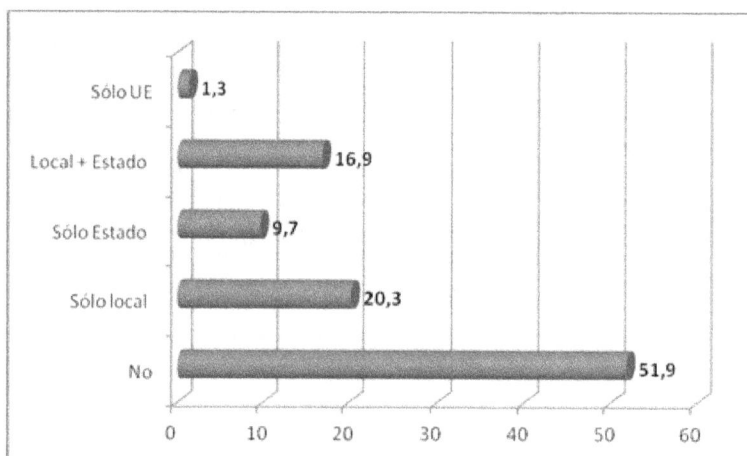

Gráfico 15. Tipología básica de pymes según origen de la financiación pública recibida (%).
(Explotación de microdatos de Encuesta de Innovación 2008 (INE), elaboración propia)

Respecto a las diferencias en el acceso a cada tipo de subvención, consideramos los resultados para los dos tipos más frecuentes de fuentes públicas: administración local/autonómica y administración estatal. Por un lado, cabe destacar que para la financiación local o autonómica, los tipos de pymes diferencialmente más subvencionadas son las que pertenecen a niveles tecnológicos alto y medio: hasta el 50% frente a una tasa global del 37%. Secundariamente, también las empresas exportadoras accedieron a financiación de este nivel significativamente más (41%) que las que no eran exportadoras.

Por otro lado, para la financiación estatal, aunque aparece un porcentaje máximo de subvencionadas entre las de nivel tecnológico medio y alto (31,3%), no se detecta una diferencia estadísticamente significativa para la influencia de esta variable. En general, las variaciones respecto a la financiación estatal en los distintos perfiles de pymes por las características consideradas son cuantitativamente menos concluyentes porque esta financiación es bastante minoritaria sobre el conjunto de pymes innovadoras y con el volumen de casos manejado tendrían que darse diferencias porcentuales mayores para poder deducir asociación entre las variables.

En general, debemos concluir, por tanto, que no puede establecerse una conexión directa muy fuerte entre las características objetivas de las pymes analizadas (al menos, tal y como se han elaborado) y su acceso a la financiación pública, con la única excepción quizás de las diferencias que se aprecian a favor de las pymes ya definidas como de nivel tecnológico medio-alto y alto.

De todas formas, en el caso de la influencia potencial del tipo de sector de actividad (metalmecánica frente a resto) e incluso del tamaño (25-75 frente a 75-250), estimamos que los datos muestran una pauta descriptiva consistente que muestra algo más de éxito en las pymes mayores y/o de metalmecánica.

	Subvención local/ autonómica		Subvención estatal	
	Sí	No	Sí	No
Tamaño				
25-75	34,0	66,0	24,2	75,8
75-250	42,9	57,1	31,0	24,2
Sector				
Metalmecánica	41,3	58,7	29,4	70,6
Resto	32,4	67,6	23,4	76,6
Nivel tecnológico				
Alto y medio alto	50,0*	50,0	31,3	68,8
Resto	30,6	69,4	24,2	75,8
Grupo empresarial				
Sí	38,0	62,0	28,0	72
No	36,5	63,5	25,5	74,5
Exporta				
Sí	41,1*	58,9	27,2	72,8
No	24,6	75,4	24,6	75,4
Total	37,1	62,9	26,6	73,4

*Significación $\chi^2 \leq 0,05$

Tabla 33. Origen de la subvención según características de las empresas (%). (Explotación de microdatos de Encuesta de Innovación 2008 (INE), elaboración propia)

Respecto a la influencia de la financiación pública de la innovación sobre los perfiles de actividad innovadora de las empresas, se aprecia que casi en todos los tipos de actividad, las pymes subvencionadas muestran una presencia mayor, excepto en el caso de la adquisición de maquinaria, actividad un poco más frecuente entre las empresas que no han recibido subvención. La diferencia es tan importante para la realización de la I+D en la empresa y para la adquisición externa de I+D que prácticamente explica estas actividades. También hay una diferencia significativa en la dedicación a actividades finales para la introducción de las innovaciones en el mercado, de manera que las pymes con financiación pública duplican a las no subvencionadas en el desarrollo de este tipo de actividades.

Todos los perfiles diferenciales y asociaciones anteriormente descritas constituyen de alguna manera imágenes parciales de una misma realidad central: la experiencia en cooperación para innovación y el acceso a subvenciones son dos cuestiones clara y directamente relacionadas para las pymes innovadoras. Siendo la financiación pública (2006-2008) un apoyo que alcanzó al 48% de las empresas innovadoras analizadas, entre las que cooperaron con otros agentes en el mismo periodo, las subvencionadas aumentan hasta una amplia mayoría del 72%, mientras que entre las que no tuvieron experiencias de cooperación desciende hasta el 38,5%.

	Sí subvencionadas	No subvencionadas	Total
I+D interna **	83,3	34,1	57,8
I+D externa **	47,4	11,4	28,7
Maquinaria	28,1	30,1	29,1
Conocimientos	2,6	0,8	1,7
Formación	14,0	8,1	11,0
Innov. Mercado*	22,8	10,6	16,5
Diseño	10,5	6,5	8,4
Total	100	100	100

*Significación $\chi^2 \leq 0,05$ **Significación $\chi^2 \leq 0,001$

Tabla 34. Subvención y realización de actividades para la innovación (%). (Explotación de microdatos de Encuesta de Innovación 2008 (INE), elaboración propia)

Esta relación es tan fuerte que se cumple igualmente atendiendo al alcance geográfico de las financiaciones públicas. Las empresas que tuvieron proyectos de cooperación son las que de forma significativamente más frecuente llegan a la financiación pública tanto regional como estatal (e incluso europea), con una incidencia que en el caso de máxima cobertura casi llega a doblar la de las empresas que no cooperaron.

SUBVENCIÓN **	Coopera	No coopera	Total
No subvención	27,9	61,5	51,9
Sólo local/autonómica	30,9	16,0	20,3
Resto subvenciones[17]	41,2	22,5	27,8
TOTAL	100	100	100

**Significación $\chi^2 \leq 0,001$

Tabla 35. Cooperación y subvención de actividades de innovación (%). (Explotación de microdatos de Encuesta de Innovación 2008 (INE), elaboración propia)

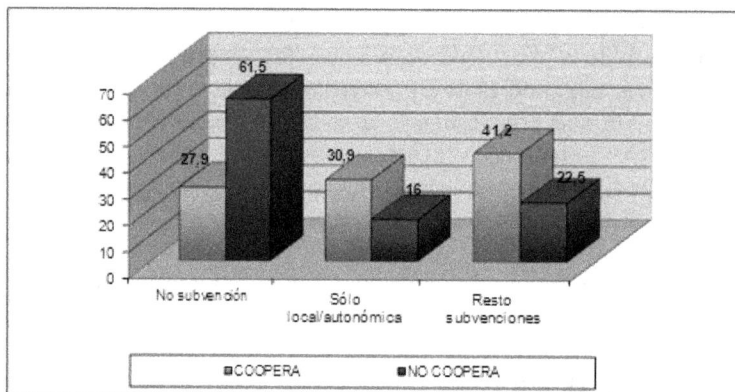

Gráfico 16. Cooperación y subvención de actividades de innovación (%). (Explotación de microdatos de Encuesta de Innovación 2008 (INE), elaboración propia)

También es relevante destacar que la relación cooperación-subvención alcanza prácticamente a cualquier tipo de cooperación. Sin embargo, si analizamos la incidencia de la financiación pública únicamente entre las pymes con alguna experiencia en cooperación resulta interesante señalar que esta relación se produce, fundamentalmente, a través de las cooperaciones con agentes tecnológicos y/o científicos, y no particularmente en las cooperaciones verticales y horizontales. Por ejemplo, para el caso de las pymes que realizaron cooperación tecnológica (con centros tecnológicos y/o consultoras), en general la presencia de financiación pública supera significativamente (hasta 84%) la de las pymes que realizaron otros tipos de cooperación. Esto se traduce en una mayor incidencia tanto de la financiación local/autonómica como estatal.

	Sí subvención	No subvención	Subvención local o autonómica		Subvención estatal		Total
			Sí	No	Sí	No	
Vertical							
Sí	69,6	30,4	65,2	34,8	37,0	63,0	100
No	77,3	22,7	54,5	45,5	50,0	50,0	100
Horizontal							
Sí	58,3	41,7	45,8	54,2	45,8	54,2	100
No	79,5	20,5	70,5*	29,5	38,6	61,4	100
Tecnológica							
Sí	84,1*	15,9	72,7*	27,3	50,0*	50,0	100
No	50,0	50,0	41,7	58,3	25,0	75,0	100
Científica							
Sí	84,2	15,8	73,7	26,3	63,2*	36,8	100
No	67,3	32,7	57,1	42,9	32,7	67,3	100
Total	72,1	27,9	61,8	38,2	41,2	58,8	100

*Significación $\chi^2 \leq 0,05$

Tabla 36. Origen de la subvención según tipo de cooperación (%). (Explotación de microdatos de Encuesta de Innovación 2008 (INE), elaboración propia)

Para finalizar este apartado quisiéramos extraer algunas conclusiones generales de la explotación estadística realizada.

o Respecto a las características de las empresas, cabe destacar la importancia del tamaño y el nivel tecnológico: las pymes más grandes y de mayor nivel tecnológico cooperan en mayor medida y con más variedad de agentes que el resto de pymes más pequeñas. Las empresas que pertenecen a un grupo empresarial también presentan mayor propensión a la cooperación.

o Así mismo, las empresas de nivel tecnológico alto y medio-alto captan subvenciones para sus actividades de innovaciones en mayor medida que las empresas de otros sectores, tanto de las administraciones locales y de la región como de la estatal. Las empresas de metalmecánica y/o las empresas exportadoras también reciben más subvenciones públicas para la innovación, especialmente de la administración local o regional.

o   Finalmente, se aprecia un "ciclo virtuoso" de la innovación: las pymes que cooperan son las que más subvenciones obtienen y, a la vez, estas empresas innovadoras que cooperan y que reciben subvenciones presentan una mayor incidencia de la realización de actividades internas para la innovación.

o   Cabe destacar que la subvención de las actividades de innovación está especialmente relacionada con la cooperación tecnológica y/o científica.

4.4 Resultados científicos y tecnológicos

En los apartados anteriores se ha ofrecido una panorámica del sistema de innovación de Navarra en base a indicadores de input (recursos económicos y humanos dedicados a actividades de I+D e innovación. A continuación, en este apartado, se revisan brevemente algunos indicadores habituales de outputs del sistema (producción científica y tecnológica e Innovation Scoreboard).

4.4.1 Publicaciones científicas

Como se puede ver en la siguiente tabla, Navarra presenta un buen nivel en publicaciones científicas, ocupando el segundo lugar en el ranking de CCAA (por detrás de Madrid), en el número de documentos por 10.000 habitantes.

CCAA	N.º de documentos 2000-2007(total periodo)	N.º de documentos en % del total real	N.º de documentos por 10.000 habitantes y año	Posición
Madrid	70.733	28,1	15,46	1
Cataluña	63.596	25,3	11,86	3
Andalucía	37.001	14,7	6,08	10
C.Valenciana	28.704	11,4	8,03	7
Galicia	16.696	6,6	7,59	8
Castilla y León	11.898	4,7	5,98	12
País Vasco	10.218	4,1	6,05	11
Aragón	8.879	3,5	9,02	5
Canarias	7.978	3,2	5,26	13
Asturias	7.304	2,9	8,49	6
Murcia	6.799	2,7	6,70	9
Navarra	5.836	2,3	12,62	2
Castilla-La Mancha	4.650	1,8	3,20	17
Cantabria	4.218	1,7	9,59	4
Extremadura	3.511	1,4	4,09	15
Baleares	3454	1,4	4,56	14
La Rioja	828	0,3	3,60	16
Total Estado	251.768	100,0	7,37	

Tabla 37. Distribución de la producción científica española en revistas de difusión internacional por CCAA y su normalización en función de la población («Web of Science», 2000-2007). (Instituto de Estudios Documentales sobre Ciencia y Tecnología, (IEDCYT); CSIC, diciembre 2008; COTEC)

Según el análisis realizado por el equipo del CINDOC del CSIC respecto al perfil tecnológico de las regiones en función de las publicaciones científicas, Navarra presenta una clara especialización en medicina clínica, con un buen comportamiento en las áreas de Matemáticas y Biomedicina, Agricultura, Biología y Medio Ambiente[18]. Las especialización en áreas biomédicas se debe al peso de la Universidad de Navarra (privada) en el sistema de I+D.

CCAA	N.º de documentos 2000-2007(total periodo)	N.º de documentos en % del total real	N.º de documentos por 10.000 habitantes y año	Posición
Madrid	9.787	30,1	2,14	1
Cataluña	5.293	16,3	0,99	7
Andalucía	4.715	14,5	0,77	12
C.Valenciana	3.590	11,0	1,00	6
Castilla y León	1.936	5,9	0,97	9
Galicia	1.786	5,5	0,81	11
País Vasco	1.658	5,1	0,98	8
Aragón	1.364	4,2	1,39	3
Murcia	1.241	3,8	1,22	4
Canarias	1.004	3,1	0,66	15
Asturias	907	2,8	1,05	5
Castilla-La Mancha	736	2,3	0,51	16
Extremadura	658	2,0	0,77	13
Navarra	654	2,0	1,41	2
Baleares	332	1,0	0,44	17
Cantabria	319	1,0	0,73	14
La Rioja	220	0,7	0,96	10
Total Estado	32.557	100,0		

Tabla 38. Distribución por CCAA de la producción científica española en revistas españolas y su normalización en función de la población (ICYT, 2000-2007). (Instituto de Estudios Documentales sobre Ciencia y Tecnología, (IEDCYT); CSIC, diciembre 2008; COTEC)

	CAPV	Navarra	Cataluña
Agricultura, biología & medio ambiente	0,7	1,0	0,8
Biomedicina	0,8	1,2	1,0
Física	1,1	0,3	0,8
Ingeniería y tecnología	1,5	0,8	0,8
Matemáticas	0,8	1,3	0,8
Medicina clínica	0,9	1,8	1,4
Química	1,3	0,5	0,8
Total doc.	4,79	2,189	28,988

Tabla 39. Especialización científica de las regiones: índices de actividad por áreas (SCI). (Gómez et al., 2005)

4.4.2 Patentes

Por otro lado, Navarra es la región que presenta un mayor índice de solicitudes de patentes a la Oficina Española por millón de habitantes (171).

	Nº solicitudes	Nº solicitudes por millón hab
Total nacional	3.566	75,8
Andalucía	453	54,1
Aragón	214	158,9
Asturias (Principado de)	55	50,7
Balears (Illes)	42	38,0
Canarias	61	28,8
Cantabria	25	42,2
Castilla y León	107	41,8
Castilla-La Mancha	77	36,7
Cataluña	659	87,7
Comunitat Valenciana	394	77,1
Extremadura	23	20,8
Galicia	173	61,8
Madrid (Comunidad de)	838	129,7
Murcia (Región de)	86	58,8
Navarra (Comunidad Foral de)	109	171,1
País Vasco	209	95,9
Rioja (La)	32	99,3
Ceuta y Melilla	1	6,4

Tabla 40. Solicitudes de patentes, vía nacional, por CCAA (2009). (Estadísticas de Propiedad Industrial-INE, elaboración propia)

Según el mencionado estudio de Gómez (2005), y atendiendo a los datos provenientes tanto de la Oficina Española de Patentes y Marcas como de la European Patent Office, Navarra presenta una especialización de sus patentes en instrumentación e ingeniería mecánica y maquinaria.

	EPO			OEPM		
	Cataluña	Navarra	País Vasco	Cataluña	Navarra	País Vasco
Ingeniería eléctrica	1,11	0,68	0,43	1,03	0,8	1,04
Instrumentos	0,84	2,21	0,68	0,77	1,3	0,91
Química, farmacia	0,85	0,28	0,3	1,02	0,7	0,34
Ingeniería de procesos, equipamiento	0,95	0,52	1,13	0,95	0,67	0,97
Ingeniería mecánica, maquinaria	1,10	1,37	1,48	1,11	1,26	1,25
Bienes de consumo	0,97	1,18	1,50	0,84	0,9	1,19
Total patentes EPO	1,145	141	332			

OEPM:Oficina de Patentes y Marcas, EPO:European Patent Office

Tabla 41. Perfil tecnológico de las regiones: índice de actividad por áreas (EPO). (Gómez et al., 2005)

4.4.3 European Innovation Scoreboard

El *European Innovation Scoreboard* (EIS) permite analizar diferentes dimensiones del sistema de innovación, teniendo en cuenta tanto inputs (recursos destinados a la innovación) como outputs (los resultados obtenidos a partir de ellos). Utilizando un subconjunto de 7 indicadores de innovación, el Maastricht Economic Research Institute on Innovation and Technology (MERIT) y la Comisión Europea han elaborado otro indicador sintético de innovación por regiones (Regional Innovation Scoreboard). En la tabla 42 se pueden ver los resultados de este panel de indicadores para UE 27, el País Vasco, Navarra y Cataluña. El ranking sitúa estas regiones en el grupo de innovadores de nivel medio-alto.

	EU27	CAPV	Navarra	Cataluña
Impulsores de la innovación				
Población con educación terciaria por 100 hab. entre 25-64	0,43	0,92	0,77	0,59
Participación en formación continua por 100 población entre 25-64	0,51	0,60	0,59	0,52
Penetración de banda ancha (% hogares internet banda ancha)	--	0,45	0,41	0,54
Actividad empresarial de innovación				
Gasto en I+D público	0,58	0,41	0,54	0,51
Gasto en I+D privado	0,63	0,62	0,61	0,56
Gastos en innovación (excluyendo I+D)	0,41	0,41	0,30	0,27
Pymes que realizan innovaciones internas	0,53	0,45	0,59	0,53
Pymes innovadoras que colaboran con otras	0,41	0,47	0,48	0,30
Outputs de la innovación				
Patentes EPO	--	0,41	0,52	0,45
Innovadores de producto y/o proceso	0,57	0,53	0,63	0,58
Innovadores en marketing y/ o innovación	0,69	0,38	0,42	0,49
Reducción en costes de personal	0,40	0,51	0,40	0,32
Reducción en uso de materiales y energía	0,41	0,41	0,42	0,36
Empleo en manufactura de tecnología media-alta y alta	0,42	0,55	0,60	0,51
Empleo en servicios de alto nivel de conocimiento	0,51	0,51	0,38	0,54
Ventas de productos nuevos para el mercado	0,48	0,49	0,54	0,53
Ventas de productos nuevos para la empresa	0,48	0,68	0,72	0,62

Nota: El *Regional Innovation Scoreboard* solo ofrece indicadores normalizados para cada región. Así, el valor de cada indicador ha sido recalculado de 0 para la región con un peor resultado en ese indicador concreto y un valor máximo de 1 para la región que presenta el mejor resultado

Tabla 42. Indicadores del Regional Innovation Scoreboard (2009). (Regional Innovation Scoreboard (RIS), 2009)

Navarra presenta buenos niveles en los indicadores referidos a los *impulsores de la innovación*, como son población con educación terciaria, participación en formación continua y penetración de la banda ancha. El gasto en I+D público, aunque está por encima de las otras dos regiones comparadas, está por debajo del nivel de la UE-27.

En los *indicadores relacionados con la actividad empresarial* Navarra también presenta buenos resultados, aunque el gasto en I+D empresarial y el gasto en innovación está por debajo de la media europea. En el resto de indicadores: pymes con innovación internas, pymes innovadoras que colaboran con otras y patentes presenta niveles superiores a la CAPV y Cataluña y, en el caso de los dos primeros, superiores a la UE27.

Por último, en los *indicadores de output*, Navarra presenta una buena posición en el porcentaje de innovadores tecnológicos, empleo en manufacturas de nivel tecnológico medio-alto y ventas de productos nuevos para la empresa y el mercado, en los que presenta niveles superiores a la UE27 y, en general, a las otras dos regiones comparadas. En los indicadores sobre eficiencia de recursos Navarra presenta niveles similares a la Unión Europea. Sin embargo, Navarra se encuentra detrás de la Unión Europea en innovadores no tecnológicos (en marketing y organización) y en el empleo en servicios de alto nivel de conocimiento.

4.5 Políticas de I+D en la C.F. de Navarra

Tal y como se ha visto en distintos apartados de este informe, una característica distintiva del sistema de innovación de la Comunidad Foral de Navarra (CFN) es el papel del gobierno regional como "animador" de la innovación empresarial. A partir del año 2000 el gobierno regional formaliza en mayor medida su apuesta por la I+D y define el primer Plan Tecnológico de Navarra (2000-2003), impulsado a través del Departamento de Innovación, Empresa y Empleo (antes Industria y Tecnología, Comercio y Trabajo)[19]. El plan supuso una mayor estructuración de las actuaciones públicas regionales en materia de I+D, con dos objetivos principales: incrementar la actividad de I+D+i de las empresas (de manera que se fuera extendiendo en la región una cultura empresarial de la innovación) y sentar las bases de una infraestructura tecnológica que diera servicio y apoyo en materia de I+D e innovación a las empresas (principalmente, los centros tecnológicos).

El *II Plan Tecnológico (2004-2007)* da continuidad a este primer plan y ya pone el énfasis en la consolidación de las actividades de I+D+i del sector empresarial, buscando que las empresas asuman una planificación y una estabilidad en dichas actividades. Por otro lado, se pretende estimular la cooperación entre la "oferta de tecnología" (universidades e infraestructura tecnológica creada) y "demanda de tecnología" (empresas).

El *III Plan Tecnológico (2008-2011)* busca, sin olvidar los objetivos anteriores, propiciar una I+D+i radical a través de la cooperación en I+D+i entre los diversos agentes, tanto en el ámbito regional como en el nacional y en el internacional. Este plan supone un importante aumento de los recursos destinados a la I+D, suponiendo un 62% de aumento del presupuesto.

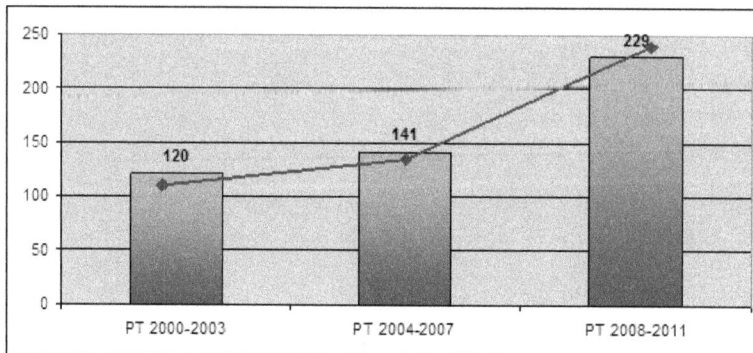

Gráfico 17. Presupuesto de los diferentes planes tecnológicos de Navarra (Millones de euros). (Planes tecnológicos de Navarra)

En la tabla 43 se puede ver el peso de las actuaciones del Plan Tecnológico de Navarra sobre el departamento de Industria y el presupuesto total de la Comunidad Foral durante los últimos años (2006-2009), que se ha mantenido bastante constante.

	2006	2007	2008	2009	2010	2011
Plan Tecnológico de Navarra	55.206,4	59.714,7	74.399,7	56.036,4	63.027,7	67.443,5
Dpto. Innovación, Empresa y Empleo*	290.457,7	370.969,3	415.679,4	418.387,2	394.398,6	333.379,8
Total presupuesto	3.380.172,3	3.901.334,5	4.287.328,1	4.301.755,0	4.409.227,0	4.188.279,8
% Plan Tecnológico sobre DICT	19,0	16,0	17,8	13,4	16,0	20,2
% Plan Tecnológico sobre total	1,6	1,5	1,7	1,3	1,4	1,6

*A partir del año 2008. Anteriormente Dpto. Industria, Tecnología, Comercio y Trabajo. A partir de 2011 Desarrollo Rural, Industria, Empleo y Medio Ambiente

Tabla 43. Presupuesto de la política tecnológica en Navarra (2006-2011) (Miles de euros).
(Presupuesto de la Comunidad Floral de Navarra)

La tabla 44 muestra el presupuesto asignado a las diferentes actuaciones dentro del III Plan Tecnológico de Navarra (2008-2011). La estimulación y apoyo a proyectos de I+D+i empresarial (como análisis individualizados y proyectos de I+D empresarial) supone la principal partida del presupuesto, concentrando el 41% de los recursos, seguido por el desarrollo de la infraestructura tecnológica regional (22,7%). Cobra también cierto peso la financiación de actividades de cooperación entre agentes (8,3% para la cooperación en I+D+i y 1,1% para cooperación de centros tecnológicos).

	Total	%
Estimulación y apoyo a proyectos de I+D+i empresarial	94.840	41,4
Apoyo a la solicitud de patentes	1.500	0,7
Ayudas a la competitividad	16.200	7,1
Apoyo a la incorporación TICs en empresas	8.460	3,7
Apoyo a nuevas empresas Innovadoras de base tecnológica	8.540	3,7
Reforzamiento cooperación centros tecnológicos con otros agentes	2.600	1,1
Proyectos de cooperación tecnológica en I+D+i	18.895	8,3
Infraestructura tecnológica regional	52.000	22,7
Apoyo a la incorporación titulados en empresas y centros tecnológicos	11.016	4,8
Ayudas contratación y movilidad de tecnólogos y doctores en empresas y centros tecnológicos	5.200	2,3
Creación comisiones mixtas para adecuar oferta formativa y demandas empresas	140	0,1
Apoyo para la preparación de propuestas europeas e internacionales	3.400	1,5
Internacionalización I+D+i empresarial	3.396	1,5
Internacionalización I+D+i centros tecnológicos	240	0,1
Otras acciones (difusión)	2.542	1,1
PRESUPUESTO TOTAL	228.969	100,0

Tabla 44. Presupuesto de las actuaciones del III Plan Tecnológico de Navarra (2008-2011) (Miles de euros). (III Plan Tecnológico de Navarra 2008-2011)

La siguiente tabla recoge las ayudas a la I+D del Departamento de Innovación, Empresa y Empleo según agentes beneficiarios (centros tecnológicos y empresas). Como se puede ver en la tabla, en los últimos años ha aumentado progresivamente el peso de los centros tecnológicos en la recepción de estas ayudas en detrimento de las ayudas directas a los proyectos empresariales, quedando en 2009 prácticamente igualadas las ayudas de uno y otro colectivo.

	1999	2001	2002	2003	2004	2005	2006	2007	2008	2009
Empresas	15.274	20.315	19.180	28.328	11.120	22.736	21.756	37.494	23.725	14.560
% sobre total	96,1	71,7	94,3	81,7	85,5	92,9	86,3	80,8	61,3	49,4
Centros	613	8.011	1.154	6.348	1.880	1.728	3.455	8.900	15.001	14.897
% sobre total	3,9	28,3	5,7	18,3	14,5	7,1	13,7	19,2	38,7	50,6
Total	15.887	28.326	20.333	34.676	13.000	24.464	25.211	46.394	38.725	29.457

Tabla 45. Ayudas a la I+D del Departamento de Innovación, Empresa y Empleo (1999-2009) (Miles de euros). (Estadística del Departamento de Innovación Empresa y Empleo de la Comunidad Floral de Navarra)

Una característica definitoria de las políticas de I+D en la CFN es el papel central del departamento de Industria, lo que reduce a otras áreas como Educación a un papel casi testimonial por su volumen en el conjunto del sistema.

El departamento de Educación gestiona el Plan de Formación y de I+D, destinado al apoyo a cursos de doctorado para la adquisición de la suficiencia investigadora, la elaboración de tesis doctorales, el perfeccionamiento técnico, metodológico y científico de doctores y, por último, el desarrollo de proyectos de investigación preferente para Navarra. Así mismo, contribuye a la investigación desarrollada en las universidades navarras, a través de su aportación a los FGU, mediante los convenios de financiación establecidos entre el Gobierno de Navarra y la Universidad Pública de Navarra y la UNED.

En la siguiente tabla aparecen desglosados los presupuestos de este plan según principales programas para los últimos 10 años. Como se puede ver, la mayoría de los fondos van destinados a la financiación de becas predoctorales. Así mismo, también se pude observar que las cuantías de este plan son bastante inferiores a las ayudas englobadas dentro del Plan Tecnológico y gestionadas por el Departamento de Innovación, Empresa y Empleo del Gobierno de Navarra.

	1999	2000	2001	2002	2003	2004	2005	2006	2007	2008	2009
Ayudas predoctorales	71,5	57,9	52,5	54,7	56,5	42,2	46,6	53,8	69,1	62,3	55,5
Perfeccionamiento Doctores	11,0	8,6	7,2	3,0	4,3	4,9	9,9	9,3	15,2	10,1	20,4
Proyectos	17,5	33,6	40,3	42,3	39,3	52,9	43,5	36,8	15,7	27,6	24,1
Total (Miles euros)	853,0	1094,0	2340,1	2450,5	2160,4	2297,4	2388,2	2152,5	2415,1	2843,1	2551,5

Tabla 46. Evolución de las ayudas del plan de Formación y de Investigación y Desarrollo (I+D) del Departamento de Educación del Gobierno de Navarra (1999-2009) (%). (Estadística del Departamento de Educación de la Comunidad Floral de Navarra)

En la siguiente tabla se puede ver que la mayoría de las ayudas de este plan van destinadas a la Universidad de Navarra, y que el peso de esta universidad en el reparto de los fondos ha aumentado en los últimos años.

	UN		UPNA		Otras Nacionales		Extranjero		Total
1999	350,1	41,0	283,2	33,2	149,1	17,5	70,7	8,3	853,0
2000	514,3	47,0	357,4	32,7	164,2	15,0	58,1	5,3	1.094,0
2001	1.178,3	50,4	677,4	28,9	367,8	15,7	116,5	5,0	2.340,1
2002	1.272,9	51,9	742,7	30,3	339,9	13,9	94,9	3,9	2.450,5
2003	975,9	45,2	776,8	36,0	306,0	14,2	101,7	4,7	2.160,4
2004	987,8	43,0	854,8	37,2	365,5	15,9	89,3	3,9	2.297,4
2005	982,3	41,1	698,5	29,2	551,3	23,1	156,0	6,5	2.388,2
2006	928,7	43,1	528,8	24,6	566,7	26,3	128,3	6,0	2.152,5
2007	1.459,5	60,4	437,9	18,1	405,4	16,8	112,3	4,7	2.415,1
2008	1.700,2	59,8	525,4	18,5	463,1	16,3	154,5	5,4	2.843,1
2009	1.338,7	52,5	458,1	18,0	471,4	18,5	283,4	11,1	2.551,5

Tabla 47. Evolución de la distribución de las ayudas del plan de Formación y de Investigación y Desarrollo (I+D) según universidad destinataria de los fondos (2002-2009). (Estadísticas del Departamento de Educación de la Comunidad Floral de Navarra)

Por último, cabe destacar que la mayoría de estos fondos se destinan en la Universidad de Navarra a la financiación de becas predoctorales mientras que en la Universidad Pública de Navarra prima la financiación de proyectos de investigación.

	UN		UPNA	
Ayudas predoctorales	984,4	73,5	129,4	28,3
Perfeccionamiento de Doctores	67,2	5,0	112,8	24,6
Proyectos	287,1	21,4	215,9	47,1
Total	1.338,7	100,0	458,1	100,0

Tabla 48. Distribución de las ayudas del plan de Formación y de Investigación y Desarrollo (I+D) en la UN y UPNA según programas (2009). (Estadísticas del Departamento de Educación de la Comunidad Floral de Navarra)

- -

Notas del capítulo

2. En este informe incluimos datos de Cataluña y Comunidad Autónoma del País Vasco, que fueron estudiadas dentro del proyecto *Pymes industriales en el sistema regional de innovación* (proyecto CSO2008-06520-C02-01), financiado por el Ministerio de Ciencia e Innovación (desde 2011 Ministerio de Economía y Competitividad). Se incluyen así mismo, frecuentemente, datos sobre la Comunidad de Madrid. Aunque el objetivo de este informe no es realizar un análisis comparativo sistemático, el conjunto de las comunidades autónomas mencionadas, junto con la C.F. de Navarra, son las más avanzadas en el ámbito de la I+D en el Estado.

3. Recelamos un tanto de la utilización de este indicador para establecer comparaciones con la media europea, por no ser congruente con el resto de indicadores. Como han indicado Mikel Navarro y equipo (Universidad de Deusto, Donostia-San Sebastián), este indicador debería ser matizado con otros como los recursos económicos dedicados por unidad de personal.

4. El CENER cuenta en la actualidad con más de 200 personas en plantilla (www.cener.com, accedida el 1 de marzo de 2012).

5. Empresas EIN: Empresas innovadoras o con innovaciones en curso o no exitosas (Definición INE).

6. La Encuesta sobre Innovación tecnológica en las Empresas (ITE) se comenzó a realizar en España por el INE en 1992. Tras sucesivas modificaciones metodológicas, desde 2002 se realiza anualmente y en coordinación con la Estadística sobre Actividades de I+D. Se trata de una encuesta marco, proyectada para obtener algunos indicadores básicos sobre el proceso de innovación que puedan ser incluidos en las comparaciones internacionales, así como otra información adicional para series temporales y estudios específicos. Por eso, las definiciones utilizadas siguen las recomendaciones del Manual de Oslo (OCDE) y el cuestionario recoge lo básico del proyecto europeo Community Innovation Survey (CIS) de la UE. El objetivo central de la encuesta es identificar las empresas innovadoras y cuantificar algunas características sobre la estructura del proceso de innovación y sobre las estrategias de las empresas para abordarlo.

7. Se ha adoptado la definición utilizada por el INE. Se incluyen las empresas que declararon haber conseguido alguna innovación de producto y/o proceso durante el periodo 2006-2008 o bien realizaron actividades para la innovación en el mismo periodo (en curso o abandonadas).

8. Explotación realizada en un Secure Place bajo un Protocolo de acceso del personal investigador del proyecto "Pymes industriales en el sistema regional de innovación: los casos de Euskadi, Navarra y Cataluña" a datos confidenciales de la Encuesta de Innovación Tecnológica 2008 del INE (Octubre 2010). Los datos de la encuesta 2008 eran los más recientes disponibles en el momento de la solicitud. Además de datos anonimizados, este modo de acceso (el único posible a microdatos) limita también la

información sobre algunas variables originales total o parcialmente. En consecuencia, los datos ofrecidos no se pueden ni se deben comparar con los indicadores generales que se publican oficialmente como estadísticas de innovación y que corresponden a los datos elevados a nivel poblacional. La elaboración de los datos primarios del INE en esta explotación es responsabilidad exclusiva de los autores.

9. Las empresas de nivel tecnológico alto y medio-alto son las que pertenecen a los sectores manufactureros de "tecnología alta y media-alta" definidos por la OCDE desde 2001 y adaptados por el INE para su identificación mediante CNAE09. (www.ine.es).

10. Esta elaboración era necesaria para abordar algunas hipótesis relativas al análisis comparado de CCAA dentro del marco del proyecto de investigación más amplio en que se inscribe este análisis: *Pymes industriales en el sistema regional de innovación* (proyecto CSO2008-06520-C02-01, Ministerio de Ciencia e Innovación/ Ministerio de Economía y Competitividad).

11. *¿En qué mercados geográficos vendió su empresa bienes o servicios durante el periodo 2006/08? (Mercado autonómico/local, Nacional, Otros países UE, Todos los demás países).* Se consideran exportadoras todas las que respondieron que si a cualquiera de los mercados extranjeros.

12. *¿Forma su empresa parte de un grupo de empresas? (si/no).*

13. *"En el periodo 2006-2008, ¿qué importancia han tenido para las actividades de innovación de su empresa cada una de las fuentes de información siguientes?"* Se propone una batería de 11 fuentes de información y el grado de importancia se refleja en una clasificación ordinal de 4 posiciones: No utilizada, importancia reducida, importancia Intermedia, importancia Elevada.

14. En el cuestionario original se identifica primero la existencia de cooperación con otros agentes en el periodo 2006-2008 (si/no) y luego se especifica el tipo de socio de una lista de 8 tipos diferentes (respuesta múltiple).

15. Realización de I+D interna; Adquisición de I+D a otras organizaciones (externa); Adquisición de maquinaria, equipos, hardware y software; Adquisición de otros conocimientos externos (patentes, etc.); Formación (interna o externa) del personal para innovación; actividades de introducción de innovaciones en el mercado; y Diseño y preparativos técnicos para producción y/o distribución.

16. *"Durante el periodo 2006-2008, ¿recibió su empresa apoyo financiero público para actividades de innovación de las siguientes administraciones? Administraciones locales o autonómicas (Si/No), Administración del Estado (Si/No), La Unión Europea (Si/No).*

17. Se incluyen en esta categoría las empresas que para la realización de sus actividades de innovación han recibido financiación pública de la administración estatal o de la Unión Europea y que han podido recibir o no financiación de la administración

local/autonómica. No obstante un 71,4% de las empresas incluidas en la categoría "Resto de subvenciones" han recibido además financiación de la administración local/autonómica).

18. Los autores calculan el índice de actividad comparando el porcentaje de artículos o patentes que una región dedica a una cierta área temática con el correspondiente porcentaje del total estatal. Un índice mayor de 1 muestra una especialización de una región en dicha área temática ya que dedica un porcentaje mayor de artículos en dicha área que la media española.

19. A partir de 2011 el departamento pasa a denominarse Desarrollo Rural, Industria, Empleo y Medio Ambiente.

Capítulo 5

Innovación en PYMEs industriales y sistema regional: La percepción de las empresas

Ficha técnica

El trabajo de campo se basa en la realización de 20 entrevistas en pymes industriales de más de 50 empleados en sectores de media-alta tecnología en Navarra. Las entrevistas tuvieron lugar entre noviembre de 2010 y marzo de 2011 y se mantuvieron por los miembros del equipo de investigación con directores gerentes y directivos de oficinas técnicas, de departamento de I+D o personas con responsabilidades en innovación en las empresas entrevistadas. Así mismo, se entrevistó a un técnico de una asociación empresarial comarcal Navarra. El anexo tercero recoge las características de las empresas entrevistadas.

5.1 Innovación: Caracterización, motivos, fuentes

5.1.1 Definición innovación

Para las empresas entrevistadas las innovaciones que realizan son mejoras, modificaciones en sus productos para satisfacer las necesidades de los clientes o en sus procesos para disminuir costes. Estas mejoras se realizan principalmente integrando y adaptando a las necesidades de sus clientes tecnologías y componentes existentes en el mercado.

"Entonces, nosotros innovamos en el sentido de que nos vamos adaptando lo que es según el sistema, el envase, y según los productos nuevos, a cada... lo que es a cada envase. Pues conforme van saliendo envases nuevos, y se va innovando con productos nuevos, se van adaptando el tipo de máquina. Hoy en día está todo inventado. Es cuestión de adaptar cada cosa que hay a tus necesidades." (E3)

"Al final, son mejoras de... todo lo que se te pueda ocurrir tiene cabida. Hay veces que es por nuevas tecnologías, hay veces que es por un mecanismo mejor ideado... O sea, un poco lo que... E incluso hay veces que directamente te dicen "oye, no tengo esta acción; a ver si lo podríamos hacer de forma más reducida". Porque también... no hay que darle más vueltas. Eso serían ya más mejoras. Serían ya... Que es también innovación, pero nosotros lo veríamos como mejoras." (E7)

"Bueno, nosotros nos consideramos una empresa innovadora, desde el punto de vista de que siempre nos hemos ido adecuando a las necesidades del mercado de nuestros clientes, y sobre todo a las necesidades y evoluciones que ha habido en el mundo del envase, en los fabricantes de envase. Por lo tanto, hemos tenido que ir adecuando nuestras cerradoras a las diferentes modificaciones del envase. Entonces, eso ha sido un poco nuestras mayores mejoras." (E9)

"Yo creo que se puede definir como empresa innovadora, porque está la necesidad de innovar y modificar el producto, por varias necesidades. Podrían ser necesidades técnicas (por mejoras del producto)... modificaciones por aplicación particular de frenos donde es necesario que haya unas características técnicas especiales, que puede ser un coche particular, que puede ser un camión particular, o un coche con una velocidad de características técnicas particulares, porque... Entonces, este tipo de innovación, porque, como antes te comentaba, resulta necesario mirar al mercado, mirar la aplicación, y desarrollar productos específicos para aplicaciones específicas. También es necesaria establecer una atención particular al... pueden ser aspectos de costo, de gastos...Y, claramente también, si no antes, problemas de tipo ambiental." (E11)

"Entonces, hay que estar a lo último de lo último, porque en el sector del automóvil son muy, muy exigentes. Ahora mismo, aunque ya tienen unos proyectos y demás, a lo largo de la vida de la pieza, ellos mismos hasta te piden mejoras. Mejoras en el embalaje, mejoras en... Siempre va a intentar reducir costes. Entonces, siempre tienes que darle vueltas a la cabeza..." (E14)

"Entonces, ¿por qué nosotros tenemos que innovar y cambiar? Porque el coche también está cambiando. Entonces, casi... digamos que el coche es el que nos dice a nosotros lo que tenemos que innovar y no nosotros. O sea, nosotros ya... Digamos, aquí no hay una sala de reuniones con cabezas pensantes que dicen "vamos a innovar y vamos a hacer tal, porque esto va a ser...". No, nosotros... En el mercado ya existe esta tecnología, si queremos empezar a refabricar esas direcciones o esas... nos tenemos que actualizar. Entonces, ésa es nuestra innovación digamos." (E16)

"Son rediseños de cosas que ya existen. Y en los frenos, y en hidráulica, pues llevan cincuenta años. Nosotros, como te he dicho antes, como es serie corta, casi todas las ventas que tenemos, requieren diseño. No... Si un cliente quiere ir a un producto de catálogo que ya existe en el mercado, pues probablemente no podamos competir en coste. Pero cuando ya hablamos de serie corta y que requiere adaptaciones, entonces tiene que venir una empresa como la nuestra. Un equipo de ingeniería más flexible, y que los costes se adecuen más a ese serie, ¿no? Entonces, casi todas las innovaciones son modificaciones de cosas que ya existen, que van aportando..." (E19)

El objetivo de estas innovaciones es ofrecer, en la mayoría de los casos, soluciones "a medida" y/o globales a sus clientes. En el siguiente apartado hablaremos de la relevancia de este agente en los procesos de innovación de las pymes industriales navarras. Precisamente, estas empresas siguen una estrategia de "nicho". Así, para mantenerse en el mercado, optan por especializarse en segmentos específicos del mismo y ofrecer soluciones adaptadas al cliente aprovechándose de su flexibilidad, como fórmula para hacer frente a competidores más grandes, especializados en producción estandarizada.

"Digamos que siempre nos hemos caracterizado por estar un poco... por ser un poco... no sé si adelantados, o en un lado del mercado, ¿vale? Es decir, nosotros hemos tendido a sistemas de dispensaciones distintos, que dieran algo más, ¿vale? Como una especie de... Hemos intentado posicionarnos como gama alta, dentro del mercado de vending. No hemos pretendido luchar por precio en máquinas de gran consumo, sino que hemos tendido siempre a otros modelos. ¿Vale?" (E1)

"Para nosotros, como empresa, la innovación es, digamos, el leit motiv. Es decir, X ha sido siempre una empresa que ha estado, digamos, en un lado del mercado. Siempre hemos innovado, siempre hemos presentado nuestras propias soluciones [al cliente]" (E1)

"La mayor parte de las veces, sí. La mayor parte de las veces es una necesidad de un cliente. "Oye, ¿por qué no me hace esto de esta manera?". Y ahí desarrollas la idea, y la evolucionas." (E2)

"Las necesidades del mercado, pues porque los clientes se quieren diferenciar." (E3)

"Y va todo dirigido al cliente, ¿no?" (E6)

"Somos una empresa eminentemente técnica, una "empresa de ingeniería", que se viene a llamar, pero lo que nosotros hacemos son automatizaciones, que es fabricación de maquinaria especial, a medida, o "llave en mano", que se llama, y bueno, somos expertos en automatización, y en "integración", que llamamos. Lo que hacemos es... cerramos el círculo de ingeniería, tenemos un área comercial, que son ingenieros industriales, que en principio no es un área comercial al uso, ¿no?, un vendedor, por decirlo de alguna manera, sino personas con una formación técnica, capaces de desarrollar el primer esbozo de la solución técnica que se

necesita para la automatización que quiere el cliente, ¿no? Tú fíjate que nosotros lo que hacemos es maquinaria especial. En un 95%, ó en un 99% es máquina no repetitiva. Es decir... además, máquina que no existe anteriormente. Es un producto que nadie ha intentado." (E7)

"Nosotros, como innovación, lo más fuerte es que viene un cliente y te dice "mira, quiero hacer esto; no tengo ni idea; tengo a ocho personas trabajando, y, realmente, pues quiero hacerlo automáticamente". Vas al mercado, y no existe en el mundo una máquina que haga eso. O sea, esto es lo más fuerte. Porque al final, tú tienes que pensar la idea. Generalmente, el cliente, muchas veces, sí que le ha dado vueltas, conoce su producto, y tiene una idea ya en la cabeza, que ayuda, y muy mucho." (E7)

"Entonces, pues yo diría que esa combinación de que el cliente tira, nosotros queremos estar ahí, queremos avanzar en toda su gama de productos, y no queremos... (...) Yo sé que hay que combinar las dos cosas: innovaciones muy cercanas y vinculadas a clientes actuales, que nos ayuden a facturar, etc., y otras innovaciones, que son seguramente de más largo plazo, y que seguramente nos llevarán a márgenes futuros mejores, pero que ahora no podemos visualizarlos." (E8)

"Cumplir las necesidades del cliente. Y si no, es ir en cada momento, es adelantarte al momento para cumplir las necesidades del cliente. Ésa puede ser nuestra innovación." (E18)

"En nichos pequeños... Siempre serie corta. Producto adaptado a lo que quiere el cliente, nuevo, y serie corta." (E19)

La mayoría de las empresas entienden la innovación como el desarrollo de productos y/o procesos nuevos y/o mejorados. No obstante, en algunos casos se alude a innovaciones de carácter organizativo.

"Innovar es también cambiar la forma de hacer las cosas. Y, dentro de eso, en estos últimos cinco años, bueno, le hemos dado una vuelta a esta empresa que no hay quien la conozca. En el sentido de decir "oye, vamos a organizarnos en la planta mejor; vamos a organizar mejor a los electricistas; vamos a organizar mejor los montajes en casa del cliente...". Esta serie de cosas. Eso es innovar." (E2)

"Buscas una innovación, en lo que es tu sistema organizativo, ¿no? Pues en esa parte también entendemos la innovación." (E7)

"Porque se entiende la innovación en producto. Y resulta que innovar significa muchas otras cosas. Se puede innovar en procesos organizativos, se puede innovar en una oferta hacia el cliente, se puede innovar en servicios, se puede innovar..." (E8)

En algunas entrevistas se destaca cómo la innovación ha sido necesaria para diversificar las actividades de la empresa y así poder mantener sus niveles de competitividad. Estas empresas han tenido que desarrollar una notable actividad innovadora para poder introducirse en nuevos sectores (ej. sector eólico) donde los niveles de competencia (en costes) sean menores y también de esta manera realizar actividades que generen más valor añadido a la empresa.

"Por ejemplo, con el cambio de actividad, precisamente hemos buscado innovar, porque si no íbamos a hacer lo mismo que nuestro proveedores, y no íbamos a ser más rentables." (E10)

"Ahora mismo estamos con ayuda de otros organismos y otras empresas externas, para desarrollar un plan estratégico nuevo que nos permita mantener el anterior, que es satisfacer a nuestro cliente, que es construir lo que ellos nos piden, pero a la vez queremos desarrollar algún producto, o servicio propio, que nos permita ser un poquito más independientes del trabajo que nos estaba dando nuestra matriz." (E12)

"Pero aquí la subsistencia la encontramos en la diversificación, en generar nuevas líneas de producto. Luego, está el tratar de acceder a otros mercados con los mismos productos." (E16)

"Para entrar en el sector eólico, las exigencias en diseño, desarrollo, de los propios clientes, nos pone a nosotros en una necesidad, en un requerimiento base, que es el de tener unos equipos profesionales, ¿no?, unas ingenierías que tengan capacidades que antes la empresa no tenía. Entonces, en ese sentido, tiran de nosotros, nuestros clientes." (E8)

"Concretamente, con ese cliente, que era buenísimo y nos daba muchísimo trabajo, desapareció casi-casi de un año para otro. No nos pilló de sorpresa, porque ibas evolucionando. Y nosotros sabíamos que al final con nuestros costos, con nuestros conocimientos, teníamos que a lo mejor, es decir, ir a los sectores más exigentes. ¿Cuáles son los sectores más exigentes hoy en día? Farmacia y médico. A nosotros nos ha costado entrar a través de siete años de mucho trabajo, de mucha labor comercial, técnica; tienes que vender lo que eres, pero, claro, no puedes vender humo, tienes que vender tecnología, tienes que vender ejemplos de lo que haces. Y ahora se puede decir que tenemos ese mercado consolidado, trabajamos prácticamente al 100% para el sector médico y farmacéutico." (E17)

"Fundamentalmente es el mercado. Entonces, en este caso, si queremos ser unos proveedores competitivos no sólo nos podemos centrar en... la pieza bajo plano sino que tenemos que estar involucrados en el desarrollo del producto." (E20)

5.1.2 Motivos para la innovación

Las empresas entrevistadas señalan que la actividad innovadora que realizan tiene como objetivo la obtención de un valor y una rentabilidad. Concretamente, las personas entrevistadas aluden a la necesidad de realizar innovaciones para poder mantener una ventaja competitiva frente a sus competidores.

"Para nosotros innovación es presentar... lo voy a decir con las palabras gordas... algo que es diferente de lo anterior, y que aporta valor en ese momento. O sea, no digo que sea mejor ni peor. Posiblemente, la mayor parte de las veces, será mejor. Evidente. Pero es algo distinto de lo que vienes haciendo. Pero eso sí, lo que tiene que hace la innovación es aportar valor." (E2)

"Diferenciarnos de la competencia. Bueno, diferenciarnos y crecer. Intentamos siempre darle valor añadido." (E5)

"Todo aquello que nos pudiera dar ventajas competitivas. "Innovar es encontrar cosas que te den ventajas competitivas". Eso es, desde mi punto de vista, lo que es la innovación." (E6)

"¿Para qué innovamos? Nosotros no somos científicos ni universitarios. Nosotros innovamos para vender. Y va todo dirigido al cliente, ¿no?" (E6)

"Y eso también es una ventaja competitiva respecto a todos nuestros competidores. Lo único que nos salva ya es desarrollar productos únicos, especiales. Algo diferenciador de los demás." (E10)

"Está claro que nuestro sector es muy competitivo, hay mucha competencia, está evolucionando rápido, y tenemos que estar... tenemos que... no podemos quedarnos atrás. Todos los demás fabricantes están sacando máquinas cada vez distintas, cada vez más grandes... Está la aplicación marina, como otro de los sectores importantes donde hay que innovar y hay que desarrollar tecnología... Y por detrás vienen los chinos y los coreanos, cada vez más cerca. O sea, que no podemos... No podemos seguir haciendo dentro de cinco o diez años lo mismo que hacemos ahora, porque habremos perdido la batalla. Tenemos que ir siempre por delante, tecnológicamente." (E13)

"Una empresa innovadora es una empresa que sobrevive en el mercado no sólo por precios, no sólo por calidad, sino por aportar un valor añadido, y es en lo que nosotros llevamos muchísimos años luchando. Nosotros el personal que tenemos es personal altamente cualificado, caro; las máquinas que tenemos son última tecnología, cara, y nuestra única forma de mantenernos en el mercado es dar lo que otros no dan. Y, ¿cómo damos lo que otros no da? Pues investigando, haciendo innovación y trabajando en desarrollar y aportar lo que otros no aportan." (E17)

5.1.3 Fuentes de la innovación

Las empresas entrevistadas destacan la importancia de las bases internas de conocimiento para el desarrollo de nuevos proyectos de innovación.

"Normalmente, digamos, internamente. Se ve una necesidad, y se ve una solución. Se busca una solución ahí." (E1)

"Yo pienso que la primera atracción para desarrollar innovación es interna. Es decir, que si los... O sea, la innovación, en mi opinión, va muy ligada a un espíritu de crecimiento, diría, empresarial. Creo que el primer impulso es que hay ambición, y hay una estrategia de crecimiento y de aporte de valor, interés por estar en sectores con valor añadido y con márgenes interesantes, no con volúmenes interesantes, sino con márgenes interesantes, y para estar en esa estrategia hay que innovar. Ése es el primer objetivo. Entonces, eso es una reflexión interna que está en la casa." (E8)

"Entonces, la fuente de innovación es interna. En el sentido de que internamente hay una estructura de personas que desarrollan este producto gracias a la experiencia y a la información que puede llegar en general del exterior, que podría ser de proveedores, o sencillamente del mercado, o de la red, o de cualquiera. Pero las ideas son internas. Porque hay una parte que, externamente, es confidencial, que es la parte de producto. La parte del producto, el know how del producto, es parte de cada empresa en nuestro sector. Porque cada empresa ha desarrollado su material, o materiales, internamente, y está en la parte... como decirlo... en el corazón de la empresa. Es el know how." (E11)

No obstante, de las entrevistas realizadas se deduce la importancia que tiene para estas empresas el desarrollo de una actividad de vigilancia tecnológica de las tendencias observadas en el mercado (ej. necesidades de clientes y productos desarrollados por competidores), evolución de las tecnologías interesantes para sus sector. Esta vigilancia tecnológica se realiza principalmente a través del departamento comercial, asistencia a ferias y contactos con proveedores.

"Sobre todo son nuestros comerciales, es evidente. Son nuestros ojos fuera, en el mercado, ¿no? Y te dicen "nuestro mercado está demandando lentejas con chorizo". Oye, pues tenemos que preparar algo para ofrecer en el mercado unas máquinas que puedan hacer esas lentejas con chorizo. Venga, pues a pensar I+D+I..." (E2)

"Todo lo que va recogiendo también el comercial en todas las visitas que va haciendo, tanto en España como en el extranjero... O sea, hay tres o cuatro diferentes vías por las que recibimos información." (E5)

"Lo que sí miramos mucho es las nuevas tecnologías. Otras tecnologías aplicables. Eso sí. En competidores nuestros no, porque vamos delante. Ellos nos miran ahora a

nosotros. (...) Son proveedores nuestros, primeras firmas mundiales de casi todo. En el caso de iluminación, nuestro proveedor es Phillips. Y él ha hecho un montón de publicaciones sobre leds, y ha hecho un montón de desarrollos sobre leds." (E6)

"Pues mira, proceden del interior de nuestros ingenieros y de la colaboración muchas veces, muchas veces, con nuestros clientes y con nuestros proveedores." (E17)

"Bueno, en lo que es el diseño del producto las ideas pueden venir originariamente, que se tengan aquí internamente en la empresa; puede ser que vengan de un benchmarking, del trato con el cliente o la relación con el cliente. Y en cuanto al proceso, pues también, bueno, el conocimiento de lo que hay en el exterior junto con un poco nuestros proveedores de máquinas para realizar las apropiadas." (E20)

"Ferias...Acudimos a todas las ferias más importantes de nuestro sector. El año pasado estuvimos en Corea, Estados Unidos... Hemos estado en Verona, en Italia... Hemos estado en Frankfurt, en Alemania... En Inglaterra también hemos estado... Entonces, intentamos estar al día de lo que se está haciendo en nuestro sector. Y si, por ejemplo, vamos a Estados Unidos, es precisamente para desmarcarnos un poco e intentar buscar algo diferente, ¿no? Y después, lo que decías tú, el tema de los representantes, ¿no?" (E5)

"Entonces el estudio de nuevos productos que veían u oportunidades de acceder que se encuentran por ahí, de recambios, pues porque vas a ferias, o porque ves catálogos de competencia... Es decir, "pues no sé quién ha empezado a hacer este producto", y tú dices: yo creo que esto tecnológicamente podría estar a mi alcance, o no." (E16)

5.1.4 Patentes

Las empresas entrevistadas desarrollan, en general, una escasa actividad en el área de patentes. Algunos entrevistados se refieren a la dificultad de patentar algunas de las innovaciones que realizan porque se trata de adaptaciones y/o mejoras de productos anteriores. Por otro lado, algunas empresas aducen como razón para no patentar que supone un elevado coste para los beneficios que aporta.

"Copiar no es fácil en nuestro sector. Para copiar hay que saber mucho, y hay que invertir mucho." (E6)

"Tenemos alguna patente. Lo que pasa es que este es un mundo muy complicado, que para cuando consigues una patente... o sea, te lo pueden fusilar. O sea, alguna patente tenemos, más de sistemas que funcionamiento de molde; algún sistema especial lo patentamos, pero lo demás no se patenta porque te lo fusilan rápido, es muy caro, requiere mucho tiempo y mucho esfuerzo y tampoco somos una empresa con mucha estructura. No son muy efectivas." (E17)

"Tenemos nuestras dudas, porque al final, bueno, en el tema de patentes nos tendríamos que asesorar; lo que hacemos es coger un poco de unos, un poco de otros, un poco de otros y mezclarlo, entonces yo no sé si nos daría derecho a patente eso, o no." (E16)

"Que nosotros hagamos una patente cuando nosotros estamos copiando un producto que ya existe en el mercado. Entonces, a no ser que nosotros le hagamos una mejora a ese producto, no tienen sentido nuestras patentes. Pero, bueno, siempre andamos en ese límite de si hacemos una mejora lo patentamos, no lo patentamos, dependiendo un poco de la urgencia. Yo creo que hace años, hace muchos años se patentó algo, se patentó algo de la esfera, alguna mejora de la esfera se patentó." (E16)

"Eso está patentado porque sabemos que eso nos está diferenciando, nos está aportando valor, y que estamos vendiendo nosotros moldes para hacer ese producto gracias a ese sistema. Eso se patenta. Lo demás son pequeñas aportaciones más o menos importantes que se van haciendo, pero que no compensa el hacer las patentes porque un pequeño cambio te lo va a fusilar." (E17)

La actividad patentadora que realizan las empresas entrevistadas tiene un marcado carácter defensivo.

"Y un poco el objetivo nuestro de patentar, es protección. No tenemos ningún interés en prohibir a otros que fabriquen el producto. Lo que solemos pretender suele ser siempre que no nos puedan atacar, que no nos pueda venir nadie con un litigio que nos diga "oye, este producto estaba patentado; que no podéis ir a Francia, o no podéis ir a Italia". Entonces, lo que hacemos siempre es, el producto que nos interesa, o que hemos desarrollado con alguna novedad, lo patentamos en España, y con eso ya... Sirve para lo que te digo. Sirve como protección. Si una patente existe en España, nadie te puede prohibir vender en ninguna parte del mundo. Si tú quieres prohibir, te tienes que patentar en cada uno de los países en los que quieres prohibir a tu competencia que fabrique." (E19)

En las entrevistas también se alude a otras formas de protección del conocimiento como la forma de contratos de confidencialidad por parte de los empleados.

"Tenemos firmado un contrato de confidencialidad; cosa que no existía antes, pero a raíz de que estamos invirtiendo horas en este proyecto pues se decidió que las dos o tres personas que estamos –antes éramos dos, ahora tres- que firmáramos, con el fin de blindar un poco el que, bueno, la empresa me paga a mí, yo desarrollo y ahora yo, que ya he desarrollado, me ofrezco a la competencia, me voy de la empresa, me ofrezco a la competencia y le digo: "Si quieres te digo cómo hacer una máquina de verificación, y te la hago...". Bueno, pues queremos evitar eso, queremos evitar eso y tenemos ese contrato." (E16)

En algún caso, concretamente dentro del sector eólico, se señala que las actividades susceptibles de patentar realizadas por las empresas entrevistadas se han cedido a clientes.

"Sobre todo, yo diría que la estrategia de patentabilidad es más para hacerte valer ante clientes. O sea, normalmente no ha sido una estrategia, en mi opinión, interesante, y me preguntarás por qué. Yo creo que hay una razón. Y es que los propios clientes, por ejemplo, X, te exigían que... no te dejan que sea tu patente. Tienen que integrar en la máquina todo patentado por ellos. El Director General, que veía el conjunto del negocio, decía "no se puede patentar, porque la patente la quiere el fabricante". Y ahí había una riñas con el Director de Ingeniería, que consideraba "joder, somos unos lelos, porque cedemos esta patente..." (E8)

Se aprecia que en este sector la actividad patentadora y /o otras actividades para proteger el conocimiento generado tienen una gran importancia.

"O sea, hemos intentado convencer a los ingenieros de que eso hay que, primero, protegerlo, y luego comunicarlo por el cauce adecuado, para que sea protegido, ¿no? Y ésa es una labor de los dos o tres últimos años. De la cultura del conocimiento y de innovación, y luego, la gestión de ese conocimiento para que sea... para empezar. Surgen ideas, en primer lugar, y en segundo lugar, que redunden en la mejora de nuestra competitividad, que eso se traduce en patentes." (E13)

"Entonces, el tema de patentes en eólica es clave. Porque todo el mundo está protegiendo todas sus innovaciones. Y porque cada innovación que queremos hacer, hay tantas patentes, que es probable que pueda estar patentado por otro. Entonces, tenemos que tener cuidado de no infringir. Por un lado, tenemos que proteger lo que hacemos, y por otro, tenemos que tener cuidado de no infringir derechos de terceros. El tema de la propiedad industrial es clave." (E13)

"Solo contratamos a alguien para que haga un desarrollo para nosotros, con la condición de que ese desarrollo sea nuestro. Y es una condición previa que a veces cuesta hacer entender, pero que es obligada. Y ya digo que me da igual que sea la universidad, que sea un proveedor. Solo... O sea, no estamos dispuestos a pagar un desarrollo técnico, para que luego no tengamos nosotros los derechos. Los derechos plenos sobre... Y eso a veces cuesta, ¿eh?" (E13)

5.2 Organización de la innovación: Planificación, estructura, papel de los distintos agentes

5.2.1 Planificación de las actividades de innovación

La mayoría de las empresas entrevistadas cuenta con un plan estratégico con los principales objetivos y directrices para la empresa a corto-medio plazo. En estos planes la innovación ocupa un lugar específico, detallándose los proyectos de I+D a acometer los próximos años.

"Entonces, en los objetivos estratégicos, te puedo decir que uno de los objetivos estratégicos… Hay diez. Uno es desarrollo de la innovación, en estos diez. ¿Cómo se despliega eso? Se despliega con proyectos de I+D, la exigencia de que en cada uno de los negocios haya un proyecto de I+D mínimo cada año." (E8)

No obstante, algunas empresas, en su mayoría auxiliares, no realizan esta planificación de las actividades de innovación sino que van desarrollando innovaciones a medida que los clientes les exigen nuevos productos y/o soluciones.

"… Nosotros plan estratégico no tenemos. Funcionamos de la forma que hemos estado hablando: el cliente te lanza unas necesidades, nosotros… y el Departamento técnico, pues tenemos una serie de reuniones y puestas en común, de cómo se pueden realizar las cosas." (E3)

"Pues no hay un plan estratégico de actividades, ¿Por qué? Pues porque nuestro plan de mejora continua está basado un poco en nuestro trato directo con nuestros clientes en el…En el día a día…en las opiniones que nuestros mecánicos nos traen aquí, visto el problema de la fábrica, trabajando las 24 horas. Entonces, ahí es donde más vemos los problemas que sufren nuestras máquinas, y de ahí es de donde empezamos innovando día a día." (E9)

"Es que la innovación no está tan planificada en la empresa. Son actividades de innovación, que sí que se hacen, pero igual sin… O sea, yo no me he especializado en la innovación, ni he asistido a cursos que dan por ahí, en el centro X, de innovación, cómo tienes que hacer esto, cómo… Aquí las cosas van por necesidades y se planifican -porque lo que no planificas lo normal es que no salga ni en su plazo ni en sus costes- para coordinarnos, que somos pocos; aquí normalmente con tres o cuatro ya estamos todos coordinados." (E16)

"Como plan estratégico no existe, no tenemos ninguno. Es lo que te comentaba: tenemos que estar en el mercado, es el cliente quien nos lo pide, y sabemos… es el cliente o el cliente a quien se lo tenemos que ofrecer." (E20)

Por último, destacar que nos hemos encontrado con algunas empresas filiales con poco margen de autonomía en la decisión en materia de I+D. Las estrategias en esta área se marcan desde la empresa matriz.

"El apoyo de ingeniería central es el... Más que todo ahí: I+D. Suelen venir aquí todos los meses, pues para hacer nuevos proyectos, y demás." (E14)

"Lo principal para ser innovador, o innovadora, en la empresa, o... son las directrices que nos marcan desde la matriz." (E 14)

"Nuestra sede está en Burgos, y nuestro I+D+I también está en Burgos. Entonces, nosotros no trabajamos con, vamos a decir, con I+D." (E18)

5.2.2 Estructura para la innovación

La principal estructura para la innovación en estas empresas es la oficina técnica, mucho más frecuente que el departamento de I+D. Como se destaca en las entrevistas realizadas, en la mayoría de los casos las personas dentro de la oficina técnica no se dedican de manera exclusiva al desarrollo de actividades de I+D e innovación sino que compatibilizan la realización de tareas en estas actividades con el desarrollo de tareas ligadas a la producción y al día a día de la empresa.

"Somos 70. Sin embargo, en la oficina técnica, ahora mismo hay... uno, dos, tres... cuatro ingenieros, haciendo todos los proyectos. Tenemos otro en laboratorio, para hacer todas las pruebas, y, y análisis de producto, y tal... y todo, todo, todo lo hacemos nosotros. Todo el tema de diseño, desde que nace la idea hasta que se termina, lo hacemos nosotros." (E5)

"Es nuestra área más importante. Es decir, cuando se analiza nuestra empresa... Esto es una empresa básicamente de ingeniería. El Departamento de Ingeniería –o de I+D+I– es el más importante, y además es el árbitro de esta empresa. Es decir, cualquier discusión que se produzca en la empresa, estratégica, o de cualquier tipo... o de confrontación entre el área fabril, que siempre es importante, y el área comercial, que es una de las confrontaciones, el árbitro siempre es Ingeniería." (E6)

"A nivel de I+D, es que nosotros, como I+D, estamos a cargo de la producción. No a cargo de la producción, sino a cargo de los problemas que surjan en producción. Si hay un problema de máquinas, que no funcionan en producción por algún motivo, nosotros somos los que salimos. Salimos, vemos, comprobamos... Mira, el error ha sido aquí: es un problema de montaje, no es un problema de diseño. Si es un problema de diseño, estamos encargados de corregirlo y de que, digamos, conseguir la mejora. Entonces, es un aprendizaje continuo. Yo diseño, lo pongo en producción, y me falla... y ya sé que para la próxima vez esto que he hecho mal no lo voy a hacer. Es una forma... Por eso, aunque somos I+D innovación, tenemos igual un 20% del tiempo de soporte a producción." (E1)

"La estructura organizativa de una Pyme –el organigrama– es el de la polivalencia. O sea, tú no tienes un departamento, una persona, que se dedica única y exclusivamente a I+D+I. No. Tú tienes una persona en producción que, de repente, dice "oye, pues mira, si es más suelto o menos suelto...", o la propia persona que dirige la empresa, el gerente, si es más suelto o menos suelto, dice "ah, pues venga, yo creo que esto tal, puede ser una innovación, y lo vamos a llevar como proyecto de I+D+I". Pero estructura organizativa dentro de la empresa, que se dedique única y exclusivamente a eso, no. no existe un departamento de I+D+I. O sea, porque no. Porque no dan los números, y no da. Y es... Pero es que este ingeniero técnico lo mismo te hace los proyectos, que te gestiona los recursos humanos, que te lleva los temas de prevención. Es que no da para tener un organigrama elaborado. Es que no." (E4)

"Propiamente, como área de I+D+I... Nosotros tenemos una persona que es el Director Técnico y Director de I+D+I, ¿no? Se llama "Director Técnico e I+D+I". Para determinados clientes, como te he comentado, que son clientes ya en los que entendamos que podemos invertir... O sea, podemos no, que debemos invertir tiempo en ofrecerles mejoras en las cosas que ya tienen... Sí que hay un grupo más o menos fijo, de personas que trabajan en este tipo de mejoras. Hay... Todas las semanas hay unas reuniones, hay un grupo de trabajo. Pero estas personas, no es que sólo, en exclusiva, se dediquen a esto, sino que tienen sus trabajos, sus funciones... pero luego tienen como proyectos adicionales de mejora. Ellos se lo toman como un proyecto, tienes una codificación distinta, con otra numeración, y parte de su tiempo dedican a este tipo de proyectos, que están bien atados y bien pensados, ¿eh?" (E7)

"Del Departamento, el área de patentes, somos el área que más tiene que ver con... que más relaciones tiene con los centros, y que más se dedica a la innovación, a... y aparte a la propia industria, que es otro tema que también nos preocupa mucho, ¿no? No solo a tener ideas, sino a protegerlas mediante patentes. Y a ver si cada innovación que se hace en el Departamento, verIfIcar si infringimos alguna patentc, o si lo podemos hacer. Y además vigilar cómo evoluciona tecnológicamente la competencia. Para saber hacia dónde hay que ir. Eso es lo que... O sea, la parte del Departamento que se dedica a mirar hacia adelante, ¿no? Lo que pasa es que, ya te digo, estoy de responsable de eso desde hace poco, y además soy responsable de Soporte de Producto e Industrialización, que no tiene nada que ver con este Departamento. Que es justo la contraria, la que está en la guerra diaria." (E13)

"Yo, como responsable de Calidad, me toca ser el responsable del Departamento Técnico, pero cuando haya cosas. O sea, como tal no hay una actividad objetivo, o sea, aquí no estamos cuadriculados, ni te iba a presentar ahora un organigrama donde la innovación... "aquí hay tres personas en un laboratorio, tienen un jefe, y además éste tiene sus objetivos." (E16)

En las empresas más avanzadas en materia de planificación de la innovación, existe un número de personas dedicadas exclusivamente a actividades de innovación.

"Ya tenemos… la innovación la tenemos aquí ya… cómo te diría yo… planificada. Es decir, este departamento está formado por –si me incluyo yo– cinco personas…Sí, el de Ingeniería y Procesos. Departamento de Ingeniería y Procesos. Está el responsable, que soy yo, y cuatro personas más. Y puntualmente se suma alguno más, ¿no? Tenemos muy claro y tenemos marcadas las pautas de lo que tenemos que hacer a lo largo del año, y sí nos saca de la actividad diaria, que es la que te contamina, te arrastra, y no te deja hacer lo que tienes que hacer. Entonces, estamos aparte, somos "los raros", que eso es aparte, que, bueno, con nuestra planificación de la innovación." (E2)

5.2.3 Responsabilidad y papel de los diferentes agentes en el proceso de innovación

La responsabilidad de la innovación recae en un número reducido de personas dentro de la empresa. Las decisiones en materia de innovación se toman entre gerencia y directivos de las principales áreas (oficina técnica, departamento de producción, departamento comercial).

"Entonces, nuestro ciclo es prácticamente lineal. Dirección decide, "Se va a desarrollar esto", I+D desarrolla, crea un prototipo, se lanza una preserie, y sobre esa preserie es donde ya Producción da su opinión respecto a… "esto es improducible, o esto está bien, o esto hay que mejorar". Y entonces, se retoma en el ciclo, y se vuelve a hacer. ¿Vale? En los estadios tempranos de desarrollo ya tuvimos un intento de meter a todo el mundo, y son unas reuniones estratosféricas que no van a ninguna parte. Tienes a diez personas opinando… Pero bueno… Unos para un lado, otros para otro…" (E1)

"Hay un comité que elige los proyectos de I+D+I más importantes…", y dices "oye, el mercado está demandando…". Sobre todo son nuestros comerciales, es evidente. Son nuestros ojos fuera, en el mercado, ¿no? Y te dicen "nuestro mercado está demandando lentejas con chorizo". Oye, pues tenemos que preparar algo para ofrecer en el mercado unas máquinas que puedan hacer esas lentejas con chorizo. Venga, pues a pensar I+D+I… ¿Cuándo hacemos esto? Pues no tenemos hueco… Es importante, movemos fichas, lo ponemos aquí… Para tal fecha tenemos que tener una respuesta. –Vale. Y en este comité, ¿quién participa? –departamentos. Por supuesto, el de Innovación, Comercial, y Gerencia." (E2)

"Gerencia da su punto de vista. Puede opinar. Departamento comercial también. Después también está el Departamento técnico… Y encargados de taller. O sea, es un poco global. Entonces, cada uno tiene su punto de vista, desde el área que él trabaja. Entonces, no es decir que sólo participa el Departamento técnico, y… No. Porque el Departamento comercial ha podido ver… Lo que sí se hizo es unas necesidades, o un comportamiento del envase del producto, que es diferente al que igual se tiene pensado en el Departamento técnico… Y también, a efectos constructivos, pues encargados de taller ven la viabilidad o no de lo que se está diseñando." (E3)

"Creamos una especie de "comité de planificación y diseño", dentro de la empresa. Es un comité que está compuesto por el Director Comercial y el Jefe de Ventas, el Director Técnico, el Director de Calidad y el Gerente, que soy yo. Entonces, es un comité que nos juntamos cada cuatro o cinco meses, para analizar un poco qué producto estamos fabricando y qué habría que mejorar de esos productos, por un lado, o qué habría que cambiar, o... Y, por otro lado, qué nuevos proyectos de productos tenemos que empezar a realizar. Entonces, para eso, además de escuchar a los comerciales, principalmente, que nos venían un poco con la información del mercado, lo que también hemos hecho es pedir la colaboración de nuestros... de los tres representantes, o distribuidores más importantes que tenemos, para que nos dijesen un poco, ellos también, desde su punto de vista, qué es lo que veían, ¿no?" (E5)

"Cuando se habla de un producto, siempre tienen que participar, por supuesto Dirección, Desarrollo de Negocios, hay que estudiar el mercado para el que tiene que ir definido... y está Ingeniería, fundamentalmente. O sea, quienes más participan, fundamentalmente, son los que conocen el mercado objetivo, y cómo tiene que ser la máquina, que son Desarrollo y Negocio, e Ingeniería, que es el que define técnicamente el producto. Básicamente."(E13)

"El ejecutor o el que decide lo que se hace y lo que no, y qué producto se diversifica o qué se investiga a nivel macro, es Gerencia; Gerencia es X, que es el hijo del dueño. O sea, sigue siendo el dueño. Desde Dirección General vendría esa... digamos inquietud, y esa necesidad para abordar un proyecto de diversificación. Entonces, una vez que él tuviera "x" cosas al final tendría ya que entrar un poco más en detalle y ver qué necesidades habría en cuanto a proceso, en cuanto a instalaciones... No vamos a meternos en algo que requiere más metros cuadrados que lo que necesita la planta, o qué limitaciones tecnológicas tenemos." (E16)

"Bueno, pues la I+D se hace en una labor conjunta entre la oficina técnica, o sea, el departamento técnico, que es ingeniería pura, por decirlo de alguna manera, el departamento técnico-comercial, que es ingeniería pero en relación con los clientes, y fabricación... Entre esas tres secciones o esos tres departamentos de la empresa son los que afrontan los retos que se nos van presentando y van dando soluciones." (E17)

Las fases de un proyecto de innovación de un producto tipo suelen ser las siguientes: 1) definición y validación de las especificaciones, 2) Realización de prototipos, 4) Industrialización del producto. Hay que destacar que en alguna empresa, concretamente del sector de máquina herramienta, se señala que la relación con el cliente es continua en todas estas fases.

"Ya un cliente, y además de las dos formas... "Mira, quiero desarrollar este elemento de forma automatizada, y no tengo ni idea. ¿Eh? Además, como me han dicho que sois muy buenos, vengo a vosotros por eso, ¿no?". Y otra es que clientes que ya les hacemos trabajos, ya nos conocen, y hemos hecho máquinas parecidas, pero quieren... pues el producto ha cambiado, o bueno... se ha trabajado en un tipo

de producto, pero ellos tienen otros productos, y hay que trabajar ese tipo de producto. Vale. El primer cliente no tendrá un pliego de especificaciones, y seguramente tú te le tengas que ayudar a elaborar ese pliego de especificaciones. Y el segundo tipo de cliente te viene ya con un tocho importante –y además bien atado– de pliego de especificaciones. Es decir, "tienes que hacer una máquina que cumpla con estos requisitos". A partir de ahí, el área comercial elabora un presupuesto… Es un presupuesto en base a una solución técnica, con un desglose… Se presenta al cliente… Se cambia muchísimas veces. Es decir, desde que tú presentas la primera oferta hasta la oferta definitiva, pues el cliente va introduciendo una serie de variantes, porque la mezclan en su producto nuevo, a ellos les puede ir cambiando el producto, les aparecen nuevas ideas, o temas que no han contemplado anteriormente…. Es un proceso que se puede dilatar, ¿no? Entonces, ahí ya el cliente toma una decisión: lo haces tú, o lo hace la competencia. O sea, que eso es así, ¿no? Y… vamos a suponer que es el caso más optimista, para nosotros, lo hacemos nosotros, y acepta nuestro trabajo, o nuestra solución técnica, y a este precio… Hay que tener en cuenta que el Director Técnico también ha participado de la elaboración de esta oferta, y es el Director Técnico también el que sirve de enlace entre lo que plantea el área comercial y lo que hay que empezar a diseñar en oficina técnica, está todo el proceso de gestión de proyectos, con el Director de Producción, y todos los coordinadores de producción y el responsable de compras, ¿vale? Una vez has realizado el diseño, el despiece, se saca a fabricar, y fabricas Ya tiene el montador todos los elementos necesarios para montar la máquina. Entonces, montan la máquina… ¡La monta, y ya está! ¡Ja, ja…! Entonces, bueno, se monta lo que es la máquina, y una vez que está montada mecánicamente aparecen "los chispas", que llamamos comúnmente, ¿no?, el personal de electricidad, los electricistas, y hacen el cableado de los elementos. Una vez que han hecho el cableado de los elementos, entran los programadores. Se mete el programa, y empiezas a ejecutar los movimientos. ¿Vale? Entonces, ya tienes la máquina montada mecánicamente, y el programa metido. ¿Qué es lo que necesitas a partir de ahí? Pues pruebas y más pruebas: la puesta a punto. Al final, no es que vaya, y vaya todo, y para todos los modelos y en todas las estaciones, sino que, además, cumpla todas las condiciones, y unos requisitos de calidad, y unos requisitos de tiempo. Vale. A eso lo llamamos la "fase de puesta a punto". Entonces, en esa fase de puesta a punto está personal de puesta a punto de montaje, y personal de puesta a punto de automatismos. Se hace la puesta a punto, se hacen las pruebas… Está el cliente… El cliente ha venido en repetidísimas ocasiones. Continuamente está viniendo. ¿Eh? Y finalmente se hace una aceptación, de esa máquina, por parte del cliente. El cliente acepta la máquina, aquí, se procede a desmontar la parte que hay que desmontar, transporte, colocación en casa del cliente, en la empresa del cliente, y otra vez una fase de puesta a punto, que es, en principio, menor Y bueno, se hacen allá, se hacen las pruebas, se hace una formación." (E7)

"Todo eso se analiza, o sea, eso viene ya en unos requerimientos que nos hace el cliente. Pero, bueno, la primera fase es un pre-proyecto que hace la oficina técnica, un boceto, por decirlo de alguna manera; se discute, se discute aquí internamente, antes de pasar a fabricación, entre la oficina técnica y el departamento técnico-comercial. Ese pre-proyecto hay que defenderlo delante del cliente; la competencia también. Entonces, hay unas veces que te convocan, otras veces simplemente mandas el proyecto, lo defiendes por escrito y ya está. Pero hay otras veces que te convocan y con una oposición: ahora pasa el primero, ahora pasa el segundo... y cada uno defiende su proyecto. Una vez que el cliente ya te ha dado el visto bueno al proyecto, aquí se hace el plano del conjunto, del conjunto de la máquina, y ese plano del conjunto se despieza." (E17)

"Sí, bueno, en el Comité de Planificación y Diseño se establecen ya las características más importantes de ese nuevo proyecto, que es lo que llamamos "elementos de entrada". Entonces, en los elementos de entrada, puedes tener cinco o diez características principales, y sobre eso, bueno, pues hacemos un desarrollo en Oficina Técnica de los dibujos necesarios como para que se le pueda dar, de alguna forma, el visto bueno en el Comité a ese proyecto. Se continúa con este proyecto, hasta que llegamos a fabricar una muestra. En ese momento hacemos lo que es la verificación de ese diseño, con el prototipo. En esa verificación comprobamos también que todo funcione correctamente, y comprobamos también que los elementos de entrada se han cumplido. Después de esa segunda etapa, pasaríamos a la validación. La validación ya vendría con la preserie. Estamos ya en puertas de comercializar el producto; entonces, ya se montan una serie de aparatos. Entonces, ésa sería ya la confirmación de que ese producto puede salir a la calle, ¿no? Entonces, serían esas tres fases." (E5)

"Bueno, en primer lugar entraría lo que es Ingeniería de Productos, que está en contacto directo con ingeniería del cliente. Entonces, el cliente decide lo que se llama un "cuaderno de cargas", un cuaderno de especificaciones de las horquillas, en qué condiciones va a trabajar y qué fuerzas tiene que resistir, cuántas...puede tener, etc., y el espacio disponible que hay en la caja de cambios. A partir de ahí, se trata de hacer unos modelos en tres dimensiones; Entonces, una vez que ya se tiene un diseño y este diseño está, digamos, congelado para los prototipos, con la revisión del cliente e interna, después procederíamos a la fase de prototipos, que como las nuestras son piezas de fundición pues lanzaríamos los moldes o el molde para poder hacer la pieza, así como los utillajes de mecanizado. Entonces, aquí ya entra Ingeniería de Procesos, que es quien define los utillajes de mecanizado, los utillajes de control, para luego, posteriormente, ver si esos prototipos cumplen las medidas o no. Entonces, una vez que tenemos estos moldes y estos útiles de mecanizado, se hacen los prototipos y pasamos a la fase de validación, donde consiste en ver que lo que hemos fabricado, diseñado y fabricado, se corresponde con lo que habíamos previsto durante el diseño, fundamentalmente en el cálculo de elementos químicos. Y ya después entraríamos en el lanzamiento para producción. Entonces, después se hacen unos moldes de serie, las cédulas de mecanizado que he hablado antes, todo el proceso de serie, para entrar en este tipo de producción." (E20)

En las empresas que cuentan con una mayor planificación de las actividades de innovación, se describe además el desarrollo que siguen los proyectos de mayor calado innovador, que no responden a una demanda actual del mercado, y que son susceptibles de recibir financiación pública. Se aprecia que estas empresas cuentan con gran experiencia a la hora de adaptar los proyectos que realizan a las exigencias de los programas de ayuda a la I+D e innovación de las diferentes administraciones.

"Cuando planteamos un proyecto de innovación, lo que hacemos es un proyecto, específico, que además presentamos a CDTI y al Gobierno de Navarra, para tratar de que nos lo soporte. Y que lo evalúen, para ver si realmente es una idea importante o no. Y para ver si hay otras en el mercado, en esa dirección. Y entonces, ése es el primer paso, ¿no? Primero es la idea: todos tenemos la antena levantada para buscar ideas de todos los sitios. Búsqueda de ideas. En cuanto surge una idea, empezamos a organizarla, a armarla, hacemos un proyecto de dónde podemos aplicar esa idea, hacemos un presupuesto de lo que puede costar esa idea, qué inversiones va a requerir, qué prototipos va a requerir, qué ensayos va a requerir, y entonces, lo que hacemos... una dotación de un equipo, para trabajar en ese proyecto. Porque en este proyecto tienen que trabajar tantos de Ingeniería, tantos de Ingeniería de Aplicación, tantos de Procesos, tantos de no sé qué... Hacemos la dotación del equipo. Y lo plasmamos en proyecto, que llevamos a CDTI y al Gobierno de Navarra... Hay que esperar a que te den la aprobación, o por lo menos a que te lo registren, porque... hacer las primeras inversiones... Esperamos... En el momento que nos dan el OK, nosotros empezamos a trabajar." (E6)

"Normalmente, la primera fase es, si el mercado... o sea, la nueva necesidad, se puede dar una investigación de mercado... y entonces, lo que hacemos es que investigue ese mercado, se trae ese conocimiento, se ve cómo está la situación del mercado, y se hace una primera fase. Y después, ya, lo que hacemos es diseñar y desarrollar lo que sería un proyecto de I+D. ¿Para qué? Para buscar la financiación, y ahí ya participar de los equipos que van a hacer ese diseño y desarrollo. O sea, en ese diseño. Y entonces, luego, ya, la tercera fase sería la implementación." (E8)

En la mayoría de las empresas la participación de los trabajadores directos (en gran parte titulados de FP), en los procesos de innovación se circunscribe principalmente a las fases de implantación, montaje y/o puesta a punto de nuevos productos y procesos. La participación de estos trabajadores está estrechamente relacionada con su cualificación.

"Es decir, en el ciclo de vida, por así decirlo, sobre la serie, un poco la preserie de lo que se fabrique, es donde él tiene, o donde él puede opinar. "Esto no es forma de atornillarlo, o esto no cabe aquí...". Ese tipo de cosas son las que él va a sugerir para, digamos, volver atrás en el ciclo, y retomarlo. ¿Vale? En los procesos tempranos de diseño no está implementado... En realidad, cuando hemos intentado hacerlo, siempre ha sido más un freno que un avance." (E1)

"Hay una retroalimentación. Tenemos una retroalimentación, sobre todo de las puestas en marcha. Pues porque muchas veces se enfrentan a problemas que no

considerábamos ninguno de nosotros. Y todo eso se retroalimenta. Pues también aportan lo suyo." (E2)

"El encargado de taller te puede decir "Pues mira, esto no se puede hacer, pues porque este tipo de pieza —te lo voy a comentar así, a grosso modo— no se puede colocar aquí, porque se va a doblar, y constructivamente no es posible". O "Esto no se puede... esta pieza no se puede... este tipo de material no se puede poner aquí, porque, a la hora de mecanizarlo, de nuestra sección de tornos y fresadoras, pues no... el útil que tenemos no me va a dejar la precisión que necesito. O hay que traerlo de otra parte...". Lo que es a afectos constructivos." (E3)

"Es decir, pensando en los directos, como grupo, es menor su participación que los indirectos, en lo que es la innovación. Luego, en la ejecución, son fundamentales. (...) Pero bueno, su implicación es secundaria, si lo entendemos de esa manera, ¿eh? Si lo entendemos de esa manera. Pero sí que, aquí... es una empresa que es muy participativa. Es decir, tú puedes estar haciendo una máquina, un tipo de máquina, y el montador, o el programador, pues plantearse "bueno, esto lo hemos hecho así, pero lo podríamos haber hecho así, o se ha planteado así, pero al final, ¿qué os parece si hago este otro desarrollo?". Haces otro desarrollo y estupendo. Y además, la próxima vez, si hago una máquina parecida, lo haremos. Es decir, aquí no se dice "esto lo haces así", y el otro va como un cordero y lo hace. No, no. Son... No es lo mismo una cadena, que tú coges una persona que aprieta un tornillo, por hacer un ejemplo exagerado, y coges a otro, y éste lo pone... que este tipo de empresas, que necesitas una cualificación, ¿no?" (E7)

"Son gente que tienen una cualificación, y... Es decir, ellos saben que tienen que tienen que hacer esta máquina, pero tienen su propio razonamiento, y por supuesto, ellos piensan cómo mejorar, o cómo realizar... Eso lo tienen que realizar de la mejor manera posible. O sea, no se les da todo hecho, sino que ellos aportan en cada proyecto." (E7)

"No, no demasiado. En la definición del producto, no demasiado. La verdad es que...En los procesos que exigen en fábrica, para hacerlo, seguro que sí, que tienen algo que decir, ¿no?, en cómo se hacen las acciones de ensamblaje y eso, seguro que sí. En la parte que nos toca en Ingeniería, donde se define el producto, pues no excesivamente." (E13)

"Y aquí, por ejemplo, el personal que entra siempre intentamos que sea personal cualificado de Formación Profesional, habilidoso con herramientas manuales. Entonces, es gente hábil y cuando empiezan a tener experiencia están constantemente ellos: "Oye, vamos a cambiar el proceso". Que no cambian el proceso de lo que es la línea principal, que es desmontar, limpiar, recuperar y montar, que al final ese proceso en la refabricación la tienes que hacer, lo que hacen es: "Para montar esta referencia igual vendría bien un.... de este estilo". Y entonces eso no se externaliza, sino que se hace aquí. Entonces, los operarios sí que juegan un papel muy importante para que las diferentes referencias vayan de una

manera más fácil, en una línea… No te estoy diciendo que los empleados estén pensando en dar vuelta a toda la empresa, ¿no?, pero sí que en su puesto de trabajo cambian mucho, cambian mucho y piensan mucho." (E16)

"Y ya cuando se interviene en el despiece sí que interviene también fabricación. Porque, claro el papel lo aguanta todo y entonces fabricación ahí tiene mucho que ver y decir: "bueno, esto que me estáis diciendo o me lo estáis dibujando para fabricar así, esto no lo voy a poder fabricar así". Y aporta. Producción…, o sea, el tema de innovación en producto, que es nuestro fuerte, lo aportan comercial y el departamento técnico, técnico-comercial. Y, luego, lo que es fabricación aporta de cara a que eso que se ha hecho en papel sea viable y sea realizable de alguna manera y de la mejor manera posible." (E17)

"Entonces, una vez que nosotros detectamos un problema en la máquina, lógicamente lo detecta el técnico, y la organización es el técnico. Esa idea la traslada a la oficina técnica, a nuestro jefe de ingeniería, y a partir de ahí empezamos a desarrollar la evolución del sistema, ¿no? Entonces, eso es un poco la estructura, tal y como lo hacemos. Esas piezas son diseñadas por nosotros, para hacer la mejora, son mecanizadas por nosotros, y luego es el mismo mecánico el que acude otra vez a casa del cliente a instalar eso. Una vez instalado, se le hace el seguimiento oportuno, para ver si eso funciona, si es correcto y lo podemos instalar en el resto de máquinas, o no funciona, y hay que volver a repensar. ¿Eh?" (E9)

"Una vez desarrollado, se presenta a Producción, Producción hace sus sugerencias, y determina: "Esto no se va a poder montar, pues por algún motivo… O con los recursos actuales que tengo, de montaje, no puedo fabricar esto. Mira a ver si lo cambia". Ese tipo de cosas existen. Digamos que ahí, el papel…" (E1)

"Pues desde el Departamento técnico se realizan unos diseños previos, que después se pasan lo que es a producción (a taller), y a partir de taller, cuando ya está construido, vienen las pruebas en taller. Y conforme salgan las pruebas en taller, pues se van modificando, adaptando cosas, con la máquina ya construida, una vez que el prototipo está ya listo para salir al mercado. Eso es lo más… el proceso que nosotros seguimos." (E3)

No obstante, también nos hemos encontrado con algunas empresas en las que las personas con titulación de FP en el área de producción participan en fases de diseño de proyectos de innovación. En este sentido, las personas entrevistadas señalan que las empresas prefieren contratar a titulados de Grado Superior frente a los de Grado Medio, porque pueden tener una mayor progresión dentro de la organización.

"Y unos coordinadores, que son los que, en principio, tienen que tener… Pero, lo que te digo, hay alguna persona con perfil creativo que juega un papel importante, ¿eh? En este grupo de desarrollo de nuevas ideas, para determinados clientes importantes, hay un montador. En concreto, hay una persona, que es de montaje… ¿Qué pasa? Que son máquinas que el que mejor las conoce es el que las ha

montado, y que… Y es el que te va a aportar la idea, y dice "oye, pero este tema, lo podríamos hacer de esta otra manera, ¿no?" (E7)

"Los directivos no son ingenieros, ¿eh? El Director General era un FP instalador de neumática. Y X lo mismo. Eran instalador de neumática. Buenos técnicos. Ésos han nacido de buenos técnicos de FP. Increíblemente. Y se nota en la naturaleza de la empresa, y la gente, ¿eh? O sea… De hecho, hay una política de hacer que las personas que tienen ganas en la casa, sean… no se mira nunca ni la carrera, ni… si tienen aptitudes, si tienen ganas y tienen capacidad en lo que hacen, pues van creciendo en la organización. Y de hecho, eso es así y se nota. (…) Entonces, la gente que, por ejemplo, dirige ahora el negocio de suministros e instalaciones, es un FP. La gente que dirige… la persona que dirige el taller, es un FP." (E8)

"Una empresa industrial siempre va a preferir, para coger en prácticas, a un chico que haya hecho el grado superior." (E3)

"Yo aquí he tenido, en la primera fase, FP1s [de grado medio]. Ahora procuro coger FP2 [de grado superior]. Porque la diferencia de conocimientos es enorme. Es enorme. Un FP1, aparte de que es muy joven, ha estado poco tiempo… Yo estoy mucho más satisfecho con los FP2. Tienen muchas más capacidades, son más maduros… Sí…" (E6)

"Es decir, una persona que… un diseñador, ¿no?, o gente que ha hecho diseño gráfico, gente que ha hecho FP [superior], sigue diseñando, sigue en contacto con las máquinas, muchas veces tienen una mayor experiencia, y puede aportar más, que un ingeniero propiamente dicho. Es decir, la titulación es importante, te da una connotación, pero sí que, en este sector, y más a nivel de diseño, pues hay gente con ese test, que tiene un bagaje importantísimo, y son tíos muy, muy válidos, sin ser ingenieros." (E7)

"De hecho, en cada proyecto CDTI suele haber un ingeniero con carrera, y el peso gordo lo suelen llevar los FPs [superior]. Industrializaciones… definir con qué máquinas, con qué herramientas, el proceso óptimo… Opinar en cuanto al diseño… o sea, aportar en cuanto al diseño, pero desde el punto de vista de la fabricación…" (E19)

"Aquí, ¿qué es lo que ocurre? Que hacemos mucha innovación porque el nivel formativo del personal es elevado a pesar de ser una Pyme. Igual, la mayoría de las Pymes hasta ahora… igual a partir de ahora esto va dando la vuelta, pero muchas Pymes ¿de dónde vienen? De gente de taller, por decirlo de alguna manera, que ha hecho el sobreesfuerzo, que ha creado su propia empresa." (E17)

No obstante, de las entrevistas realizadas se deduce que es necesario avanzar en la participación de estos trabajadores en los procesos de innovación.

"No. Ésos se dedican básicamente a fabricar." (E3)

"Y los trabajadores son unos operarios a los que se les intenta inculcar temas de calidad, temas de medio ambiente, y… No sé qué más decirte…" (E14)

"Con ellos, no colaboramos con ese tipo de cosas." (E5)

"Si tú quieres que el FP contribuya más a la innovación, lo puedes hacer… puedes dar formación. Pero la innovación, en mi opinión, es un elemento del "querer". Es decir, del modelo organizativo. Es un problema… Se hacen muchísimos ejercicios de formación que no valen para nada. ¿Por qué? Porque el problema es la estructura organizativa, el modelo de liderazgo; no es un problema de conocimiento; es un problema de querer explotar el conocimiento. Y yo creo que el conocimiento es algo que se da si se quiere… O sea, tiene que haber otros elementos más estructurales, que son organizativos, y de liderazgo, para que verdaderamente haya innovación desde la base. En mi opinión, se debería trabajar mucho más en… creo que un cambio organizativo, en el que realmente las personas estén… realmente las personas tengan ganas de aportar… o sea, que tenga sentido para ellos hablar de que son nuestro contacto con el mercado, que nos den sugerencias… ¡¿Qué mierda le dices que te de sugerencias a alguien que está dividido así?! Y le dices algo, y resulta que el del taller trae esta sugerencia, pero resulta que aquí no hay una visión, no hay una capacidad para actuar en el conjunto. ¡Éstos sólo tienen la capacidad de actuar aquí…!" (E8)

5.2.4 Formación

En las pymes entrevistadas no existe formación específica en materia de innovación. No obstante, en la gran mayoría de las empresas entrevistadas se ponen en marcha acciones de formación para los trabajadores. En este sentido, hay que señalar que las personas entrevistadas otorgan una gran importancia a la formación interna, en el puesto de trabajo.

"Procuramos hacer… todos los primeros lunes de mes hay para los ingenieros una actividad de formación, interna, con las personas de más experiencia… formación específica del sector." (E6)

"Y luego internamente lo que cogemos es el mejor elemento de la sección para formar a las nuevas incorporaciones." (E17)

"Nosotros damos formación en cada puesto de trabajo. Bueno, en los procesos que tenemos ahora, dependiendo qué zona, qué área, si está estandarizado el proceso o no, pues puede pasar de una formación de ocho horas, doce horas, a ser de cuatro días. Entonces, la formación se le da por parte de una persona que conoce bien el proceso." (E18)

"Y luego, si entre gente nueva, se hace una formación interna." (E19)

Respecto a los proveedores de externos de formación en aspectos técnicos, las personas entrevistadas destacan los proveedores, los centros tecnológicos del sistema de I+D de Navarra (entre los que se resalta el papel la Asociación de la Industria Navarra AIN) y los sindicatos. En menor medida se acude a los centros de Formación Profesional (la relación entre las empresas y los centros de FP se trata en el siguiente apartado).

"Sé que el de plásticos lo hizo la Asociación de la Industria de Navarra…" (E1)

"Pero es que la formación, con uno específico, no te puedo decir, porque, como es tan a medida, pues enseguida descuelgas el teléfono… "oye, pues a través de la AIN…"; "pues venga, lo hacemos a través de la AIN". Luego encontramos este curso, que lo podemos hacer del CNTA, o través de no sé quién, o través del otro, o través de la universidad. ¿Me entiendes? Pero decir concretamente con uno, no." (E2)

"Generalmente se tira de casa del proveedor, y era un poco también… Podría estar enmarcada, esta pregunta que me has hecho, dentro de la anterior. Es decir… La formación que nosotros necesitamos, específica, es esa que estamos comentando. "Oye, pues si me vas a vender algo dentro de un pascal, pues me tendrás que dar el cursillo." (E2)

"(Proveedores técnicos) Si son cursos externos, pues… Aquí llegan continuamente proveedores, laboratorios… y clientes, menos Te quedan, pues charlas sobre novedades que hay en el mercado, sobre necesidades… Entonces, es un poquito… a partir de eso, pues se mira un poco el interés que pueda tener, y según el interés que pueda tener, pues se manda gente de esta sección, o de esta otra sección, para que valla allá, pues para…" (E3)

"La que es externa, pues buscamos. O la Asociación de la Industria de Navarra, o el ESIC… O los sindicatos, que también tienen formaciones… Te quiero decir… Los que ofertan." (E6)

"En este caso, los proveedores generalmente de elementos, "oye, pues hemos desarrollado esto, tal, un curso de formación, y acudimos". A nivel de automatismos, es una formación continuada." (E6)

"Aquí si se compra una máquina es el propio fabricante de la maquina el que da la formación." (E17)

"Con centros… Y con la UPNA tampoco… Lo que son formación, no. Casi siempre es consultorías, o ya ofertas típicas de… Pues el AIN, el INEM, el CETENASA." (E19)

5.3 Cooperación: Proveedores, clientes, competidores, centros tecnológicos, universidades

5.3.1 *Proveedores*

Para las pymes entrevistadas la cooperación con proveedores es muy importante. Éstos proveen a las empresas entrevistadas de conocimiento y nuevas tecnologías que pueden aplicar a sus productos y procesos. Como hemos señalado en el primer apartado, muchas de las innovaciones que realizan estas empresas son integraciones y adaptaciones a medida para sus clientes de tecnologías existentes en el mercado. De las entrevistas realizadas se deduce que son relaciones que se construyen a largo plazo y con un importante grado de confianza entre ambas partes. El alto grado de confianza se plasma en ocasiones en el desarrollo de proyectos conjuntos. Muchos de estos proveedores se encuentran próximos geográficamente, lo que ayuda al establecimiento de estas relaciones de confianza.

> *"Tenemos que construir una nueva máquina, que es un vibrador. Yo llamo al que me suministra las máquinas que hacen vibrar eso, y le digo "oye, voy a desarrollar esta nueva máquina; ¿te quieres subir tú al carro de este proyecto?", "sí, ¿qué tendría que hacer?"; "pues me tienes que hacer los estudios equivalentes a aquel modelo, que hay que seleccionar, tuyo, y me tienes que dejar, o entregar, un elemento vibrante que le va a hacer vibrar al chisme este, por un periodo de tiempo, para realizar las pruebas de campo"; "ah, pues sí"; "pues venga". Y nos liamos." (E2)*

> *"Sí, hay relación continua. Hay relación continua, porque el proveedor técnico siempre te va sacando producto nuevo al mercado. Es decir, que, realmente, el proveedor, pues… hay un producto nuevo, en diseño, se comporta de una forma, pero que a la hora de trabajar, ellos quieren lanzarlo al mercado, para ir puliéndolo, para ir sacando revisiones de ese producto. Entonces, el proveedor siempre te lo… habla contigo, para que tú lo puedas probar, testar, y hacer tus pruebas, o tus correcciones, diciéndole "Oye, que éste no se me comporta como me has dicho, este producto"… "Pues bien, ya voy a hablar con el Departamento técnico, ya voy a hablar con la casa, con las oficinas generales, para comentarles el problema, la problemática que hemos tenido… o no". (…) Habituales, que tenemos muy buen trato. No es el primer proveedor que te viene por la zona y te va vendiendo la moto. Son proveedores, pues que tenemos ya una trayectoria. Confianza entre ellos y nosotros." (E3)*

> *"Nosotros sí utilizamos todos los conocimientos de nuestros proveedores. Muchos de nosotros damos la pauta. Es decir, que si yo en un ventilador le digo "oye, este ventilador puede estar hasta no sé qué temperatura, y no quiero que se queme". Y le doy la pauta para que me haga del desarrollo de la protección por imperancia, para que sólo se caliente 54º, 55º, los que sean… Luego, realmente, él es el que tiene que hacer ese desarrollo. Tengo que contar con alguien dispuesto a hacer ese*

tipo de avances, Si no, es imposible. Nosotros no tendríamos el conocimiento. Yo sé a dónde quiero llegar. Pero luego necesito el apoyo de los demás. (...) Nosotros hemos hecho innovaciones con proveedores de maquinaria. El EUREKA lo tenemos con un proveedor de maquinaria, para los procesos fabriles. Y algunos de los otros proyectos los hemos hecho con proveedores, o de maquinarias, o de elementos concretos. Quiero decir, que estamos haciendo ahora con China, requiere el desarrollo de una pieza especial, y entonces, estamos con un fabricante, que será proveedor nuestro, y del resto. Quiero decir, que sí. Con proveedores de maquinaria y de materiales."(E6)

"De hecho forman parte de nuestros proyectos de innovación, y de nuestro presupuesto. Quiero decir, en la parte de nuestros proyectos de innovación, en esas colaboraciones, los desarrollos que van a hacer ellos, forman parte, y algunos de ellos han hecho sus propios proyectos de innovación en base a esos desarrollos. Quiero decir, que han presentado ellos CDTIs en base a esos desarrollos. En ese caso, nosotros hemos sido su laboratorio de ensayo, o su proveedor de resultados de campo." (E6)

"Es decir, tú, al final, vas a desarrollar... nosotros, ahora igual lanzamos un proyecto de... estoy con el tema este de la visión, ¿no?, continuamente... un proyecto de visión, y ahí utilizas a tu proveedor más habitual, que es lo que necesitas, que él también se implique, y un poco le solicitas que vaya un poco más allá, a ver si puede desarrollar otro tipo de cosas. Sí, geográficamente, sí. Bueno, en Navarra, País Vasco... Generalmente en Navarra y el País Vasco, nos solemos mover. (...) Relaciones de confianza, totalmente. Al fin y al cabo, el proyecto son tres, cuatro, cinco, seis meses...y además es lógico, ¿eh? Sí, sí. Tiene que ser así, y así es, ¿no? Hay veces que esa relación se rompe, pues por lo que fuera, pero cuando hay una buena colaboración... Vamos a ver... En las empresas de este sector, yo entiendo que no ves al proveedor como un "proveedor". Es como un "colaborador". O sea, son gente, en otros casos, que te puede ayudar, ¿no? Es como un colaborador, y lo que buscas es que haya una relación estrecha, pero siempre beneficiosa para ambas partes. Si es para uno y es para otro. Sí que se buscan menos proveedores, y de confianza, para tener una relación duradera en el tiempo. Está claro." (E7)

"Sí que es verdad que nosotros colaboramos con algunos proveedores que, vale... o sea, tenemos acuerdos con proveedores que, por ejemplo, en grupos hidráulicos, que estamos trabajando con alemanes, o con daneses, en el sistema de refrigeración, que tenemos acuerdos en los que ellos hacen desarrollos y nosotros hacemos desarrollos. Nosotros somos muy integradores, es verdad. O sea, nuestra faceta de fabricación es menor que... es más integración, y en esa integración, dar la solución al cliente." (E8)

"Porque, al final, los proveedores, sinceramente, pues son quienes más nos ayudan a innovar, porque con ellos aprendemos mucho." (E10)

"Tenemos proveedores, que normalmente nos suministran equipos, con quienes estamos también intentando desarrollar mejoras en sus productos, para hacerlas nosotros." (E12)

"Proveedores, de todo tipo de componentes, ¿no? Nos proveen de cosas, y a veces son desarrollos compartidos... Bueno, yo creo que de cualquier parte de la máquina." (E13)

"Sí que, en general, se buscan las relaciones estables en todos los aspectos, porque es lo más..." (E13)

No obstante, también aparecen en las entrevistas algunos elementos que dificultan el surgimiento de relaciones de confianza entre las empresas y sus proveedores. Por un lado, nos encontramos con empresas del sector auxiliar de automoción a las que el cliente impone la cooperación con un determinado proveedor, normalmente empresas de mayor tamaño, multinacionales.

"Hay muchísimos proveedores, que ahí es ya donde tenemos la problemática asegurada, que son proveedores impuestos (...) Has dicho tú la palabra exacta: cooperando. Y aquí nos encontramos con ese dilema, ¿no?, que en muchos casos no hay cooperación con el proveedor. Como es un proveedor impuesto, pues van trabajando de aquella forma. Además, cuando hablo de proveedores impuestos, no son proveedores de empresas pequeñas. Son siempre multinacionales." (E18)

Por otro lado, también algunas empresas muestran reticencias a compartir su *know-how* con proveedores, debido al miedo que tiene que parte de su conocimiento pueda llegar a un competidor.

"Pues con proveedores, siempre... Bueno, hay una tensión lógica, en el sentido de que a nosotros nos interesa conocer todo lo posible el producto que adquirimos, y que ellos, lógicamente, son un know how, y quieren dar solamente la información necesaria, y no más. Por ejemplo, si tienes una cosa... Pero eso es entendible, ¿no? O sea, a nosotros nos gustaría muchas veces conocer más de lo que conocemos de determinadas cosas, y los proveedores nos dan solo lo necesario para poder integrar su producto en nuestra máquina. Que es razonable también. O sea, es una cierta tensión, lógica y entendible, ¿no? Nosotros aspiramos a conocerlo todo. Cuando montamos un componente de nuestra máquina y queremos conocerlo todo sobre ese componente, y el que está al otro lado, al que se lo hemos comprado, no lo quiere comprar todo. Sino solo lo necesario, para hacer... O sea, solo lo que necesitamos. Y nada más. Precisamente porque también esas empresas están patentando cosas, tienen su know how, también quieren ser competitivas frente a la competencia... Además, normalmente, montamos... Tenemos varias alternativas para el mismo componente O sea, que no nos... Procuramos no tener un único proveedor para un componente. Entonces, con más razón, el proveedor no nos quiere contar todo." (E13)

5.3.2 Clientes

En el primer apartado hemos podido ver que el cliente es el principal tractor de los procesos de innovación. Hay que tener en cuenta que muchas de estas empresas se han especializado en ofrecer soluciones a medida a necesidades de los clientes (por ejemplo proyectos llave en mano).

"Más personalizado. Nosotros tenemos que adaptarnos más al cliente, precisamente porque siempre hemos tenido menos potencia comercial, y por lo tanto menos potencia industrial que ellos." (E1)

"Entonces, un poco, las máquinas que nosotros construimos son al 80%, te diría, básicamente iguales, pero ese otro 20% es lo que diferencia un producto de otro. Entonces, en ese sentido, te tengo que decir que lo que nosotros hacemos aquí son "trajes a medida". Es decir, viene un cliente, y dice "pues yo quiero la talla 42 y medio"; "no te preocupes, que te construiremos la talla 42 y medio". Por eso, esta empresa dispone de una oficina técnica propia, que lo que hace es desarrollar los diseños de esas máquinas, en la fabricación propia, diseño postventa, y todo lo que tiene que ver. Eso es un poco la actividad, cómo centramos la actividad. Difícilmente hemos repetido aquí dos máquinas." (E2)

"Nos consideramos "proveedores de soluciones": dar valor, con productos de primera clase, soluciones innovadoras, y de servicio." (E6)

"Tenemos, interior, dentro de la empresa, toda la capacidad para satisfacer las necesidades de nuestros clientes, que, lo que nos demandan, dices "pues, oye, pues venga... una línea de elaboración de patatas". Desde que llegan las patatas del campo hasta que yo las meto en las bolsitas y las podemos sacar al supermercado de turno, ¿no? Entonces, en todo ese proceso es donde entramos nosotros, y es importante resaltarlo, porque ha habido muy pocas empresas que sean capaces de ofrecer todo. Todo conjunto. Es decir, hay quien te hace la máquina, hay quien te hace el programa de funcionamiento de la máquina, y hay quien te hace la electricidad. Pero aunar todo eso dentro de un único proveedor, es muy difícil encontrarlo en el mercado." (E2)

"Detectas una necesidad de cliente. Y en el momento en que dice el cliente "oye, ¿por qué no desarrollamos... o dejas... desarrollas esto...?". Pues se dice "bueno, vamos a ver... si se dan todos los casos oportunos, que lo aprobemos en el comité, y que nos lancemos con este proyecto, ¿te interesaría que te pusiera a ti el prototipo para que tú...?"; "sí, sí"; "venga, vamos". Y así nos... Así surgen la mayoría de los proyectos, ¿eh?" (E2)

"Hombre, lo que es el cliente, te pide. Pero igual a veces también te comenta "Oye, ¿podemos hacerlo esto así, porque prefiero... porque el producto, a la hora de manipularlo, se me daña menos, o el envase no quiero que dé tanta vuelta, por ejemplo...?". También influye. O sea, es un poquito... a nosotros nos lanzan un poco

lo que quieren hacer, nosotros le planteamos a cada cliente "Pues mira, vamos a hacer así, nos parece una forma buena...". El cliente puede decir "Perfecto", o puede decir "No, mírame otro sistema, pues porque éste... no quiero, por ejemplo, que se me manipule tanto el envase... porque me lleva un desgaste, y no me gusta después cómo queda a la hora de cerrar la mercancía". Un poquito, así es como va el tema. Siempre, un poco, lo que es el... Nosotros siempre... Hablando con el cliente, siempre." (E3)

"Y que también, para cada caso de cliente, ese proyecto les puede servir, pero para otro cliente que esté cerrando otro tipo de producto con otra máquina, ese desarrollo no le vale. Es un taje a medida para cada máquina, y para cada cliente." (E9)

"Con clientes es imprescindible, porque la mayoría de los proyectos que hemos llevado a cabo, no hubieran salido a la luz si ellos no los hubieran admitido, no hubieran estado receptivos. Quiero decir, que nosotros hemos hecho enormes innovaciones con clientes que han estado dispuestos a que esas innovaciones se introduzcan en sus tiendas, y se testen en sus tiendas, ¿no? Quiero decir, que, para nosotros X ha sido un compañero habitual de todas nuestras innovaciones. Y también se ha beneficiado. Quiero decir." (E6)

"No, nosotros tenemos que trabajar según las peticiones del cliente". (E18)

"El 90% petición del cliente. Tenemos algún proyecto que es fruto de... que queremos sacar algo al mercado..." (E19)

El hecho de realizar soluciones adaptadas al cliente hace que la relación sea contante a lo largo de los proyectos de innovación. Se trata de relaciones de confianza, dilatadas en el tiempo que dan lugar a un tratamiento especial (ofrecimiento de descuentos, pruebas de máquina a clientes preferenciales).

"Paralelamente, yo he tenido que buscar también un cliente mío, que me haga las pruebas de campo. Es decir, yo tengo que llevar esta máquina a que... este nuevo desarrollo lo tengo que probar en campo. Entonces, hay que ir a casa de un cliente, instalarlo, hacerle el seguimiento... Hasta que, al final, decimos "oye, ya está fetén, ya se puede meter en la cartera." (E2)

"Son clientes cercanos, sí, porque, además, son clientes que tienes más afinidad con ellos, y llevamos toda la vida trabajando juntos, entonces, tienes acceso a ellos, confían en ti, seguro que no va... que eso va unido, pues a un descuento en la venta de una máquina..." (E2)

"Tenemos un laboratorio, que te vienen los clientes, pues con productos nuevos, envases nuevos, y nosotros hacemos en nuestro laboratorio pruebas, junto con los clientes, pruebas de esterilización para ver qué tal sale el producto, qué temperatura necesita, qué tal sale el envase... Tema, en este tipo de envases

plásticos, sobre todo el tema de la tinta. Que no se... Hay problemas con... Claro, las tintas no aguantan más de unos grados, y se... Hemos tenido problemas... problemas no... Hemos tenido clientes que nos han comentado "Oye, ¿cómo podemos hacer para que no se borre la tinta?". Y hemos llegado... pues eso, haciendo pruebas, logramos conseguir que la tinta no se borre, y que el producto salga esterilizado. Y eso es, básicamente, lo que nosotros hacemos en..." (E3)

"Se llega a tener relaciones de confianza, pues porque el cliente, al final, lo que quiere es que tú le des servicio. Y lo que quiere también es que, si tiene un problema... a un cliente en Latinoamérica, y manda un email, o llama aquí, lo que quiere es que se le conteste, se le coja el teléfono y se le dé una solución rápida. Entonces, se llega a tener, porque de lo que se trata es de eso, lo que nosotros siempre queremos es darles respuestas rápidas a ellos. Porque sabemos que tenemos el hándicap de la diferencia horaria, y tenemos que compensarlo con otras cosas como la respuesta rápida." (E3)

"Nosotros sí que trabajamos con determinados clientes históricos. Sí que hay algún tipo de máquinas que son repetidas, y lo que hacemos es mejorar ese tipo de máquinas. Ese tipo de máquinas han ido evolucionando. Nosotros, por ejemplo, hemos llegado a hacer una línea, esa línea la hemos reducido a la mitad, esa mitad son tres máquinas, esas tres máquinas luego han pasado a dos, y ahora, por ejemplo, lo integramos todo en una máquina, de unos cuatro metros de largo, ¿no? Entonces, para determinados clientes sí que hacemos una investigación, y luego un desarrollo, porque en principio entendemos que va a haber una continuidad." (E7)

"Nosotros tenemos una relación continuada durante el proyecto, con el cliente. Es el que mejor conoce su producto, ¿no? O sea, ésa es la innovación (...) El cliente ha venido en repetidísimas ocasiones. Continuamente está viniendo. ¿Eh?" (E7)

"Lo fundamental, parte de clientes. Hay una petición, y... lo que te decía, como es diseño adaptado al requerimiento del cliente, pues la colaboración tiene que ser muy estrecha. No es un producto catálogo, es un producto que parte del requisito que te plantea el cliente. Quiero que el producto cumpla estas condiciones de presión, de fuerza, y que se ajuste a estas dimensiones, que es donde tiene que ir encajado. A partir de ahí, le proponemos la solución óptima, le iniciamos el diseño, se le envían prototipos, se prueban en máquina..." (E19)

En las empresas auxiliares se aprecia la presión que tienen para ser elegidos como proveedor y ofrecer al cliente la mejor pieza con el mejor servicio.

"Es que el propio cliente es el que te lo marca. Entonces, tienes que ir... O entras en el mismo rumbo que te pide el cliente, o nada. Y yo creo que todos los que trabajamos en el sector del automóvil, más o menos, tenemos que ser innovadores. O sea, darle las mejoras oportunas para dar una satisfacción al cliente, porque después te da más piezas. Es que te da más piezas." (E14)

"A ver, la relación con el cliente tiene que ser al cien por cien. Tienes que darle el servicio adecuado al cliente, porque es fundamental. El cliente siempre es el que manda, el que tiene la razón, y hay que darle lo que quiere. ¿Vale? Para no tener ningún tipo de problema." (E14)

"Entonces -para entender el tema muy claramente- el cliente cuando va a hacer una pieza nos da el plano de esa pieza que hay que hacer, o sea, esa pieza no existe, físicamente no existe. No nos lo trae sólo a nosotros, nos lo trae a nosotros y lo lleva a nuestra competencia y entonces cada uno aporta su proyecto; ese proyecto es una máquina que va a hacer esa pieza, pero uno la va a hacer de una manera y otro la va a hacer de otra. En función del proyecto que presentes, esa máquina podrá hacer... –vamos siempre a ejemplos extremos, que es lo que mejor se entiende-, una máquina podrá hacer diez piezas al minuto y otro podrá hacer quince. Está claro que el cliente siempre, respetando unas calidades, o sea, unos requerimientos técnicos que el cliente ya te va a dar, y suponiendo siempre que la pieza sale con esos requerimientos técnicos, ¿qué molde va a coger? ¿Qué máquina va a coger el cliente? La más productiva. Y la más productiva no sólo es la que más pieza hace a la hora, sino la que menos se va a parar también. Entonces, ahí es donde hay que hacer el alarde de inteligencia, de imaginación mejor dicho, y desarrollar el mejor producto para el cliente." (E17)

5.3.3 Competidores

La cooperación con empresas competidores es prácticamente inexistente. Las empresas entrevistadas son muy recelosas a desvelar su *know-how* e intentan evitar que éste se pueda filtrar a otras empresas, máxime cuando las empresas de un mismo sector están tan próximas geográficamente. En este sentido, algunas empresas aleccionan a los empleados para que eviten difundir *know-how* relevante de la empresa fuera de la organización. También nos hemos encontrado con empresas que evitan cooperar con agentes externos que pueden estar en contacto con sus competidores como proveedores, centros tecnológicos y consultorías.

"Pero sí que hemos visto sus máquinas, y las hemos desmontado. A ver, no te voy a decir "yo copio esto". No. Pero sí saber qué es lo que hacen, y, en general, tener una idea de cómo lo hacen, ¿vale? Oye, pues una idea. Es buena idea, pero yo voy por este otro camino, para hacer algo similar. Eso sí que lo hemos hecho." (E1)

"Saliendo de ahí, muy poco. Y como nos vemos en las ferias, pues nos saludamos, y...Y comemos juntos a veces, pero... Luego, sí que... Existe un intercambio de personal continuo [comerciales]. Lo despiden de X y acaban aquí. Se va de aquí y acaba en X. Eso es lo más." (E1)

"Proveedores Hay talleres que trabajan para los dos, pero no en cosas que tengan una tecnología... no sé, estratégica, para la empresa." (E1)

"He trabajado muchos años con la consultoría X. Dejé de trabajar con X, no por no estar satisfecho, sino por no coincidir con la misma empresa de proyectos que mi anterior empresa, y de hacer una ruptura total respecto a ese tipo de colaboración..." (E6)

"Es muy delicado nuestro sector, en Pamplona, porque Pamplona es muy pequeñito, y tenemos a la empresa X, tenemos a la empresa Y; bueno a... Estamos nosotros... Quiero decir, hay mucha competencia muy cerca, ¿no? Y encima, los trabajadores, en este sector, son relativamente jóvenes. O sea, son de diferentes promociones... Se han repartido promociones... Unos se han ido a la empresa X, otros se han ido... Entonces, aquí el contacto es muy directo, y todos tenemos amigos, o medio amigos, en la competencia. Y, por ejemplo, una de las cosas en que se hace hincapié es, bueno, pues que la información tiene un valor suficiente como para no comentarla con el amigo de la mesa cuando estamos de copas, ¿no?" (E13)

"Es que la empresa es muy celosa de lo suyo. Entonces, a la hora de transmitir información, o de compartir, le cuesta mucho. Porque piensan que le van a robar la idea, le van a robar el negocio, no me puedo fiar de éste... Entones, claro, al final se crea una situación de desconfianza, que lo que hace es que no se llegue a ninguna parte. Entones, por ejemplo, para pequeñas empresas, la figura del... o los proyectos en cooperación, o el consorcio de empresas pequeñas, para el desarrollo de proyectos de I+D+I, podría ser muy interesante. Pero... Para cuando sale un proyecto en cooperación, majo... ¡buah! Bien sea porque la empresa no está madura para realizar, desarrollar, un proyecto en cooperación, porque no ha hecho ni uno individual, o porque... Para definir la propiedad intelectual, y establecer a quién corresponde cada cosa... ¡vamos! que no... Que no. Yo creo que eso es algo común no sólo en Navarra, sino en toda España. Que... O sea, que no tenemos una mentalidad de trabajo en cooperación, sino que es siempre individualismo, yo a mi beneficio, yo a mi beneficio... y eso se traduce en una falta de proyectos en común. Que yo creo que para las pequeñas empresas sería lo que podría funcionar." E4

5.3.4 Centros tecnológicos

La mayoría de las empresas entrevistadas tienen relaciones con centros tecnológicos, principalmente de la región. En la mayoría de los casos la relación se limita a la prestación de servicios, impartición de formación o ayuda en la gestión de proyectos. En estos aspectos las empresas manifiestan estar satisfechos con el apoyo que les prestan los centros tecnológicos.

"A nivel innovación, podemos decir que tenemos relaciones, pues con el centro X... Hemos hecho cosas de forma puntual. No a nivel general, decir "tenemos un centro que nos sirve de tractor tecnológico, para...". No. son como subcontrataciones puntuales (...) No es una relación relacionada con la innovación, sino más bien con un servicio específico en un momento dado." (E1)

"La valoración que yo hago de los centros tecnológicos que tiene el Gobierno de Navarra es buena. Es buena." (E2)

"Trabajamos con el centro X. Los análisis de materiales que necesito lo hago urgentemente con él, trabajo muy bien, estoy muy a gusto..." (E2)

"Sí, servicios concretos, porque nosotros no hacemos el trabajo de ellos, y ellos tampoco hacen el nuestro. Entonces, nosotros les decimos "Pues este producto, ¿qué necesito para esterilizarlo?", ellos nos dicen "Pues es un producto que se comporta bien en tales situaciones; o no". Y ellos igual, continuamente vienen aquí, y "Oye, preparadme estas piezas, o mira a ver qué me podéis hacer para este tipo de producto, un soporte, cualquier historia". Son... la colaboración... La colaboración en ese sentido es buena." (E3)

"Quiero decir, el centro X para nosotros es una constante en todos nuestros proyectos. El tema de X es porque nos ayuda en la gestión del proyecto." (E6)

"Claro, colaboraciones, colaboraciones... Yo diría más bien que hemos subcontratado." (E8)

"Necesitamos este tipo de centros de investigación, puesto que ellos son los que tienen ese saber hacer, y experiencia mucho mayor que nosotros. Nosotros necesitamos de ellos con el fin de saber la dureza de una pieza, analizar, calidades de materiales... Nosotros les explicamos un poco cuál es el trabajo de la pieza, y ellos nos aconsejan un poco sobre una muestra, o sobre un plano... Nos aconsejan un poco qué tipo de materiales necesitamos poner para que la pieza sea perfecta, ¿no? ¿Más? Entonces, estaríamos un poco perdidos en ese... sin esa ayuda tecnológica que nos aportan."(E9)

"Me gustaría romper una lanza a favor de los centros tecnológicos, porque es cierto que a veces no se llega a los resultados, quizás porque tampoco el propio proyecto, pues llegas a ello, ¿no? Por la naturaleza tecnológica del proyecto. Pero cierto es que también obtenemos, aparte de todo eso, un apoyo en otros ámbitos, porque has tenido esa relación con ellos, y si yo he tenido aquí problemas, en la línea de fosfatado, les he llamado a ellos y me han dado apoyo on-line, aunque sea, y han resuelto problemas. Y he tenido otras cosas, y también me han llamado, e incluso "oye, pues mira, ponte en contacto con esta gente, que te ayudan". La relación es positiva." (E10)

"Puntuales. Oye, pues la medición de esto, o... No sé, pues la última fue la porosidad de una pieza. Teníamos que hacer una atomografía, y bueno, pues por no enviarla a Burgos y luego volver, y tal, se hizo la atomografía aquí directamente, y bueno, eran cuatro piezas las que había que mirar... O sea, cosas muy puntuales que a veces, pues no merece la pena el trasladar todo. Supone más coste y más tiempo. Sí, sí, dan un servicio bueno. Yo creo que Pamplona para eso... Navarra está muy bien preparada." (E18)

"Con centros tecnológicos tenemos siempre con... Trabajamos con el centro X, sobre todo porque tienen... Cuando hay instalaciones de validación que requieren condiciones mucho más exigentes que las que tenemos aquí, muchas veces hemos ido ahí. Incluso para temas ya tipo de ingeniería, tipo de cálculos elementos finitos, o simulaciones muy complejas, que igual no tenemos aquí gente formada. Yo te diría que en prácticamente todos los proyectos realizamos alguna tarea con X." (E19)

"La relación que nosotros tenemos con ellos, muy buena. Es muy buena. ¿Voy a seguir colaborando? Sí. Voy a seguir colaborando. En general, estoy satisfecho con ellos, y creo que tienen gente muy competente. Eso sí que es importante que pongas. Creo que tienen personal muy cualificado." (E2)

En menor medida, las empresas cooperan con estos agentes en proyectos de I+D e innovación. Esta colaboración, que se produce en el marco de programas de financiación pública a la innovación, ayuda a que se vayan construyendo entre empresas y centros relaciones de confianza.

"Y después de estar tantas horas trabajando, pues al final tienes ya una relación que ya no llamas al centro X, sino que llamas directamente a esta persona. Va dentro de la persona humana eso. Entonces, bueno, como ya le has puesto cara, en el otro sitio también, en el otro sitio también, pues ya, cuando tienes algún problema, ya sabes dónde moverte y demás." (E2)

"Es la relación que podríamos denominar "estratégica", ¿no? Ahí es lo que es la transferencia de conocimiento a la industria, ¿no? En este caso, en éstos concretos, pues ésa es la idea. Nosotros tenemos un objetivo, que es desarrollar maquinaria especial, ellos tienen el objetivo de industrializar... o sea, ellos trabajan mucho sobre "desarrollos potencialmente industrializables". Entonces, hay una buena relación, hay una relación de hace años, y realmente estamos satisfechos. Y además va evolucionando año a año esa relación, sobre todo, ya, focalizando qué tipo de proyectos colaborativos son los que más nos interesan, etc., etc. Pero, por ejemplo, en el tema de las nuevas actividades, va de la mano de esta transferencia de tecnología. Ellos tienen la patente, y nosotros ponemos la parte de industrialización." (E7)

"Pues con X tenemos una relación muy permanente y muy directa. Con Y es más puntual. Pero con X, por ejemplo, es una relación estable. Tenemos... Están en... En los CENIT esos que estamos trabajando, están ellos en todos. Y en otros proyectos también. Ahí sí que hay una relación estable. Nos conocemos, y conocen nuestros productos, y conocen nuestras manías..." (E13)

"Luego, también, lo que nos suele venir muy bien es... da prestigio de cara al cliente. El centro X, pues tiene buenas instalaciones, pero cuando vienen clientes, a auditarnos y demás, también les solemos llevar, sobre todo, a ver el centro X. Que vean las instalaciones." (E19)

No obstante, de las entrevistas realizadas se deduce que todavía es necesario conseguir un mayor grado de ajuste entre las empresas y los centros tecnológicos Las empresas critican que estas estructuras están alejadas de las necesidades reales de las empresas, su elevado coste, que sus ritmos de trabajo son excesivamente lentos para la empresa privada y que existe una excesiva oferta de centros en la región. Otro obstáculo detectado para la existencia de relaciones fructíferas entre las empresas y los centros es el recelo de las primeras a desvelar parte de su *know how* a estos agentes, por miedo a que pueda llegar a un competidor.

"Por eso, el tema de los centros tecnológicos, creo que no están para nada en contacto con la realidad. Están muy por encima. Entonces, bueno, pues sí que habrá empresas que puedan estar cerca de un centro tecnológico, y que les traccionen. A las que están muy lejos, no. Yo, por ejemplo, al centro X yo le achaco eso. Y las dos o tres experiencias que hemos tenido, no han sido buenas..." (E1)

"Porque no les convencía. Cuando teníamos una conversación, y... a mí tampoco, ¿eh?, a mí me parecían... o sea, te dicen "vamos a hacer una idea"; "¿y qué tienes de esa idea, tienes algo?"; "no, no, no... tenemos que hacer un grupo, y vamos a hacer el concepto". Y todo... ¡tan etéreo...! Es un poco por la mentalidad de estar en innovaciones cercanas al mercado. No es por la cabezonería de nuestros ingenieros, sino porque visualizan cosas prácticas... son más pragmáticos... más investigación aplicada que investigación base. No sé si los centros tecnológicos... O sea, que los veo lejos. Sinceramente. O sea, muy lejos, no... Como no tenemos espacios de... Yo los veo muy lejanos." (E8)

"Cierto es que no se consiguen... sobre todo, a mí, lo que más me impacta es el tema del tiempo, ¿no? Quiero decir, se hacen proyectos a dos o tres años, y, bueno, pues parece como que se alarga el tiempo, o se... se expanden los resultados a lo largo del tiempo, cuando igual se podrían concentrar más, que es lo que realmente necesitamos las empresas. Necesitamos resultados rápidamente. Entonces, yo, a los centros tecnológicos... nos han ayudado, pero les pediría un poco más de rapidez en el momento de echar adelante el proyecto. La velocidad de obtención de resultados es muy importante. ¿Eh? La voluntad es buena." (E10)

"Oye, pásate por aquí y mira a ver cómo innovamos este proceso". Dice: "Vale: son cien mil". ¡Te hacen unos presupuestos...! ¡Ostras! Nosotros, hace años ya, con el centro X. "Oye, necesito urgentemente esto. Aquí tienes las especificaciones". "Vale". Me parece que eran 350.000 euros de presupuesto, y año y medio de desarrollo. ¡Ostras! ¡Que se lo dimos a uno de Madrid que lo hizo por 3.000 euros en dos meses! ¡Lo mismo!" (E1)

"El centro X, con la empresa Y... Vale. Una gran empresa... centro tecnológico, y le hace un desarrollo. ¿Cuánto cuesta? ¿Un millón de euros? Un millón de euros. Y ya está. Porque la empresa lo va a rentabilizar. ¡Pero coño, que el tejido de Navarra es más...! Que la empresa Y hay uno, o dos, o cinco, y el resto de nosotros, pues no podemos... No podemos hacer eso. No tenemos... Al final, es que es imposible. Por

eso a nosotros nos resulta más barato desarrollar en casa, que no contratar un centro tecnológico." (E1)

"¿Son caros? Bueno, pues a veces podría decir que son... tienen unas tarifas, que, bueno... Tú ya sabes cómo están las cosas. El Gobierno de Navarra les ha dicho que se tienen que autofinanciar, y a ver..." (E2)

"La guerra que tenemos con ellos, suele ser más por costes que por..." (E19)

"Echo de menos el dinamismo que existe en la empresa privada, pero bueno, a ver... es una cuestión de ritmos, es decir, las exigencias son mayores en la empresa privada. Eso es así. Entonces, joder, yo cuando voy "oye, necesito un análisis, porque voy a comprar una partida de acero inoxidable, y el análisis..."; "ah, ya te lo entregaré". Pasado mañana. "Que no me has debido de entender: que necesito... porque el precio pasado mañana me ha cambiado". O sea, no entienden estas urgencias de la empresa privada y demás, ¿no? Eso sí que echo de menos." (E2)

"Yo creo que hay demasiados centros para una... Primero, demasiados centros para una región tan pequeña. Demasiados flancos de interés para una región tan pequeña. O sea... ¡no fastidies...!" (E8)

"¡Pero es que somos competencia brutal! Entonces, romper la idiosincrasia de esta empresa, para empezar a hacer públicos nuestros proyectos... O sea, públicos los títulos, ojo, porque hablo del proyecto. Hablo del proyecto. O sea, antes de tenerlo... O sea, el romper esa inercia, decir... bueno... X, hasta hace ocho-nueve años que ha sido Director General, vamos... ¡por encima de su cadáver! ¡Aquí los de enfrente no se enteran de nada hasta que no está la máquina en la calle! ¿Vale? Entonces, el decir "bueno, tengo tres empresas, que somos competencia feroz..." ¿Hacer un centro sectorial que nos comprenda las tres? ¡Bueno...!" (E1)

"Hay una dificultad, que está ligada al tipo de producto que fabricamos, que es, de verdad, un... como decirlo... un argumento confidencial. Porque de verdad es el corazón de las empresas que trabajan en este tipo de mercado. Porque las máquinas están disponibles... no todas, pero la mayoría de las máquinas de fabricación del producto están en el mercado, las materias primas son más o menos las mismas, el proveedor es más o menos el mismo... El secreto es cómo fabricar; es la composición del producto, y cómo fabricar este producto. Entonces, esta es la parte que normalmente, seguramente en esta empresa, pero yo creo que se puede decir de todas las empresas de este sector, es la parte que no puede... cómo decirlo... ser una cosa pública...No puede ser compartida sino internamente. Entonces, ésta es la dificultad, o es una de las dificultades... sí, es la dificultad... que impide trabajar y cooperar con otra realidad, como podía ser universidad, centro tecnológico..." (E11)

"Lo que quiero decir es que nuestra máquina es el núcleo, y que el único problema que habrá es que, sobre todo con los centros de investigación, que van a estar *colaborando, que ellos aspiran a conocer todo lo que sea de nuestra máquina, y nosotros aspiramos a que conozcan solo lo imprescindible, ¿no? La tensión de siempre, ¿no? (E13)*

5.3.5 Universidades

A tenor de las entrevistas realizadas, las relaciones con grupos de la universidad en proyectos de innovación es menos frecuente. En los casos que se produce una cooperación en proyectos de innovación, ésta se produce en el marco de los programas de financiación pública. Hay que señalar, que la colaboración surge en muchas ocasiones de manera informal. Estas empresas utilizan su relación con la universidad como antena tecnológica para conocer nuevas tecnologías que pueden ser de interés en un futuro para su sector.

"Un poco hacemos también de observatorio, de cómo están desarrollando nuevas tecnologías, intentamos estar... enterarnos el segundo día..." (E2)

"Hemos asistido a varias exposiciones de tesis doctorales, y de proyectos fin de carrera, de alumnos, que nos invitan los profesores, pues porque van temas que tienen que ver con... " (E2)

"Oye, mira, quiero desarrollar esto; ¿qué me ofreces?". "Pues te puedo ofrecer desde la dirección de proyecto, te puedo ofrecer las instalaciones, te puedo ofrecer un par de becarios, te puedo ofrecer... todo esto de aquí.". Ahora, concretamente, he terminado uno con la Universidad Pública de Navarra, con la que hemos trabajado muy a gusto, muy a gusto, en una evolución de una máquina nuestra." (E2)

"Que, por cierto, cualquier becario... se queda en la empresa. Eso sí que también lo has oído. Es difícil el becario que viene y luego se va." (E2)

"Y luego, con la Universidad sí que tenemos, en este momento tenemos tres becas (...) Contactamos con la Universidad -con la Universidad Pública es con la que más trabajamos-: "Mira, este chico funcionó muy bien, el proyecto salió muy bien y le ofrecimos quedarse aquí y está aquí trabajando". (E17)

"Hemos tenido inclusive becarias de la Universidad..." (E18)

"Entonces, nos pusimos en contacto con la Universidad Pública, para ver si había personas con ese perfil, y hablando con aquella chica, pues surgió el tema: "Oye, y ¿hacéis proyectos en colaboración?" "No, nunca hemos hecho". "¿Y no os gustaría hacer?". "Pues igual sí. Igual sí nos gustaría hacer proyectos de colaboración, y tal...". "Entonces, bueno... Pues ya nos pondremos en contacto". Y de ahí, nos pusimos en contacto, hemos ido hablando, y tal, y cuando surgió este tema, es cuando le dije: "Mira, ahora vamos a hacer un proyecto, y quizás colaboramos". Ahí surgió el tema..." (E5)

Las quejas sobre la universidad que realizan las empresas son similares a las que vierten sobre centros tecnológicos. Así las personas entrevistadas aluden a que los objetivos de empresas y universidades difieren y que los ritmos de trabajo de la universidad son excesivamente lentos. También nos encontramos con el miedo a desvelar *know-how* que pueda llegar a manos de competidores.

"Que los objetivos y las finalidades obtenidas por el centro tecnológico y la universidad son distintas a las perseguidas por la empresa. Entonces, muchas veces, cuadrar los objetivos perseguidos por la empresa con los objetivos perseguidos por la universidad, da lugar a que no se desarrollen proyectos. ¿Por qué? Porque una universidad, un centro tecnológico... bueno, y ¡quizá aún más en la universidad!... En la universidad, por ejemplo, tiene cubierta sus necesidades a través de los presupuestos... entonces, claro, sí se desarrolla investigación, pero el objetivo de esta investigación, si fracasa, pues bueno, abrimos otra línea, pero seguimos recibiendo subvención. ¿Qué es lo que sucede? Aparte, el Tercer Plan Tecnológico para centros tecnológicos también subvenciona, etc. ¿El del centro tecnológico?, pues suele ser parecido (...) pero la empresa lo que busca cuando desarrolla un proyecto de I+D+I es obtener un beneficio. Y cuanto antes lo obtengas mejor. Entonces, ¿qué pasa? La empresa lleva a resultados. El centro tecnológico y la universidad van a dar resultados, pero también van a dar investigación. El fallo, o la no obtención de un resultado, de un resultado positivo, también es un resultado para la universidad o el centro tecnológico. Bien sea en metodología, bien sea para conocer en qué nos hemos equivocado, bien sea para decir, pues se ha realizado este tipo de actuación, y nos han llevado a no conseguir tal, pero... y principalmente en la universidad, la financiación, o la obtención de un resultado económico, no le va en ello." (E4)

"El tema de materializar cosas es complicado. Yo necesitaría una persona a la que yo pudiera ir a visitar, o ella pudiera venir a aquí, y poder hablar más de cosas concretas. No de divagar en el aire, y de proyectos muy bonitos, pero que no se pueden plasmar. Claro, yo tengo que tener algo donde poder trabajar, y poder ver una idea, pero ya plasmada, ¿no? Y necesito esa ayuda por parte de la universidad. Que ellos bajen... Igual que yo me tengo que subir a escenarios más de innovación e investigadores, la universidad se debería de bajar un poco más al suelo para poder colaborar." (E12)

"También te tengo que comentar, para que pongas, que sí que la Universidad... Eso sí que no es llevar un ritmo distinto a la empresa privada. ¡Eso ya es la relajación! ¡Eso ya es la relajación! ¡O sea, es...! Aquí nosotros, muchas veces nos lo hemos planteado, decir "¿realmente yo puedo trabajar así?; porque es que no puedo trabajar así". Porque es, es... ¡Madre mía! Son muy lentos." (E2)

"El centro tecnológico y la universidad, funcionan a un ritmo distinto que el de la empresa." (E4)

"Con la Universidad Pública llegamos a contactar. Para lanzar este proyecto de electrónica que te he dicho, cuando estábamos buscando agentes colaboradores contactamos con... pero el hándicap que encontramos es que para las personas que iban a trabajar en el proyecto pues era su proyecto Fin de Carrera. Entonces, en lo que nosotros estamos desarrollando, que estamos firmando aquí contratos de confidencialidad, lo primero que queremos es exclusividad y entonces entraba un poco en conflicto con lo que es un proyecto Fin de Carrera de un investigador de la Universidad, ¿no?, porque él lo que quiere es publicarlo y luego aplicarlo." (E16)

De manera específica, las personas entrevistadas señalan la alta rotación de personal que se produce en la universidad, que dificulta el desarrollo de relaciones estables. También se quejan de la falta de actitud proactiva por parte de la universidad. El principal motivo para ello es que consideran que los profesores de universidad no tienen incentivos suficientes para trabajar con empresas.

"No se puede trabajar. Muchas veces lo he planteado, y he ido a profesores... Y luego me he arrepentido, pues porque... Les digo "hombre, yo no soy quién para venir a vosotros a deciros esto, pero es que yo no puedo estar trabajando así; yo no puedo estar trabajando así, o esto lo metemos en estas fechas...". "¡¿Pero tú qué dices, loco, no sé qué...?!; nosotros tenemos nuestra cosa"; "os entiendo perfectamente, pero entonces no os subáis a los proyectos; si tú tienes que corregir exámenes, tienes que llevar proyectos, y demás..., no podéis hacer otra cosa". Eso hay que organizarlo de otra manera. Pero el servicio que está dando a la sociedad, la Universidad Pública de Navarra en concreto −la otra funciona mejor, ¿eh?−, se lo tendría que plantear. Se lo tendría que plantear. Que no está dando lo que está demandando la sociedad. No lo está dando. Y tiene personal muy bueno, ¿eh? Pero muy mal organizado." (E2)

"Lo ideal sería que hubiera, en los centros de universidades, grupos estables, que nos conocieran, que les conociéramos, y con los que poder trabajar de manera continuada. Que eso es otro problema, ¿no?, que...No hay grupos estables. Porque lo que nos interesaría es eso, tener nuestro grupo de expertos en mecánica, en la universidad x, por decir algo. Y que fuera un grupo estable, y que nos conocieran cada vez mejor, conocieran nuestro producto, y que nos fuéramos integrando en cada vez más cosas relacionadas, cada vez más complicadas, y más... Y no tener... Porque cuando empiezas a trabajar con alguien en investigación, al principio, hay que enseñarle mucho, de lo que queremos. Te tiene que conocer. Más que a nosotros, personalmente, a nuestro producto." (E13)

"¿Por qué trabajamos con centros tecnológicos, o con consultorías, principalmente? Porque normalmente son los que más se ofrecen, porque obtienen un beneficio. Yo, por ejemplo, en la universidad, no recuerdo haber tenido la presencia de alguien que me diga "oye, nos gustaría hacer algo innovador para ti". No lo recuerdo, ¿eh? A lo mejor ha ocurrido y no he estado yo. No lo recuerdo. Pero a lo mejor sería bueno que la universidad se desplazara más a las empresas a hacer lo mismo que hacen los centros tecnológicos, o las consultorías. Si es que no lo hacen, ¿eh?, que

no lo sé. Pero recuerdo mucho el tener centros tecnológicos todos los días llamándote para venderte que pueden hacer maravillas en tu empresa, y sobre todo a consultores, y en cambio no recuerdo lo mismo en la universidad." (E10)

"... Bueno, con la universidad, particularmente, el problema que hay es que los profesores, los investigadores de la universidad, no tienen incentivos suficientes para trabajar con la industria. O sea, quiero decir... Les puede venir incluso mal, porque les desvías de lo que es su carrera profesional, de hacer publicaciones, y de... Porque, cuando trabajan para nosotros, nosotros no queremos que hagan publicaciones de lo que hacen para nosotros. No nos conviene." (E13)

"La innovación es una mejora. Cualquier mejora es una innovación. Eso la universidad no te lo da nunca. Porque es tan mastodóntica, es tan lenta, es tan... que no te va a hacer nada." (E1)

5.3.6 Centros de Formación Profesional

Las empresas se relacionan con los centros de Formación Profesional sobre todo a través de las prácticas de Formación en el Centro de Trabajo (FCT). Además hay que señalar que, al menos antes de la crisis económica, la mayoría de las empresas contratan posteriormente a estos alumnos que acogen para la realización de prácticas.

"Pues venga, tengo un chaval en prácticas, y además, todo lo que aprende, pues nos beneficiamos las dos partes." (E3)

"Y los de Formación profesional, la mayoría de ellos han hecho las prácticas con nosotros y después se han quedado. Quiero decir, que son... el resto, el 70%, ó el 80% del personal, es gente sin experiencia. Y hay de todo, ¿no?" (E6)

"El 90% de la gente que está trabajando aquí en la empresa ha pasado por ese centro. Han estudiado allí. Y ahora tenemos una relación muy estrecha." (E12)

"Nosotros, el 90% -hasta ahora, porque está habiendo problemas-, el 100% de nuestras incorporaciones eran a través de... FP, o sea, los centros de Formación Profesional. Sabes que para terminar los ciclos de Formación Profesional requieren tres meses de prácticas en empresas, pues bueno, nosotros trabajamos con el centro X, con el centro Y, con tres o cuatro centros que nos mandan... Como saben lo que somos, que somos un caramelo, y nosotros además les decimos no nos mandéis gente que no vale, porque nuestra idea... ¿cuál es? En esos tres meses probar a esa gente. De los cinco o seis que hemos llegado a tener, echar el ojo a los dos, tres o cuatro que intuyas que te pueden cuajar; con esos dos, tres o cuatro hacer un contrato en prácticas de dos años, y en esos dos años ver en qué sección pueden encajar mejor (...) Y ése es nuestro sistema de acopio de gente." (E17)

"De centros. De X, de Y... Casi siempre tenemos a dos o tres chavales." (E19)

"Y los de Formación profesional, la mayoría de ellos han hecho las prácticas con nosotros y después se han quedado." (E6)

En menor medida, las empresas también acuden a los centros de Formación profesional para la realización de cursos técnicos. Hay que señalar que las personas entrevistadas consideran que los centros de formación profesional deberían adaptar en mayor medida a las necesidades de las empresas de su entorno tanto la formación reglada como la formación continua que imparten.

"Sí, sí, da formación, y de hecho hay gente que desde aquí, desde X, y desde otros institutos, hace cursos de hidráulica, sobre todo, de neumática, eléctrica, y..." (E7)

"Probablemente podrían hacer a lo mejor una formación un poquico más adaptada a las empresas del sector (...) Aquí, en esta área, hay un montón de empresas... un montón, ¿eh?... pero cantidad... que hacemos soldadura autógeno. Pero en las Formaciones Profesionales de la zona, ninguna imparte esa actividad. Falta un poquico más de conexión desde la parte de la Formación Profesional, por lo menos, con la empresa. Falta un poquitín, sí." (E6)

"Bueno, por la parte que nos toca, en Navarra no tenemos en cuanto a formación - hablamos de centros de FP y podríamos hablar también de centros tecnológicos- no tenemos centros especializados en la fundición. Normalmente, ahí ya tenemos que ir al País Vasco por cercanía. Entonces, eso sería en mi opinión lo más importante, ya que lo que es mecanizados, lo que es robótica y otras ramas, hidráulica, neumática... creo que en Navarra los centros de FP, bueno, está claro que aquí, o sea, en los centros de FP de Navarra no tenemos...., no hay fundición, porque en Navarra no hay fundición, no hay mucha tradición de fundición. Ése sería el punto flojo." (E20)

"La Formación Profesional, como formación teórica, la regla general, era que era adecuada. Sí que lo que se dijo es que había un problema importante en cuanto a la formación práctica. Se entendía que la Formación Profesional había evolucionado en algunos casos de una manera inversa. En vez de ser una formación muy adecuada en cuanto a conocimientos prácticos a la empresa, pues evolucionaba más a un mayor conocimiento teórico en el aula, a una mayor proyección en el aula, pero una menor proyección en el ámbito empresarial." (E4)

"Quiero decir que, en ese sentido, en la Formación Profesional, vendría bien una mayor conexión con las nuevas tecnologías. Porque esto es un entorno... Aquí, en la zona, hay más de sesenta talleres que tienen plegadora, punzonadoras, maquinaria avanzada de chapa, y que cada año compran herramientas de ese tipo, y que tenemos que ir a las empresas proveedoras a hacer formaciones de quince, veinte días, desplazarte, desplazar a personal de mano de obra directa... Bueno, yo creo que corre más la industria, en este caso, que los centros, ¿no?" (E6)

Algunas empresas apuntan a que sería interesante avanzar en estas relaciones que mantienen con centros de FP e incluso apuntan a la posibilidad de colaborar con éstos en proyectos de innovación. No obstante, no se han detectado experiencias de este tipo entre las empresas entrevistadas.

"En los centros de FP, hay un material con el que nadie cuenta, y es el material humano de los profesores. Hay personas muy, muy válidas, con muchas ganas de hacer algo. Y ahí está. Pero hay cantidad de profesores que los ves con ganas, que podrían participar en proyectos… y dices, pero si incluso para él, para su propia formación, el pertenecer a un proyecto de I+D de una empresa privada… si sería bueno." (E2)

"Conozco mucho a su director, al de ahora, y a la gente que trabaja allí, y vienen a aquí a visitarnos, y traen a los chavales, y tal… Y siempre me intentan vender que ellos también desarrollan, y que ellos también hacen, y que les gustaría… (…)Sí que ellos podrían colaborar conmigo en desarrollar… Bueno, a ellos también les gusta desarrollar… hacer proyectos, desarrollar cosas… Sí que podríamos colaborar, y no lo hacemos. Culpa de ambos." (E12)

5.4 Políticas de I+D

5.4.1 *Valoración de los programas de ayuda a la I+D de las diferentes administraciones*

La mayoría de las empresas entrevistadas reciben ayudas por parte de la Administración pública, principalmente a los programas del Gobierno de Navarra y del CDTI (existe un convenio de colaboración entre ambas administraciones). Se detecta que estas empresas acuden de manera regular a estas convocatorias y que están muy familiarizadas con la gestión de estos proyectos.

> *"CDTI y Gobierno de Navarra. Tenemos muy buena relación, y muy buen, digamos…" (E1)*

> *"CDTI y Gobierno de Navarra, vaya: los dos. Los dos. Ahora estoy preparando la memoria…" (E2)*

> *"Nosotros siempre, por estrategia, tenemos un proyecto siempre muy grande, con un alcance a tres años vista. ¿Volumen del proyecto? Entre 200.000 y 750.000 euros. Para que te hagas una idea, ¿eh? Yo creo que puede ser… dos o tres años sí. Y luego tenemos dos de alcance, que yo les llamo "medios", dos o tres… Estamos hablando hasta 100.000 euros. Y luego, todo lo demás son proyectos pequeños." (E2)*

> *"Además presentamos a CDTI y al Gobierno de Navarra, para tratar de que nos lo soporte." (E6)*

> *"De hecho, recurrimos al Gobierno de Navarra y a CDTI, a esos dos." (E20)*

No obstante, también nos encontramos con un grupo, aunque reducido que no reciben ayudas públicas a la innovación (se trata de empresas auxiliares). Las razones aducidas para no presentar sus proyectos de innovación a estas convocatorias es la excesiva burocracia y, de nuevo, el miedo a desvelar parte de su *know-how*.

> *"A día de hoy no se hace algo habitual, pues porque implica mucho papeleo, y mucho tiempo. Mucho tiempo. O sea, a día de hoy no se hace algo habitual, pues igual lanzar todos los años dos o tres proyectos de I+D. No. Vemos un poco lejano por el tema ese. Pues porque lleva más tiempo el tema de pedir la ayuda, con todo el papeleo, y toda la historia, lleva más tiempo que el día a día que vas avanzando. Porque el día a día que vas avanzando con un producto nuevo, después, a la hora de pedir la ayuda y todo, implica mucho papeleo… claro, igual la máquina nueva ya está en casa del cliente. Y… pues claro, pues al final, las necesidades son… la máquina tiene que estar en casa del cliente, y compensa el que esté en casa del cliente un mes antes, que no tenerla aquí dos meses para que vengan a… pues por ejemplo del Gobierno, a hacer la inspección, a ver que todo es correcto, y demás." (E3)*

"Discreción, discreción en todos los aspectos, en el aspecto industrial, en el aspecto tecnológico... Éste es un mundo... parecerá mentira, pero el espionaje industrial está al cabo de la calle. Igual es ser un poco exagerado. Hombre, nosotros al nivel que trabajamos dices: Bueno, pues aquí a nivel de Gobierno de Navarra no, pero igual del CDTI... Nosotros hemos tenido mucha, mucha, mucha competencia en tiempos. La mayor competencia, en tiempos, eh, cuando fabricamos sobre todo pieza técnica, pieza para electrodoméstico, nuestra mayor competencia estaba en Cataluña. Entonces, nosotros teníamos y seguimos teniendo... "de puertas para allá no entra cualquiera." (E17)

Algunas de estas empresas señalan que algunas de las mejoras que realizan, y que desde su óptica son innovaciones, no son susceptibles de recibir financiación.

"Para todas estas empresas, de pedir subvención para todos esos nuevos proyectos, que para mí es una innovación... por lo menos en Navarra están vetados. De que no es un proyecto de innovación el que yo mejore una serie de piezas en mi máquina. Para ellos la innovación es que yo haga una máquina, por ejemplo, nueva. Y, aparte de eso, aquí las subvenciones, lo que yo puedo decir, aquí en Navarra, pues son mucho menores que lo que en otra regiones de España las están dando." (E9)

"Un poco el tener un acceso más fácil a todo esto, el tener más claro qué es innovación y qué no es innovación, para poder acceder a pedir ayudas, puesto que muchas veces hacemos una mejora en nuestro producto, y no sabemos si esa mejora la podemos considerar innovación, y pedir por ella, o no." (E9)

"Nos da la impresión de que el CDTI y el Gobierno de Navarra valoran más la innovación en el producto, pero para nosotros también es importante tener un proceso competitivo. Al fin y al cabo, estamos en Europa y nuestras piezas... o sea, es mano de obra europea lo que tenemos, y nuestras piezas van a muchos países del mundo y podemos tener competidores en países donde la mano de obra es más barata. Entonces, para nosotros el tener un proceso integral también es importante, y quizás ahí nos da la sensación de que no es tan fácil obtener ayudas desde ese punto." (E20)

Las empresas que acuden a los programas de financiación pública, destacan el apoyo que les prestan las consultorías para la gestión de la documentación asociada a estos proyectos.

"El papel de la consultoría X, ahí, principalmente, es compendiar documentación, escribirla y, por así decirlo, reestructurarla, para que, digamos, cumpla con los requisitos del proyecto... Un poco de lobbing, por allí, de presionar, hablar, conocer a la gente... Ese tipo de cosas. ¿Vale? Estamos bastante contentos con ellos. No son baratos, pero creo que todos los proyectos que se han presentado, no nos han echado ninguno para atrás." (E1)

"Tenemos una consultoría externa. A ver, tenemos una consultoría externa no para estos proyectos. Tenemos una global para toda la empresa, que en la parte de los

proyectos de I+D+I se involucra, y también nos ayuda un poco. Marca las directrices. *"Oye, pues vamos a hacer esto, vamos a presentar...". "Oye mira, no...". "Pues los plazos son éstos, las visitas...". Bueno, pues todo eso."* (E2)

"Siempre hemos hecho a través de alguna asesoría. Asesorías especializadas en este tipo de proyectos que nos ayudan a hacer el proyecto y a presentarlo con toda la documentación y todo esto. Esto lo hacemos nosotros con una empresa que se llama X. Entonces, bueno, pues ellos son los que presentan toda la documentación, conocen a la gente, saben dónde hay que ir... y nos han ayudado mucho. Nos han ayudado, económicamente, mucho." (E5)

"Como eso es muy burocrático y puedes caer en muchos defectos de forma, o sea, hay que tener estas cosas, necesitas casi gente con experiencia, siempre contamos con asesores." (E16)

Estas empresas tienen en general una buena opinión de los programas de financiación pública, Señalan que estas ayudas les son necesarias para emprender proyectos de innovación que les permita mantener o mejorar su posición en el mercado. Así mismo, algunas empresas destacan la utilidad de estas ayudas para diversificar su actividad e introducirse en nuevos sectores.

"Es muy interesante no habría muchas cosas que no se podrían abordar." (E1)

"Por eso te digo que estamos siempre metidos en proyectos de esta índole. Si no, una empresa como ésta, no podría aguantar tanta carga. A ver, tanta carga... tanto gasto en I+D+I." (E2)

"Pero la dotación económica es de CDTI, o de Gobierno de Navarra. Bueno, para mí... Yo se lo digo a ellos, y lo público, y lo tengo en mi web... Quiero decir, que lo digo en todos los sitios. Sin eso, la empresa se hubiera desarrollado mucho más lentamente Para nosotros ha sido la ayuda realmente definitiva para que hayamos sido capaces de crecer tanto, ¿no? En la parte de la innovación, yo estoy muy satisfecho de los resultados del CDTI y del Gobierno de Navarra." (E6)

"Nosotros, en ese sentido, estamos contentos, con la administración local, o sea, el Gobierno de Navarra, entendemos que apoya, y entendemos que el seguimiento es adecuado, y en ese sentido estamos satisfechos. Te puedo decir... pues, joder, si nos subvencionaran más parte del porcentaje, y tal y cual, pues no... pero entiendo que es adecuado. Lo que sea. Egoístamente, pues te gustaría..., pero entiendo... particularmente no tengo una queja. A nivel de CDTI tampoco. De hecho, nos han ayudado con financiaciones, en proyectos. Sí que, este tipo de empresas, como la nuestra, te gustaría, todas esas horas..." (E7)

"Pues yo te diría que, para nosotros, la experiencia ha sido muy buena. Tanto hemos tenido del Gobierno de Navarra como del Estado, del Ministerio de Industria. Hemos tenido del CDTI y del Gobierno de Navarra." (E10)

"Ayudan mucho, porque investigar cuesta mucho dinero. Y cuando encima son proyectos que están muy alejados del producto final... porque los CENIT son solo para generar conocimiento..." (E13)

"Si no hubiera esa financiación, pues seguramente me lo plantearía... O sea, seguro que nos lo plantearíamos mucho más, y seguro que nos animaríamos mucho menos todo el mundo, ¿no? Eso está claro. Son necesarias. Es el empujoncito, ¿no?" (E7)

"Hombre, siempre aporta, ¿no? Una vez que se hacen estos temas, siempre aporta, en mayor y en menor medida, tanto a nivel global, lo que pudiera ser la economía navarra, o los proyectos, la estrategia de la Administración, como a nivel particular, a nivel de contactos, o relaciones, ¿no? Siempre aporta. Yo creo que te hace mantener la... por lo menos pensar, ¿no?, y saber si es que esto que se está hablando, si es que no te lo habías planteado, pudiera ser beneficioso para ti, o no. O en qué condiciones. Siempre aporta." (E7)

"Y en cuanto a la ayuda yo creo que bien, que estamos contentos." (E16)

"Yo creo que es vital, tanto el apoyo de los organismos CDTIs como del Gobierno de Navarra, como luego los temas CITEAN..." (E19)

"Un poco, en cuanto a I+D, éstos son los proyectos que hemos desarrollado desde 2001. Prácticamente tenemos... Actualmente CDTI, antes PROFIT... Uno al año, vamos a decir. Y luego, suelen estar complementados con subvenciones del Gobierno de Navarra. Hasta 2007, prácticamente todos eran desarrollos de soluciones para el freno, fuera carretera (tractores, excavadoras o automóvil), y a partir de 2007 hemos desarrollado todos enfocados a la eólica. En 2008-2009 hicimos uno, el que nos sirvió para introducirnos, y ahora tenemos varios de optimización y mejora de los sistemas. Y un poco, el hito de este año ha sido que el último CDTI que nos han concedido es colaborativo, que nunca habíamos hecho con otras empresas, y estamos trabajando con X [otra empresa] y centros tecnológicos." (E19)

"La experiencia es buena, y normalmente, cuando tenemos una inquietud, un campo, en el que hacer innovación, o investigación, acabamos encontrando un cauce por el que hacerlo. O sea, que no... En ese sentido... Hombre, siempre podría ser mejor. Pero es bueno. Quiero decir, si tenemos, por ejemplo, teníamos inquietud por... o interés en desarrollar conocimiento en eólica marina, pues hemos encontrado proyectos adecuados para ir por ahí. Y así con otras cosas, también. Porque normalmente somos capaces de encontrar proyectos y financiaciones adecuadas para las cosas que nos interesan. Que eso... O sea, que bien." (E13)

"Cuando hicimos nuestro cambio de actividad, estuvimos en ese Departamento presentando nuestro proyecto, y desde el principio tuvimos todo el apoyo de ellos. Todo el apoyo. Es decir, fueron capaces de entender nuestra problemática y de apoyar nuestro proyecto en base a un cambio de actividad que suponía para

nosotros una investigación, también, un desarrollo, y tuvimos, la verdad, muy buen..." (E10)

Estas empresas destacan como rasgo positivo de la administración navarra la accesibilidad y la relación cercana que mantienen con los técnicos del departamento de Innovación.

"Conocemos a los técnicos. Están siempre los mismos, vaya. Además, ellos mismos, cuando se separan los proyectos, dicen "Empresa X; pues X ya me lo cojo yo". ¿Por qué? Porque lo que es el tema de elaboración de la empresa, ya se lo saben." (E2)

"No tuvimos ningún problema. La verdad es que, si algo puedo decir, es que están muy accesibles a las empresas. Y eso es de agradecer, ¿no? No es que tengas que estar llamando todos los días para suplicar una entrevista con alguien del Departamento de I+D del Gobierno de Navarra, o del Departamento de Innovación, sino que es muy fácil acceder a ellos, y con que vayas con un proyecto, yo creo que están deseando, ahora mismo, yo creo que están deseando que las empresas sobre todo desarrollemos productos nuevos, para que nos hagan únicos." (E10)

Como elementos a mejorar, las empresas abogan por la ventanilla única como medio para reducir la burocracia asociada a estos programas. Respecto a las ayudas del CDTI, critican la fórmula del crédito frente a la subvención, ya que les obliga a endeudarse.

"Sabes tú la particularidad que tenemos como Gobierno de Navarra. Porque todo lo haces con CDTI hay que presentárselo a él también. Porque tienes ayudas complementarias por lo mismo. Es un poco una redundancia. Al final... Bueno, y es un lio, porque te hacen hacer las memorias de distintas formas... Si tienes que hacer estadísticas... Eso apúntalo, que esto es... ¡Joder, ventanilla única! Es que, a ver, hacer dos memorias, una para Gobierno de Navarra y otra para el CDTI, de lo mismo. Porque el uno tiene un formato y el otro tiene otro formato. Uno contabiliza de una manera, otro contabiliza de otra manera. Esto no es serio, ¿no?" (E2)

"Pues que eso, que bienvenidas sean, que tendrían que ser más, eso también te lo tengo que decir, y que son demasiado burocráticas. Demasiado burocráticas... La propia memoria del CDTI ya es compleja. El acceso a una subvención de un proyecto es complejo. Que entiendo por qué lo han hecho complejo. Porque por ahí ha ido... ya sabes tú que se ha metido todo lo habido y por haber. Es decir, que ha habido proyectos fantasma... ¡pero muchísimos más que los reales! Entonces, ellos han ido poniendo filtros, poniendo filtros, poniendo filtros... para cargarse todos esos fantasmas. Claro, esos filtros, a los de verdad, a los que presentan proyectos de verdad, pues te hacen hacer unas burradas serias, serias. Entonces, hay demasiada burocracia. Claro, para el proyecto real. Para el proyecto real. Y luego, en Navarra tenemos el hándicap de que la has de traducir a "formato navarro", que decimos nosotros aquí." (E2)

"Es más compleja, exactamente, que si la subvención vendría directamente a la empresa, y no a través de un banco. Todo más papeleo, más burocracia, más..." (E9)

Por otro lado, se detecta que la colaboración que se produce dentro de estos proyectos entre empresas y entre empresas y centros tecnológicos no es del todo fructífera.

"Te soy sincero. ¿Por qué queremos colaborar? Es decir, el proyecto en sí... digamos que son dos proyectos que coinciden en un punto relativamente pequeño. ¿Vale? Lo que pasa es que, en estos momentos, el Gobierno, por motivos que ignoro, está promoviendo mucho la colaboración entre empresas. Pero bueno... Sabemos que si se presenta el proyecto en colaboración es más fácil que lo financien. Ése es el motivo principal. Porque en realidad, digamos que, nuestro proyecto es... si de nuestro proyecto es un cien... ¿vale?... colaboración es un cinco. Entonces, somos como dos globos tangentes. Cada proyecto es un globo, y somos tangentes. Pero bueno... Sabemos que es... Como lo están promocionando, pues... Lo llevaremos por ese camino. Pero no va más allá de eso. Cantidad, tampoco... Realmente no hay intercambio tecnológico entre las empresas. El intercambio que va a haber va a ser mínimo." (E1)

"Entonces, la colaboración era más fácil, porque no... Al no haber competencia, se puede compartir y colaborar de una manera más abierta. En el CENIT en que estamos ahora sí hay empresas de la competencia, entonces es muy poco más difícil la colaboración. Estamos empezando... No sé... Preveo que será más difícil. No puedo decir que sea más difícil, porque de momento no hemos tenido ningún problema, pero es verdad también que este proyecto empezó en junio del año pasado, llevamos seis-siete meses de andadura, y en la experiencia... Pero preveo que será más difícil, porque no es lo mismo hablar de lo que queremos hacer para una máquina, en este caso es también una máquina marina, con alguien que no es competidor y con alguien que lo es. Pero, de todas maneras, son proyectos colaborativos. O sea, estamos obligados a colaborar. O sea, tenemos que colaborar porque el objetivo es común. Ya veremos cómo... Bueno, nos hemos repartido un poco... O sea, no vamos a trabajar todos los competidores en todo, sino que nos hemos repartido un poco los papeles. Quiero decir, hay unos que se van a dedicar más a... pues a las palas, y nosotros nos vamos a dedicar más a otra parte. Entonces... Hombre, vamos a colaborar..." (E13)

"Yo creo que un alto porcentaje del dinero que el gobierno dedica a que las empresas innovemos, no acaba teniendo un resultado positivo. Un alto porcentaje, estoy convencido de ello. Y eso es una pena. Es una pena. [Se refiere a proyectos de colaboración con centros tecnológicos]." (E10)

Existen pocas experiencias entre las empresas entrevistadas de participación en programas europeos. La opinión es en general positiva.

"Es más difícil de valorar. Pero en principio yo creo que funcionaron bien. Es más complicado de gestionar. Hay que presentar documentación a manta, luego la traducción al inglés es siempre un incordio... Pero bueno, funcionaron razonablemente bien. Pero ya hace años, bastantes años, que no estamos en esos temas." (E1)

"Tienen un know how, que nos gusta decir... tienen un conocimiento más profundo, y son proyectos que, una vez que los has podido desarrollar, hay unos acuerdos, como ya sabrás, y sí que te pueden dar una ventaja competitiva." (E7)

"Y luego, a nivel europeo, con el tema de Bruselas, pues entendemos que también es correcto. Es decir, hay un seguimiento... además, por su parte, hay unas reuniones cada equis meses, según el tipo de proyecto, y... Yo entiendo que son de todo positivos. O sea, no tengo grandes quejas en ese sentido. Son... Además, los veo como organismos. Siempre se puede ayudar más, pero, joder, te están ayudando, ¿no? Si no te estuvieran ayudando, si no existieran, pues tendríamos muchos más problemas, lógicamente, a la hora de..." (E7)

Aunque todavía es pronto para valorar nuevos instrumentos puestos en marcha en la región, como son los clústeres, se puede decir que todavía no se observa una implicaron real de las empresas en los clústeres y además se vislumbran problemas para conseguir la cooperación entre empresas competidoras.

"Estuvimos a punto de meternos en el clúster que ha montado ahora el Gobierno de Navarra, el clúster este de la alimentación. Estuvimos en dos o tres charlas, pero al final no nos... No. No... No terminamos de verlo; cómo puedo yo asociarme con la competencia, con la cual, en este mismo momento en que estoy hablando, me estoy peleando en el mercado... cómo en otra mesa se pueden sentar dos personas a colaborar. O sea, no me entra en la cabeza. Y me gustaría que alguien que no sea adivino... que no sea adivino, de la tierra, que venga y que me lo explique." (E2)

"¡Eso es de estudiar en la universidad...! ¡Pero es que ése no es del mundo real! El mundo real no es eso. Por eso te digo yo que, oye... que me gustaría a mí... a mí me hubiera gustado a esa persona haberle dicho: "¿Tú, de verdad, has estado afuera, en el mercado, viendo lo que es eso?". Y más ahora, que ahora es un sálvese quien pueda, ¿eh? (...) ¿Cómo nos vamos a juntar...? No terminamos de verlo. Ya se intentó un poco... decir "pues mira, de las diez empresas que estáis, tú te llevarías una parte, tú otra parte, tú otra parte...". ¡Joder...! Que es que yo tengo que ir a por la barra entera, que son cien trabajadores. Que yo no puedo venir aquí con un décimo." (E2)

"Hemos asistido a diferentes charlas, conferencias, hemos participado en algún proyecto... está el tema que se hizo hace un par de años o tres, del tema este del Proyecto Ícaro... Sí que somos parte activa. Pero vaya, tampoco... Somos parte activa, nos gusta estar ahí, nos gusta ver los movimientos." (E7)

5.4.2 Valoración del sistema de I+D+i en Navarra

En general, existe una valoración positiva del sistema de I+D +i en Navarra. Como fortalezas del sistema se destacan las siguientes: el papel activo del gobierno con la puesta en marcha de diferentes programas para fomentar la innovación en empresas, la red de centros tecnológicos existentes en la región, así como el importante tejido industrial que posibilita la cooperación con clientes y proveedores próximos geográficamente.

"Es decir, el hecho de tener un Gobierno que está siempre intentando estar entre las mejores regiones europeas en cuanto a inversión para la innovación, significa estar en un entorno en el que la innovación está muy bien considerada desde el punto de vista oficial. Y, por lo tanto, eso es una ventaja enorme. De los proyectos que van a CDTI, de Navarra, con el medio millón que somos, o pocos más, la proporción es enorme con respecto al resto de las provincias. Enorme. Luego el entorno es absolutamente favorable para innovar." (E6)

"Yo creo que el Gobierno de Navarra lo trabaja mucho, nos llaman a los empresarios, que vayamos, que asistamos a sesiones donde se nos explica que estarían encantados de apostar por proyectos de I+D, que hagamos trabajos entre diferentes empresas, colaboraciones... Yo creo que el Gobierno de Navarra, yo lo estoy viendo, que apuesta mucho por eso. En cambio, a las empresas las veo mucho más reactivas... huy, perdón, reactivas... reacias. Reacias a este tipo de colaboraciones." (E10)

"Y tienen envidia del sistema navarro, ¿eh? Que funciona muy bien, es muy ágil... Les ha gustado, les ha gustado siempre. Eh... No sé... Lo veo, lo veo... La fortaleza que tiene es que somos una comunidad pequeña, evidentemente, y que somos muy pocas empresas, que nos conocemos todos y que, más o menos, tienen controlado el parque de empresas, y el dinero que se pueden gastar en eso, ¿no? Eso lo veo como fortalezas. ¿Debilidades? No sé. Alguna habrá; por buscar alguna. Siempre es bueno, para mejorar, ¿no?" (E12)

"Bueno, una de las razones de ponernos aquí, en Navarra, era, pues, por el... no sé... la cercanía que ha habido con el Gobierno, y con la Administración, para facilidades de establecernos, acceder a las ayudas... No solo económicas, sino ayudas de gestión, de ayudarnos en "oye, que...". Para terrenos, para hacer una inversión, de inmovilizado, o hacer inversiones de herramientas... Hemos tenido que hacer una implantación ahora de unos robots, por ejemplo, productivos, y ha habido una buena ayuda, y aceptación. Quiero decir... yo lo valoro muy bien. Comparándolo... Siempre es mejorable, ¿no?, pero comparándolo con otras Comunidades. Digamos que no tenemos ninguna envidia." (E12)

"Pero, efectivamente, nos beneficia mucho el que haya empresas alrededor, y centros de investigación, y cosas... todas dedicadas a lo mismo. Se genera, efectivamente, hay un conocimiento, hay unas sinergias, de alguna manera, que se generan, que eso es muy bueno. Es muy bueno. Desde luego, nos va mucho mejor

que si estuviéramos, no sé... en Ciudad Real, y fuéramos los únicos que nos dedicamos a esto en el entorno." (E13)

"¿Las subvenciones del Gobierno de Navarra y demás? También ayudan. También ayudan. Porque es que se ve mucha diferencia entre nuestra Comunidad... entre la Comunidad de Zaragoza, El Gobierno de Navarra da muchas subvenciones. El Gobierno de Zaragoza no da ni la mitad, ¿eh? No da ni la mitad. O sea, eso siempre ha sido así. Aquí, el Gobierno de Navarra da subvenciones, y en el Gobierno de Zaragoza... por ejemplo." (E14)

"Yo creo que la Administración tiene recursos, no sólo recursos económicos –bueno, si me oyen los de Innovación dirán que son muy poca gente-, tienen recursos humanos, no abundantes pero buenos, en mi opinión es gente –cuando se habla tan mal de los funcionarios y tal...- muy motiva, o sea, gente que cree mucho en lo que está haciendo, gente que te anima un montón a innovar, gente que se alegra contigo..." (E17)

"Además tiene unas empresas... pues no sé... que dan el soporte que quizás va un poco más allá de lo que esperas. Yo me he encontrado aquí con hacer pedidos de contenedores, que son unos contenedores especiales, para secuenciado... me he encontrado con piezas que necesitábamos aquí, que también son... Han ido más allá de lo que yo pensaba que me iban a dar, del soporte que me iban a dar, ¿no?" (E18)

"También muchas veces te llaman, y "oye, necesito en Pamplona alguien que pueda hacer instalaciones eléctricas, cuadros eléctricos, de soldadoras". Bueno, pues aquí, Mantenimiento, y las personas que tenemos aquí, en los diferentes departamentos, son conocedoras de qué proveedores también hay, ¿no?, un poco el potencial que tenemos en Navarra, y le facilitamos todo este tipo de cosas. Inclusive a nivel de formación también nos han pasado varias cosas, en la central de Recursos Humanos de la central. Quiero decir, que... bueno, pues es una autonomía... una... yo sé qué se valora. Se valora muy bien, y siempre nos suelen consultar cosas." (E18)

"De centros tecnológicos. Tienes una oferta en Navarra, tienes una oferta en el País Vasco, y ahora lo mismo en Cantabria. Y hay veces que tienes la misma solución en los tres sitios a la vez y es un poco... desde mi punto de vista, excesivo. Luego, claro, tienes... lo que te he comentado antes, que nos encontramos casi siempre con el tema del coste. El coste no se suele... Casi siempre, la guerra que tenemos con estos centros es por el precio. Claro, son centros subvencionados... No sé hasta qué punto ellos... O sea, no sé hasta qué punto son subvencionados, o se sacan el beneficio para el centro. Tienes al centro X en Navarra, y tienes a su homólogo en el País Vasco, y ahora nace el mismo en... Al final, es el mismo entorno empresarial. Entonces, sí que solemos tener ahí batalla." (E19)

"Yo creo que en cuanto a centros tecnológicos y demás, X, Y, Z, desde el sector que a nosotros nos toca estamos bastante bien. Creo que sí." (E20)

Como deficiencias y/o aspectos del sistema a mejorar, se destacan los siguientes:

Necesidad de que las empresas noveles (que nunca han realizado actividad innovadora) innoven.

> *"Entonces, ¿cuál es el problema? Que tú tienes que tener empresas que estén convencidas de hacer el proyecto, y que vean que la financiación que obtienes a través del Plan Tecnológico es una mera ayuda, por la cual tú dices "no, si yo ya iba a hacer I+D+I, y esto me viene como de perlas". En el momento en que tú dices "voy a hacer I+D+I porque me dan una subvención", eso no te sirve. Entonces, ¿qué es lo que pasa? Que, si bien tienes que seguir calando la innovación en la Comunidad Foral de Navarra, hay que pensar que vale, podemos ser la Comunidad que más invierte, pero al final las empresas que desarrollan I+D+I, a mi juicio, yo sigo creyendo que son las que han hecho siempre I+D+I. Empresas noveles que no hayan hecho I+D+I y que tengan interés, cuesta. Y en situación de crisis, mucho más." (E4)*

> *"Necesidad de que innoven más empresas. Habría que intentar ir de empresa en empresa, entrevistándonos con las direcciones de las empresas, de las Pymes, para decirles, de una manera más personal, "oye, ¿esto te podría ayudar…?". No sé, un instrumento que pueda convencer a las empresas. Cuando no es necesario. O sea, hay muchas empresas que, bueno, son talleres, otras son Pymes que tienen pocos empleados… Y entiendo que innovar es algo positivo. O sea, abstraer a la gente del día a día e intentar que vean el horizonte de otra manera. Yo eso lo haría como proposición." (E12)*

Existe una minusvaloración de las empresas pequeñas frente a las grandes.

> *"Si va a ir X… si va a ir Y, y si va a ir allí, yo no voy a ir. Porque estarán jugando en otra división. A ver, ¿dónde estamos jugando nosotros, e Segunda B? Pues quiero juntarme con los de Segunda B. No quiero a los de la Champions, no… O sea, que no. Ésos son los que salen en el periódico. A ver, genial, ¿eh?, que no critico, ni mucho menos… pero yo en ese espejo no me voy a mirar. Porque eso no es lo que necesita esta empresa. Y yo no voy a perder un minuto de tiempo en eso. Lo leeré, cuando me vaya a casa, para dormirme, y tal… ¡Claro! ¡Si es que es cierto…! Pero…" (E2)*

> *"Para mí no están bien valoradas, en el sentido de que a la empresa pequeña le cuesta mucho más entrar en estas ayudas…" (E9)*

> *"Las Pymes yo creo que tenemos sitio en el sistema; que no es X e Y y tres más, que son los que se llevan el 90% del cotarro, y los demás luego comemos migajas, ¿no? Yo creo que ahí, eso, hay que favorecer más a las Pymes en cuanto a ayudas, ayudas en la innovación y mecanismos para que puedan tener foros y cosas para innovar, y no tanto a las grandes. O sea, ésa es mi opinión. Creo que se está haciendo así, creo que se está haciendo así. Si lo está haciendo así, es el punto fuerte, y si no lo está haciendo así, es el punto débil. O sea, no sé cómo decirte, es que no sé si se les da mucho dinero. Hombre, muchas veces lees "una subvención de*

no sé cuántos miles de millones de pesetas para montar una planta que va a generar no sé cuánto empleo", y dices: ¡Esa es la facturación de esta empresa de los últimos 10 años! Pues bueno, no sé hasta dónde... También es verdad que las empresas grandes generan mucho empleo y al final lo que necesitamos aquí es actividad, empleo. Entonces, bueno, yo creo que no se deja de lado a las Pymes y eso es lo positivo." (E16)

"A veces también puede dar la sensación de que a las Pymes o pequeñas empresas frente a una gran empresa no le corresponde todo lo que le debiera corresponder. Es decir, grandes empresas, pues también porque pueden tener un equipo... aparte de la innovación pueden tener un equipo que sepan defenderlo más, mientras que para la pequeña empresa eso es más complicado. A mí me da esa sensación. O sea, cuando hablamos de que el Gobierno de Navarra va a destinar "x" millones a la innovación es fácil pensar o se puede pensar que va a haber determinadas empresas, que tienen mucha importancia en Navarra, que se van a llevar mucho. Estamos completamente de acuerdo, pero es difícil entrar a la pequeña empresa." (E20)

Una excesiva concentración de la actividad de I+D+i empresarial en la zona centro, en Pamplona, creándose un esquema centro-periferia.

"Entonces, ¿que la figura del análisis individualizado sirve, y es muy válida? Sí. ¿Que está bien estructurada? Sí. ¿Que se emplea? Pues seguro que si preguntas a ANAIN, y centras el tiro con la pregunta, te garantizo que el 90% de las empresas que lo emplean están en Pamplona. Y es así. Ya te digo... Aquí se emplea poco, sí." (E4)

"Propiamente el I+D+I se concentra en la zona de Pamplona. En la cuenca de Pamplona, y principalmente para las empresas de Pamplona." (E4)

"Y sí que es verdad que, bueno, ANAIN realiza una buena labor de instrucción, pero, aún así, yo creo que debiera salir —y esto es ya más personalmente— más de lo que es la Cuenca de Pamplona, y organizar más eventos, más cosas de este tipo en el resto de la geografía navarra." (E4)

"Capa caída total. El Gobierno de Navarra no está haciendo nada por este Instituto de FP ni por esta zona. Pasa totalmente de nosotros. Totalmente. Y encima aquí, le estamos ayudando... Y toda la industria que había en esta zona, era de gente de aquí, de esta zona. Prácticamente toda era de gente de aquí. Y se está destruyendo, se está destruyendo... y después aquí no va a venir nadie, ¿eh? Después aquí no va a venir nadie. (...) Yo llevo en la Asociación de Empresarios un montón de años, y nada. Nada. No puede hacer nada. Hemos hecho un montón de reuniones, ¡Nada! Bonitas palabras, y no vale para nada. No quieren saber nada de esta zona nadie." (E5)

No obstante, las empresas también señalan dificultades internas que impiden que aprovechen de manera fructífera las capacidades que pone a su disposición el sistema de I+D en la región. El "día a día" en las empresas les impide realizar una planificación estratégica de sus actividades de innovación y aprovechar de manera más fructífera los recursos que pone a su disposición la región.

"A mí me ha pasado que algunas veces te llaman de algún sitio, y solo el atender ya es complicado. Porque te sacan del día a día. Pero yo pienso que es bueno salir del día a día, y ver otras cosas. Yo entiendo que es complicado, pero que hay que hacer ese esfuerzo." E12

"Esas actividades me parecen muy beneficiosas porque el día a día en las empresas puede hacernos ver digamos de una manera muy sesgada, ¿no?, y que venga gente de fuera para que te ayude en la innovación... Y al final, bueno, salieron varios proyectos, que luego ya es responsabilidad de la empresa el abordarlos o no, Pero me pareció muy interesante, y yo creo que fomentar eso, seguir con esa iniciativa lo veo muy interesante para el Gobierno o para quien fuera el impulsor, que tampoco... Igual he dicho Gobierno de Navarra y el impulsor es el..." (E16)

"Porque aquí si tenemos algo malo también es que salimos muy poco de aquí y tampoco vemos mucho lo que hay fuera- quizá el día a día no deja tiempo para innovar. Las empresas, las Pymes, estructuras pequeñas y no tienes gente dedicada a la investigación. Yo el primer jefe que tuve decía una cosa y cada vez pienso que tenía muchísima razón. Decía: En todas las empresas por lo menos una persona dedicada sólo a pensar. Y no hay. El día a día nos come. Entonces dices: se organizan cosas; la gente va o no va, o va poco; el que va dice "si es que me está comiendo el día a día". Nos come el día a día, nos come lo urgente por lo importante, o sea, se refiere a lo urgente por lo importante. Y creo que una cosa buena puede ser el tema este de las becas de los tecnólogos porque puede ser un medio para tener en una pequeña empresa alguien dedicado a pensar, que le dices: "Mira, yo tengo esta inquietud desde hace mucho tiempo. Desarróllalo." (E17)

Para mejorar la situación, las empresas sugieren que los agentes de I+D hagan una labor proactiva, que la información que se les envía desde los agentes públicos así como los foros que se organicen sea más sectorializados y/o adecuados a sus necesidades.

·Entonces, que el centro tecnológico tal ofrezca productos o tests, y el centro no sé cuál..., pues bueno, igual sí que estaría bien que se publicitaran más. A nuestros ojos llegan pocas cosas, o sea, yo sé que el centro X hace estas cosas pero no sé qué otras cosas hace. Entonces, igual algún día... pues como ocurre en la vida, ¿no?, tú no piensas en nada, te llega una publicidad y de repente gracias a eso te hace pensar en algo que podrías hacer." (E16)

"Vamos a ver, la comunicación llega pero muchas veces te desborda. Igual es el modo de hacer esa comunicación. O sea, no comunicación –me he expresado mal-, la información llega, pero no llega igual a..., o sea, te desborda, estás en el día a día. A mí es que me está entrando continuamente: que si... organiza no sé qué, que si X organiza no sé cuántos, que si Y cursos, cursillos. En la sociedad de Navarra hay

moldistas..... que no existen en la sociedad española, moldistas que están continuamente en temas de innovación, pero continuamente, en la Cámara de Comercio, tal... Bueno, es un bombardeo tal que igual debería ser un poco más selectivo, o sea, más dirigido, o sea, todos los cursos, etc. En vez de decir, venga, lo mando a todo el mundo, voy a ver primero un poco qué... Lo que hace cualquier empresa: ¿Qué es lo que hace primero? Un estudio de mercado. Que supongo que se hará porque cuando se lanza un curso no se lanza porque sí, pero, bueno, igual hacerlo un poco más puntual, ¿no?, y decir: voy a sacar estos planes de formación porque pueden interesar a este tipo de empresas, y ahora voy a trabajarlo." (E17)

"Foros pymes... Y sería muy bueno cambiar... intercambiar entre las empresas de este tamaño... "oye, ¿tú cómo te apañas con esto...?". Y empiezas ahí la dinámica, ¿no? Pero ya te digo, para mí el formato habría de ser en mesa redonda." (E2)

"Pues ahora mismo... pues siempre es interesante la formación a nivel de jornadas técnicas que puedan resultar innovadoras para nosotros. Eso siempre es interesante. A veces no se puede acudir por temas de juntas de trabajo, pero siempre es interesante." (E3)

Capítulo 6

Innovación en PYMEs industriales y sistema regional: La percepción de los agentes tecnológicos

Ficha técnica

El trabajo de campo se basa en la realización de 14 entrevistas con agentes de I+D (centros tecnológicos, universidades, consultorías) y organismos de intermediación (gobierno, organismos de interfaz). Las entrevistas tuvieron lugar entre junio y octubre de 2009. El anexo 1 recoge el listado de agentes entrevistados.

En este apartado efectuaremos un análisis de las entrevistas realizadas a diferentes actores del sistema de regional de innovación navarro. Dividimos el análisis de las entrevistas en el papel de los principales agentes y sus relaciones, así como la influencia de las políticas.

6.1 Universidad

La característica central de la política de I+D en la Comunidad Foral de Navarra (CFN) es su orientación industrial y el predominio del departamento de Innovación y Empresa (antes Industria) como agente decisor. El departamento de Educación, del que depende la universidad, queda un tanto desconectado de la política de I+D, denominada en Navarra "política tecnológica". Desde la universidad reconocen el papel activo que está desempeñando el Gobierno de Navarra en relación con la innovación, si bien ponen de manifiesto la escasa atención prestada a la investigación básica.

> *"Desde la política regional, en cierto sentido, sí que ha habido un movimiento muy grande hacia proyectos de innovación, de transferencia. Eso es positivo en la medida que hay un dinero, pero tengo que decir que me preocupa. Me preocupa porque claro, lo que está ocurriendo es que en Navarra el propio Gobierno está fomentando de forma muy fuerte la innovación, y en paralelo no está habiendo un fomento muy claro de lo que es la investigación básica. Claro, la investigación básica fundamentalmente debería depender del departamento de Educación... Competencialmente, eso debería caerles a ellos, pero claro, el dinero que tienen es nada, y yo no sé, porque dinero no lo tienen, y yo no sé si tienen el deseo de fomentar algo... Hay un desequilibrio en el sistema, y corremos el peligro, sin quererlo, de que la universidad, por el hecho de que el dinero está donde está, se vaya en esa dirección, y yo creo que eso no sería bueno." (A11, p 1)*

> *"Yo creo que claramente hay una apuesta muy fuerte por lo que es no ya investigación, sino desarrollo, innovación, que al final produzca de forma más o menos inmediata, que produzca un resultado económico, que se creen empresas, que se generen productos, que vendamos, que tal... Lo que sea. Hay una política muy clara, y probablemente está funcionando bien. Pero es desequilibrada, en cuanto que se está desatendiendo lo que es la parte de generación de conocimientos. Yo creo que eso se desatiende,...Bueno, ya el ejemplo más claro, en un año de crisis como en el que estamos, es el de las ayudas de investigación del gobierno navarro que han desaparecido." (A11, p 7)*

Las funciones que realiza la universidad son la formación de capital humano, la investigación básica y la trasferencia de resultados a la empresa. Existe un debate teórico sobre la implicación de la universidad en la trasferencia de resultados a la empresa, y a nivel internacional coexisten distintos modelos sobre las relaciones universidad-empresa. Podemos resumir este debate afirmando que, por un lado, la universidad juega (o debe jugar) un papel central en la generación de conocimiento y que, por otro, algunos grupos o unidades de investigación pueden tener un nivel de relación con la empresa muy importante.

En el caso español, uno de los principales obstáculos para que la universidad aumente su conexión con el sistema de I+D es la falta de recursos e incentivos, así como las rigideces administrativas. En general, en las entrevistas realizadas se constata la poca idoneidad del modelo de relaciones con la universidad debido a las rigideces normativas entre las que se tiene que desenvolver esta institución. Distintos agentes señalan que hay profesores o grupos (más bien aislados) que tienen relación con la empresa, pero los incentivos actuales no favorecen estas relaciones. En general las personas entrevistadas apuntan que, aunque sería deseable que hubiera una mayor interacción, existe escasa conexión entre la universidad y la empresa.

"Entonces, yo creo que hay gente en la universidad que tiene la vocación para trabajar con el mundo de la empresa, que sabe hacerlo, y quien no sabe hacerlo y se mete, y bueno, pues sale mal, ¿no?... El problema es que la estructura de la universidad hace muy difícil esto. Es decir, cuando una empresa viene y hay que montarle un proyecto, ¿cuál es el problema? Que no tenemos recursos específicos para eso. Al final siempre tiene que ser el profesor el que dedica una parte de su tiempo –que nunca puede ser mucho–, y cada vez que hay un nuevo proyecto hay que montarlo desde cero. Hay que contratar nuevo personal asociado al proyecto, empezar con todo esto... Además, es un personal que cuando termina el proyecto se tiene que ir." (A11, pp. 3-4)

"¿[Relación] con empresas?... Yo creo que, en este momento, la universidad hace lo máximo que puede hacer. O sea, con la estructura que tiene y con la gente que tiene, difícilmente podemos abordar muchas más." (A11, p 5)

"Las empresas tienen que aprender también que hay cosas –hablando por ejemplo con la universidad– que no se pueden pedir para ayer. Pretender que estén, a tanto dinero, y además todo mío. Es que es un poco la cultura a la que estamos acostumbrados. Hay que plantearse proyectos un poquito a más largo plazo, más ambiciosos, con un poco más de riesgo, y en el que espero, estoy sembrando, para cosechar un poco más adelante. Por otro lado, también la universidad, desgraciadamente, tengo que ser bien claro, y no es culpa de ellos, porque son los primeros que se quejan y lo sufren, tienen una normativa muy rígida que están obligados a seguir. Por mor de la transparencia, por mor de hacer las cosas... Tú contratas a una universidad y se organiza un proyecto cooperativo, claro... Y son ellos los primeros que lo sufren. Porque hasta que no tienen, no ya un proyecto aprobado, el dinero ingresado, no pueden, por ejemplo, reclutar nuevo personal. El reclutamiento de nuevo personal, hay que hacer un anuncio, no sé qué, esperar no sé cuántos días, hay que poner lo otro, hay que hacer... Para cuando puedes empezar a hacer una investigación, es que la empresa ya se tira de los pelos." (A3, p 12)

"Habría que darle un giro importante a lo que es la necesidad de cooperar... las pymes con lo que es el ámbito universitario. No es posible que haya una disociación tan importante como la que se está dando entre el tejido empresarial navarro y el tejido universitario." (A13, p 4)

"Para mí, sinceramente, la forma de que esto cambie, y que se entiendan y funcione mejor, debería ser cambiando objetivos principalmente en las universidades. Y además hay modelos ya inventados; en Estados Unidos hay modelos muy avanzados de esto. Que premian de alguna forma, que todas las investigaciones o todos los investigadores puedan tener un tipo de retorno. No hablo solamente de retorno económico, que puede haber otras muchas formas de hacerlo, precisamente de retorno en la aplicabilidad, en encontrar esa aplicabilidad de las investigaciones, y todo el tema de la investigación básica más dirigida, o tener desde luego mucho más orientado hacia dónde van las investigaciones, más cerca

de las necesidades del tejido empresarial y buscando, por supuesto, retornos distintos. No quiero decir empresariales porque no es solamente eso, pero desde luego retornos más claros de los profesores involucrados en investigación, porque, vamos, es absolutamente entendible que si se sigue por parámetros remunerativos absolutamente estancos, pues mueven por otro criterios totalmente distintos a los empresariales." (A8, pp. 10-11)

Aunque los estudios sobre sistemas de I+D se suelen concentrar en la transferencia tecnológica universidad-empresa, conviene no olvidar el papel que juega la cualificación del capital humano -función central de la universidad- en los procesos de innovación.

"Hace 10 años había muy pocas empresas que hacían cálculos por elementos finitos, simulaciones, prototipos virtuales, simulaciones virtuales, bueno, todo eso era un mundo muy desconocido. Con la incorporación de los nuevos profesionales que vienen de la universidad ya con conocimiento de herramientas, que en las empresas que había aquí en Navarra y en cualquier otro sitio eso era un tanto desconocido, eso está haciendo que se facilite con esas herramientas el acceso a una nueva visión de la realidad. Eso, unido a que hay muchísimos clientes, estos clientes nuestros, que están demandando esas herramientas o esos conocimientos... ¿Qué está haciendo que esto cambie? Primero, la demanda de los propios clientes que imponen ("esto, y si no, no te lo voy a admitir") y, segundo, el empuje que están teniendo las nuevas generaciones con los nuevos conocimientos." (A5, pp. 17-18)

Un primer problema en las relaciones universidad-empresa puede ser la falta de coincidencia entre las líneas de investigación de los grupos universitarios y la demanda de las empresas locales.

"Puede haber multitud de pymes, de empresas pequeñas que dicen "Es que, efectivamente, yo me acerco a una universidad, y es imposible que lleguemos a un acuerdo". Pero sencillamente porque no coinciden los intereses. Lo que yo comentaba antes. No tengo a ningún grupo que esté haciendo esas cosas, y tal, y es que no te lo puedo resolver." (A12, p 17)

"Si yo tengo un grupo muy bueno, pues que está, no sé, en... en cualquier área... Oye, desde luego, que lo sepan todas las empresas navarras que están en ese ámbito, ¿no? ... A este grupo de investigación le ha interesado meterse en esta línea, profundizar más... a esas empresas les ha interesado buscar una fuente de diversificación en este área... Digo. Tiene que confluir esto, porque si no no lo vas a conseguir." (A12, p 20)

Otro obstáculo muy importante es la falta de demanda de las empresas, especialmente por parte de las pymes, relacionada con su falta de capacidades internas de I+D.

"Intrínsecamente es muy difícil que una pyme pueda trabajar con la universidad. Yo creo que eso hay que asumirlo. ¿Y por qué razón? Porque yo creo poco —y cada vez menos, además— en lo que es la "investigación por encargo". Es decir, que te venga una empresa, aunque tenga dinero en el bolsillo, y diga: "Oye, que quiero que me hagáis esto, o que tengo este problema y quiero que me lo resolváis". Para que un proyecto salga bien, al final tiene que haber colaboración entre... tiene que haber interacción de verdad. Eso implica que la pyme tiene que poner gente en ese proyecto, gente que venga aquí, y que vayamos allí y tal. Una pyme, por propia definición, tiene poco personal, igual no tiene departamento de I+D, y entonces, difícilmente tiene gente que pueda dedicar para absorber ese conocimiento." (A11, pp. 5-6)

"En el centro de I+D de Electrónica y Telecomunicaciones, la persona que tenemos, que lleva ahora ya año y medio, es una persona que tiene cincuenta y cinco años, y que esos cincuenta y cinco años ha trabajado en el mundo de la empresa. Todos. Él ha sido responsable de I+D de empresas, y bueno, ha tenido puestos de gestión de muy diverso tipo. Él ahora conoce... la universidad, la conoce mucho mejor, y claro, ahora, en la situación que está, despotrica de las empresas.... Dice: "Pero ¿cómo pueden tener una visión tan corta? Si es que lo que les ofreces... No digo que es gratis, pero..." Él conoce ahora la universidad, y ¿qué es lo que dice? Hombre, pues hay gente con la que se puede contar y gente con la que no. Pero tú no puedes decir: "la universidad no transfiere...". La universidad, hay una parte que sí, y es la que hay que aprovechar. El resto, o no quiere hacerlo porque no pega clavo, o no quiere hacerlo porque ha decidido no hacerlo. Y está en su perfecto derecho. Dice: "Oye, yo hago investigación básica, y punto, a mí no me saques de ahí". Ya está, perfecto, ¿no? Y él lo ve. Entonces, claro, este tipo de afirmaciones maximalistas: "Es que la universidad solamente...". Y además los números no dicen eso. En absoluto." (A11, p 14)

"Hombre, van apareciendo empresas, o ya estaban, pero se van adaptando, y tal... Pero esto tiene que ser mucho más." (A12, p 24)

"Me decían: "la universidad se tiene que acercar a la empresa, y tal...". ¡Cuidado! Si eso supone un retroceso de la universidad en su ambición por el conocimiento, no. Es al revés. Es la empresa la que se tiene que acercar a la universidad. Y luego, ahí ver un poco el engrane, el que tiene que... el papel que tienen que jugar ahí otras iniciativas que han surgido cuando no existía la universidad, o para salvar aproximaciones hacia la empresa, como pueden ser los centros tecnológicos, etc.... que a veces parece que son como competidores de la universidad, cuando podían ser sus mejores aliados, ¿no?" (A14, pp. 22-23)

Ante la "lejanía" entre universidad y empresa, el Gobierno de Navarra, a través de sus planes tecnológicos, ha fomentado la creación y desarrollo de centros tecnológicos encargados de la captación y desarrollo de conocimiento y de su trasferencia a la empresa. A este respecto, es llamativa la falta de cooperación entre la universidad y los centros tecnológicos de reciente creación, agentes que parecen verse mutuamente como rivales. En el siguiente apartado se abordará esta cuestión.

> *"Si estuviéramos hablando de universidades que hacen investigación básica, investigación aplicada, generación incluso de nuevos productos y de nuevos servicios, ese tipo de universidad –y estamos hablando de universidades con muchos recursos y con mucha gente- estaría cubriendo un espacio que aquí ahora mismo estamos cubriendo [los centros tecnológicos]... Como eso no ocurre, pues, evidentemente, los centros [tecnológicos] son una necesidad. Yo diría que, por regla general, las empresas que invierten en I+D no invierten con las universidades porque están muy lejanas. A veces se da el caso, pero es un caso relativamente raro. Luego, en la universidad, en su investigación, es raro que haya investigación aplicada. Con todo y eso, hay grupos, que son grupos que hacen una función muy interesante y muy cercana incluso, pero son más bien acciones individuales yo diría, o sea, depende mucho del catedrático que dirija a ese grupo concreto. Entonces, ahora mismo yo creo que cuantos más centros [tecnológicos] haya, mejor." (A2, p 22)*

Se señala el déficit que presentan las universidades privada y pública en cuanto a internacionalización (obtención de financiación de investigación competitiva de fuentes europeas) y en la posible conveniencia de concentrar esfuerzos para ganar masa crítica y competitividad en determinadas áreas. Desde la universidad, por su parte, se afirma que desde los distintos departamentos del gobierno regional se le hacen demandas contradictorias sobre posibles líneas de trabajo.

> *"Entonces, yo creo que [la UPNA] ahora tendría que empezar con... Pero jugar a cosas, a dos o tres departamentos, concentrar muchas fuerzas y hacerlos conocidos a nivel internacional." (A7, p 22)*

> *"O sea, la internacionalización... Las dos universidades, tanto la privada como la pública, suspenso pero de un uno, ¿eh? O sea: un uno." (A7, p 18)*

> *"¿Qué nos pasa a la universidad? Que vienen todos estos de la Presidencia: "Oye, la universidad debería estar en esto, tal y cual". Vienen los de Transportes: "Oye, que tal". Vienen los de Medicina: "Oye, que tal". Sí, pero poneos de acuerdo sobre dónde queréis que estemos, ¿no?, porque claro, estoy de reuniones de todo tipo hasta el gorro, ¿no? Y yo, mandar gente... Y claro, es que luego, si no vas, "es que los de la universidad pasáis de todo." (A11, p 11)*

6.2 Centros tecnológicos

Los centros tecnológicos son un actor muy importante en el sistema de I+D de Navarra, que tiene una acusada orientación tecnológica. La primera característica a destacar respecto a los centros tecnológicos es su variedad. Hay centros de larga tradición en la región y que cuentan con un gran apoyo empresarial, como la AIN, y otros de más reciente creación, que han sido creados con un mayor impulso público, como CEMITEC o CITEAN. Algunos de estos centros parecen estar todavía en una fase inicial, buscando su nicho de mercado, aunque otros parecen haber alcanzado un grado importante de especialización y éxito. También es de destacar la apuesta de Navarra por albergar centros tecnológicos de ámbito estatal en colaboración con el ministerio correspondiente, como el CNTA (sector de alimentación) y el CENER (en el ámbito de las energías renovables). En general, los centros tecnológicos de la CFN presentan niveles importantes de facturación por proyectos y servicios con empresas (entre el 40% y el 60% de sus ingresos).

En general, los centros tecnológicos tienen poca relación con la universidad. En algunos casos, el problema parece ser que ambos actores realizan I+D en los mismos campos y los papeles no están suficientemente definidos, por lo que surge una competencia. En todo caso, vuelve a ponerse de manifiesto la relativa dificultad (si se compara con los centros tecnológicos) con la que cuentan las universidades para amoldarse a las necesidades de las empresas.

"Con centros tecnológicos, la cooperación directa es más bien escasa (...) Lo que [los centros tecnológicos] hacen es fundamentalmente servicio. Eso todavía los pone un poco lejos de lo que estamos nosotros. No debemos hacer un servicio a la empresa. Yo creo que esto es algo de lo que hay que huir. Ahí sí que estaríamos haciendo competencia desleal a otros... Lo están haciendo muy bien, están cogiendo un hueco importante, están dando un prestigio en Navarra, en el tema de renovables... pero hacen servicio. Entonces, ahí es muy difícil establecer colaboración con las universidades, porque tenemos grupos potentes en renovables, ¿no?" (A11, pp. 3 y 5)

"Yo creo que la colaboración entre la universidad y los centros tecnológicos es mucho menor, mucho menor de lo que debería ser, porque la universidad tiene una cosa que los centros tecnológicos en general no tienen, y es que muchas veces los centros tecnológicos no están en la frontera de la I+D. Fíjate lo que te he dicho antes: la investigación básica, la universidad puede hacer revoluciones... Lo que digo es: la conexión con la universidad beneficiaría mucho a los centros tecnológicos y la conexión con los centros beneficiaría mucho a la universidad. Y cuanto más se pueda hacer en ese sentido, mejor." (A2, p 37)

"Yo no digo que la universidad X tenga la culpa, ni muchísimo menos, ni que el centro tecnológico Y tenga la culpa, seguro que estará repartida y quizás al 50%. No vamos a hablar de porcentajes, pero la realidad es que no colaboramos y que no hacemos cosas, y eso es absolutamente imperdonable... Yo no sé si los medios que en este momento tiene la universidad están un tanto saturados y no tienen como

prioridad el poder colaborar con un centro tecnológico para sacar al mercado diferentes equipos, servicios, productos hacia las empresas. Ésa es una sensación que tengo yo, que no hay una prioridad en ese aspecto… El Gobierno de Navarra, que algún día tendría que venir y darnos, como a los niños, un azote y decirnos: "Señores, ya está bien de ir cada uno por su lado." (A5, pp. 11-13)

"Pero con la universidad, que no tendríamos que ser nunca ninguna competencia ni nunca debiera haber ninguna sombra, porque la Universidad debe llegar hasta un punto y el centro tecnológico tiene que hacer el resto del camino, pues no debiera haber nunca ningún problema. ¿Hay algunas veces algunas interferencias, de que la universidad acude al cliente y puede haber ahí algún tipo de recelo? Pues, puede haber algún tipo de recelo, porque no cabe duda de que los profesionales que están en las empresas hoy en día han recibido una formación en la universidad previamente, y hay profesionales que tienen 20 años de experiencia en la empresa que hace 20 años estaban en la universidad; los centros tecnológicos ni existían. Los vínculos que tienen esos profesionales en muchas ocasiones están en la universidad, entonces están existiendo algunas veces unos puentes entre la universidad y el cliente que hace que el centro tecnológico esté ahí en un punto un poco extraño. ¿Ahí puede haber algún tipo de recelos? Pues puede haberlos. Pero también es cierto que, normalmente, el centro tecnológico es mucho más ágil de cara a la empresa que la universidad y entonces ahí hay una frustración por parte de la empresa con respecto a la universidad: "Les encargo esto y, sí, me lo hacen barato, pero me lo hacen cuando para mí ya es tarde. El centro tecnológico será más caro pero me responde mejor". Entonces, claro, ahí hay una espiral que se retroalimenta de desconfianza de la empresa hacia la universidad, no utilizan al centro tecnológico, están hartos de la universidad y el centro tecnológico no me responde. Luego, cuando se llama al centro tecnológico resulta que es mucho más caro que la Universidad: "Pero, ¡a dónde vais!, ¡qué barbaridad es esto!". En definitiva, el sistema de ciencia-tecnología empresa, que está ahí muy bien puesto en los carteles, no funciona. Así de claro, no funciona." (A5, pp. 13-14)

"Porque en un centro tecnológico si no se va a aplicar en uno o dos años, "oiga usted, eso no le pertenece al centro, eso… váyase para el camino de arriba y a la universidad". Y la universidad tendrá que hacer los proyectos de investigación X que vayan a poder ser aplicados en nuevas tecnologías y lo que fuere. Y ahí, en ese aspecto, el Gobierno de Navarra pienso que cada vez se va a poner más duro, me parece fenomenal, porque hay que utilizar los fondos como hay que utilizarlos." (A5, p 25)

Algunos centros tecnológicos muestran un nivel mayor de cooperación con la universidad, aunque en la actualidad es un fenómeno minoritario. Las relaciones entre centros tecnológicos y universidad pueden ser de distintos tipos. Algunos centros sectoriales colaboran con la universidad en proyectos de I+D (la universidad realiza la parte de investigación básica y el centro la de aplicada). Hay centros que cuentan con profesores universitarios como personal a tiempo parcial. Lo que ha supuesto un lugar común para los centros tecnológicos es el recurso a las universidades para dotarse de personal investigador cualificado, siendo ésta una de las principales causas de las relaciones existentes entre centros y universidades. La creación y desarrollo reciente de centros tecnológicos en Navarra ha supuesto una necesidad grande de personal cualificado en las áreas tecnológicas correspondientes.

"Algunos de los profesionales de aquí son profesores a tiempo parcial, tanto en la Universidad de Navarra como en la Universidad Pública." (A3, p 8)

"Universidades, colaboramos con las de la casa, con la Universidad de Navarra también, con la Rioja, Autónoma de Madrid, Baleares...... Zaragoza, por supuesto. En Zaragoza tenemos un montón de cosas. Lógicamente, [con las] universidades la relación es muy buena por dos razones. Una, porque nos permite a nosotros ceder la parte de investigación fundamental, que a nosotros nos cuesta mucho esfuerzo... Y luego nos viene muy bien, porque claro, lógicamente esas relaciones de confianza con los diversos departamentos [universitarios], al fin y al cabo nosotros también somos una cantidad de gente. Es decir, hay gente que participa en proyectos, que luego termina su tesis, y oye... Te lo traes luego al centro [tecnológico]." (A4, p 5)

"Nosotros hemos vaciado, literalmente, pero vaciado, departamentos de la Universidad de Zaragoza que, ya llamarles y "oye, ¿tienes algún otro doctor?". "No, si te los has llevado todos ya; no tengo más. Déjales que acaben". O sea, vaciar, porque, sobre todo cuando buscas un generalista es más fácil. Pero cuando ya empiezas a buscar, "no, quiero una persona con experiencia en ese sistema concreto". Ya no te voy a decir en una empresa. Oye, que ha trabajado en su tesis en este campo. Y empiezan los problemas. De hecho,...nos hemos ido a Madrid a entrevistar a la gente, y a otros sitios, y es complicado. Es que ya sabéis que en nuestro país la retribución del investigador no es como para comprarse un Rolls-Royce. Entonces, bueno, movilizar a gente... Claro, tienes que jugar con gente de la tierra, porque si no movilizar a alguien de fuera es mucho más complicado. Tienes que ofrecer algo igual muy por encima del mercado. Entonces, es complicado, ¿eh?" (A4, p 19)

Mención aparte merece la colaboración, en el campo biomédico, entre el Centro de Investigación Médica Aplicada (CIMA, que contaba en 2006 con 377 investigadores[20]) y la Universidad de Navarra, una universidad privada con una larga tradición en el área biomédica (donde se incluye también la Clínica Universitaria).

"De tal manera que es verdad que Navarra se ha convertido en un referente biotecnológico en España y en Europa, por el impulso de esta actividad. No sólo el CIMA. El decir, el CIMA está acompañado de una serie de actividades que prestan otras facultades y centros, como puede ser el CIFA (el Centro de Investigaciones de Farmacología Aplicada), la Facultad de Farmacia en su Departamento de Farmacia y Tecnología Farmacéutica, en su Departamento de Química Orgánica y la Unidad de I+D de Medicamentos... Es decir, que todo eso complementa la investigación que hace el CIMA." (A12, p 3)

Si bien en la CFN los centros tecnológicos tienen un carácter sectorial y, por tanto, no compiten abiertamente en las actividades que constituyen el núcleo de su negocio, un aspecto que dificulta en ocasiones la cooperación es la diferencia existente en cuanto al carácter, estructuras jurídicas o propiedad de los propios centros tecnológicos.

> *"En Navarra los centros son bastante complementarios y yo creo que entre ellos se llevan bastante bien, y de hecho, han empezado a hacer proyectos conjuntos... Yo creo que entre todos ellos hay relaciones de confianza ¿Vale?... hay intercambio de buenas prácticas, y que salen naturalmente, sin forzarlas.... Que hay que ponerse de acuerdo para avanzar y para los proyectos... Y bueno, ¿qué dificultades veo? Pues yo veo las dificultades de que son muy distintos, de muy distinto formato. O sea, comparado con otras regiones, éstos son privados, otros son públicos, otros son pequeños, otros son grandes, unos nacen de una asociación de empresa, ... Entonces, muchas veces, a pesar de que tienen buena voluntad, este hecho dificulta hacer cosas en conjunto, ¿no?. El centro X, es público y son funcionarios. Ahí no dejan coger a nadie... O bueno, pues el que es fundación, o por ejemplo, el CT Y suele tener problemas porque está montado de una manera que toda la propiedad intelectual que salga de ahí es de los quince que pusieron dinero, con lo cual, en cuanto tocas el tema de compartir patente, ellos tiene un problema. ¿Vale? Así como en otros sitios se han creado desde arriba y se han creado parecidos, aquí cada uno es muy distinto... Y las dificultades yo creo que están más ligadas a las diferencias entre ellos... Quiero decir, por ejemplo, yo comparo con los del País Vasco porque son las que tengo al lado e igual los que más conozco. Los del País Vasco están muy apoyados por el Gobierno... Y éstos no... Cuando tú apoyas con mucho dinero a los centros, luego también les puedes pedir muchas cosas. Pero cuando tú les financias proyectos de I+D, a unos les apoyas mucho porque son tuyos, a otros no, no sé qué, pues... Luego, cuando quieres que todos hagan algo en conjunto, pues lo harán o no lo harán si les da la gana, porque son privados y harán lo que quieran, ¿no?" (A9, pp. 4-6)*

> *"Con los centros tecnológicos tenemos relación con todos, somos parte de RETECNA. Lo que pasa es que hay veces que, por idiosincrasia y por filosofía, nos resulta más fácil entendernos con los privados que con los públicos." (A3, p 9)*

Con todo, la colaboración entre los propios centros tecnológicos es mayor que la cooperación centro tecnológico-universidad, pero no está exenta de problemas. Algunos centros tecnológicos señalan que colaboran con "centros complementarios" o centros horizontales en áreas en las que no son competencia directa, bien en proyectos de cooperación o de cara a ofrecer un servicio más global a la empresa. Algunas ayudas recientes del Ministerio de Ciencia e Innovación o del propio Gobierno de Navarra parecen estar incidiendo en este sentido. Los instrumentos como Euroinnova (proyectos en cooperación impulsados por el gobierno regional) son valorados positivamente en tanto que "fuerzan" a los agentes de I+D a cooperar entre sí. En este sentido distintos agentes parecen apuntar a una cierta falta de liderazgo por parte del Gobierno de Navarra u organismos como la Agencia Navarra de Innovación para estructurar y coordinar más la oferta tecnológica. Volveremos sobre esta cuestión en el apartado dedicado a políticas públicas.

No obstante, algunos centros tecnológicos señalan los límites y problemas de la cooperación. Se indica que RETECNA (la Red de Centros Tecnológicos impulsada por el gobierno regional) no ha conseguido que los centros cooperen suficientemente entre sí, que puede haber una "oferta excesiva" de centros o que el gobierno regional debería intervenir para ordenar la oferta, habida cuenta de que también existe en las regiones limítrofes una importante red de centros tecnológicos (en algunos casos en las mismas áreas tecnológicas), de que el tamaño reducido de algunos centros dificulta la especialización y competitividad de éstos, y de que se aprecia un importante nivel de competencia entre los centros tecnológicos del ámbito regional, tanto por captar recursos públicos como empresas clientes.

"Últimamente está habiendo una experiencia de colaboración [entre centros tecnológicos] muy bonita en proyectos que financia el Ministerio, y donde buscamos los proyectos... En esos proyectos buscamos que haya una gran complementariedad, o sea, que no hagamos cosas que nos hacen competir sino todo lo contrario: cada uno que desarrolle aquella parte donde es fuerte y donde, digamos, busca su posicionamiento estratégico y además es no coincidente con el otro." (A1, p 6)

"A mí me gustaría, personalmente, que se fuera un poco más... no sé si la palabra es "generoso", en el sentido de decir "si a mí me viene un cliente mío y me plantea algo, le ofrezco un servicio global, con mis medios o con los del vecino". Y yo también pongo un porcentaje del uso de mis medios potentes, caros y..., a disposición de los otros centros tecnológicos... No a disposición de los otros centros tecnológicos, sino a disposición de proyectos por trabajos que puedan venir a través de otros centros tecnológicos, que los pudieran ofertar como si fueran suyos, entre comillas. Ésta es un poco la idea que se está intentando trabajar en RETECNA, pero de momento con poco éxito." (A3, p 13)

"Cuando una región, hay un centro, pues tienes que tratar de cooperar con ese centro, y no hacer políticas en plan de cacharrería, de entro, toco empresas del otro... Porque al final eso causa luego un montón de problemas..." (A4, p 21)

"La relación con centros tecnológicos de automoción, con algunos es muy buena, es muy positiva, y con otros pues no existe... La colaboración con centros tecnológicos competencia nuestra pero que tengan una relativa complementariedad, pues es bastante buena... Entonces, por centrar el aspecto de colaboración con centros tecnológicos competencia, o sea, que se dedican a automoción, es fácil con algunos, porque cubren otras áreas que nosotros no cubrimos, y muy limitada con otros. Los centros que son muy grandes y que cubren prácticamente todas las áreas son de muy difícil colaboración. Es más, hay rechazos, no escritos pero sí manifiestamente contrastados, por parte de centros X, no vamos a citar nombres, con respecto a centros más pequeños como podamos ser nosotros. Un centro grande quiere acaparar todo... Tienen... una estrategia de expansión y de acaparar todos los segmentos, todos los componentes del vehículo y no quieren a nadie al lado... Luego estaría el otro tipo de centros tecnológicos, centros tecnológicos transversales, que se dedican a diferentes disciplinas pero que no son específicos de la automoción,

con esos es más fácil colaborar... Entonces, con centros tecnológicos transversales, bien sea de materiales, bien sea de electrónica, bien sea de nanopartículas, bien sea de polímeros, bien sea de cualquier disciplina, a nosotros nos va bien, o sea, podemos colaborar y la colaboración es más fácil." (A5, pp. 9-11)

"Nosotros en estos momentos tenemos acuerdos con centros complementarios, por ejemplo con un centro de materiales en Valencia, en la cual hacemos las... conjuntas. Tenemos ese acuerdo. ¿Por qué? Porque es un centro de materiales, que eso nosotros no tocamos, y viceversa. Entonces, eso creo que es casi una política comercial "tú tienes una serie de problemas [refiriéndose a la empresa], yo te los voy a resolver." (A4, p 21)

"Vamos a suponer el área de la fotovoltaica ¿de acuerdo? Es un área caliente. Entonces, el centro X, que tiene una tecnología que tiene alguna conexión se lanza a la fotovoltaica; el centro Y, que tiene una tecnología que tiene algunas características también de tal, también se lanza a la fotovoltaica; el centro Z también. Entonces, todos están poniendo esfuerzos en un mismo campo, esfuerzo que ahí seguro que se está produciendo una duplicación, y al mismo tiempo puede haber otros campos los cuales realmente no los está cubriendo nadie. Imagínate, por ejemplo: es que en eólico no hay nadie que haga nada, por ejemplo ¿no?, por decir algo. Y ahí sí que una acción del Gobierno podría ser interesante ¿no? ... Momento en el cual el Gobierno debería decir: "Ya, pero no todo es el mercado, y esas pérdidas que tú vas a tener ahí por no entrar te las voy a cubrir yo a cambio de que te dediques a esto otro que me interesa a mí tener cubierto". Entonces, eso sería, yo tal y como lo veo, sería de interés porque digamos que mejoraría, nos permitiría, permitiría a los centros apostar un poquitín más si quiere a largo plazo ¿no?" (A2, p 31)

"Yo sí que sería muy crítica, y es mejor tener un gran centro tecnológico con los mejores investigadores a los que seamos capaces de llegar, que una proliferación de 16 centros tecnológicos que acaban compitiendo todos por los mismos fondos, donde, nos pongamos como nos pongamos, no puede haber 16 centros tecnológicos punteros porque somos lo que somos y, sobre todo, cuando tenemos centros tecnológicos... los mismos que tenemos aquí, las mismas temáticas, las mismas áreas, los tenemos en el País Vasco, los tenemos en La Rioja, los tenemos en Aragón. Con lo cual, ahí sí que realmente yo haría un esfuerzo de centrar mucho el tiro de dónde se invierte en investigación en Navarra. Y es muchísimo mejor tener dos grandes centros potentes que tener X mediocres, ¿no?" (A8, p 20)

6.3 Relaciones entre centros tecnológicos y empresas

Desde la década de los 80 los poderes públicos regionales han impulsado la creación y desarrollo de estructuras como los centros tecnológicos, dedicadas a la captación y desarrollo de conocimiento susceptible de ser "transferido" a las empresas del entorno, principalmente, pymes. En los últimos años este proceso se ha acelerado notablemente en Navarra. Así las cosas, un eje central de la problemática de los sistemas de innovación es el de las relaciones entre esta "oferta tecnológica", que ha crecido al albur de las políticas públicas, y la demanda de las empresas, que son las que, en última instancia, aplican el conocimiento y llevan a cabo las innovaciones en procesos, productos y servicios en el mercado.

En general, los agentes entrevistados indican que no hay suficiente demanda por parte de las empresas (especialmente pymes) hacia los centros tecnológicos. Muchas pymes no parecen conocer suficientemente la oferta tecnológica y se encuentran lejanas a la misma. Existen distintas barreras a la innovación en estas empresas. Una de las más importantes, apuntada por distintos agentes entrevistados, es la falta de capacidades internas en I+D (recursos humanos y económicos). En este sentido, se apunta que, para muchas pymes, la existencia de alguna persona dedicada gestionar la I+D sería muy importante, ya que permitiría establecer un diálogo entre ésta y la propiedad de la empresa sobre el papel de la I+D, contribuiría a efectuar una planificación tecnológica –ausente en la gran mayoría de las pymes navarras-, así como articular la demanda tecnológica de la empresa (Como señala A9 las pymes "tienen problemas, no demandas tecnológicas") y los recursos internos y externos que se dedicarán a esta actividad. Las entrevistas efectuadas ponen de manifiesto que, hoy en día, la mayoría de las pymes están focalizadas hacia la innovación en procesos, siendo éste un estadio que no permite a los centros tecnológicos desplegar su conocimiento hacia las empresas. Algunos agentes apuntan que son las empresas que dan pasos hacia un producto propio las que se aproximan más a los centros tecnológicos. Bastantes de las personas entrevistadas señalan la necesidad de organizar foros u otras formas de agilizar las relaciones entre oferta y demanda (algunos indican que las asociaciones empresariales sectoriales y territoriales podrían jugar un mayor papel al respecto). Se apunta que, desde el Gobierno de Navarra o desde algún agente de intermediación, debería haber una mayor claridad y liderazgo en el establecimiento de estas relaciones.

> *"Para que un proyecto salga bien, al final tiene que haber interacción de verdad. Eso implica que la pyme tiene que poner gente en ese proyecto, gente que venga aquí, y que vayamos allí y tal. Una pyme, por propia definición, tiene poco personal, igual no tiene departamento de I+D, y entonces, difícilmente tiene gente que pueda dedicar para absorber ese conocimiento." (A11, pp. 5-6)*

> *"La debilidad ahora mismo yo creo que está en que resulta difícil el que una empresa diga: "Bueno, yo necesito esto. ¿Con quién colaboro? Resulta difícil el que demos a conocer, por mucho que lo intentemos, lo que sabemos hacer." (A1, p 12)*

> *"Somos conscientes de que centros tecnológicos, universidades, tenemos la capacidad por el conocimiento de la tecnología de llevar a cabo estos estudios [de vigilancia tecnológica], y no se está explotando." (A1, p 15)*

"Entonces, pues hombre, la pyme tiene que mirar muy bien su economía, su disponibilidad a corto, sobre todo eso, su disponibilidad a corto, y también su disponibilidad a largo, cómo está la situación, cómo es la previsión, sencillamente porque tienes menos colchón y menos reservas que lo que puede tener una gran compañía que se puede permitir muchos fracasos. Una pyme a veces no se puede permitir fracasos, ¿no? Pero, oye, pymes excelentísimas en I+D tenemos a montones en Navarra... Y precisamente también ahí está un poco la función del centro, minimizar ese riesgo en la inversión. Es decir, nosotros.... al principio a ver si puede funcionar o no. Si ves que desde el instante casi, casi cero no va a funcionar, no continúas." (A2, p 29)

"Si tú estás resolviendo tres cosas a la vez, y dentro de estas tres cosas no está la innovación, no hagas innovación. La innovación está en sexta, la séptima o la octava. O promocionamos entre todos la innovación para que suba a aquí arriba o la gente no hará innovación. Y no la ve como una necesidad ni una prioridad. Luego primero es cultura, personas, organización. Una vez que se cambie el chip, tienes interlocutores dentro de la empresa que entienden que la importancia que es esto, se hará innovación. En segundo lugar, una vez visto esto, tenemos una ventaja y un inconveniente. La innovación está muy apoyada desde las administraciones, de tal manera que todo el mundo se ha acostumbrado a que si no hay apoyos no hay innovación." (A3, pp. 14-15)

"¿Temas [que demandan las empresas]? Indudablemente, en unas empresas predominan aquellos temas que son muy cercanos al mercado. O sea... O que la Administración se lo exige. O que son muy de seguridad alimentaria, con lo cual se están jugando un susto. O temas medioambientales. Pero realmente hay otro grupo de empresas que están viendo más a cinco años vista, o sea, que están trabajando con tecnologías que saben que mañana no se van a poder... en el mercado. Pero bueno, dicen, "pero dentro de cinco años, cuando esto avance, yo la tengo lista, y mi competencia no". O sea... es muy variopinto, ¿eh?" (A4, p 7)

"El mayor problema que puedas encontrar es que, quizá, salvo honrosas excepciones, que tienen su departamento de I+D montado y sus prioridades muy claras, muchas de las pymes..., al final es el interlocutor es la... comercial. Y además es el dueño y el gerente. O sea, es todo a la vez, ¿no? Con lo cual, realmente en el momento que la empresa tiene un problema, o sencillamente tiene picos de producción, o tiene problemas de no sé qué, esto pasa a un segundo plano. Entonces tienes que tirar tú de la empresa." (A4, p 8)

"El centro trabaja con quinientas y pico empresas. Pero en I+D nosotros trabajamos con veinte, veinticinco al año." (A4, p 9)

"Muchas empresas navarras no saben las capacidades que hay en Navarra, en los diferentes centros y en la universidad misma, y muchas veces los centros, y la propia universidad, no sabemos la... estamos hablando con clientes de Alemania, por decir algo, y no sabemos a lo mejor que hay una empresa que tendría una

demanda similar… E igual no entran ellos [las empresas] tampoco en esas redes de demanda… Y a lo mejor sería bueno organizar, cada equis tiempo –y esto es una idea que se ocurre sobre la marcha, igual es una locura–, pero esa especie de foros que organizan los franceses de vez en cuando, de que todas las empresa… de demanda…" (A4, p 17)

"Entonces, las relaciones nuestras normalmente son de colaboración con ellos en proyectos de I+D, bien sea en cálculo, simulación, ensayos, lo que fuere, enfocados hacia productos que ellos van a lanzar al mercado al cabo de uno o dos años, o lo que fuera. Ése es el principal tipo de colaboración que tenemos con las empresas para ayudar a sus departamentos de I+D a acelerar sus proyectos y a que, a su vez, sean más económicos, porque el hecho de subcontratar a un centro tecnológico a ellos les resulta ventajoso… ¿Qué dificultades estamos encontrando? Bueno, hoy está claro: la económica. Las empresas están, lamentablemente, en un porcentaje muy alto haciendo total restricción a los fondos que destinan a I+D, lo cual es un error gravísimo, pero también cuando hablas con las empresas te dicen: "Mira, para mí mi prioridad es salvar mi empresa hoy porque, si hoy no se salva, mañana no voy a poder hacer ni I+D ni nada…. No existe cultura todavía de colaboración con centros tecnológicos. Como no existe cultura, en general, se consideran los medios caros… No hay cultura de colaboración con empresas hacia producto. Hemos dicho que en la mayoría de las empresas son procesos, pero tienen que ir evolucionando hacia producto porque España ya no es un centro de coste sino que debe ser un centro de desarrollo, y si no añades valor estás acabado, entonces esa cultura tiene que ir cambiando. Ése es el principal problema que estamos teniendo en las empresas, que no hay cultura de innovación, no hay todavía suficiente, y eso que el Gobierno de Navarra dispone de fondos y quiere que las empresas hagan innovación; no tanto en procesos, que se hace y mucho, sino sobre todo en producto para poder sacar más productos al mercado." (A5, pp. 15-16)

"Nosotros todavía estamos en fase de explicar… [a las empresas] lo que es el centro tecnológico, cómo les podemos ayudar, qué beneficios van a obtener y qué futuro les puede esperar con estas relaciones y qué alineamiento debe existir entre sus ideas y su estrategia, su estrategia de I+D –que en muchísimas empresas no existe- con el alineamiento de nuestras estrategias de I+D… En Navarra… sigue siendo insuficiente porque a los hechos me remito de cómo está sufriendo el tejido industrial navarro. Esa política, esa visión de las empresas está cambiando, pero las dificultades que nos estamos encontrando es que no han estado receptivos por desconocimiento, por decir: "si es que a mí me ha ido siempre bien esto, yo he trabajado, yo he hecho esto y me ha salido bien". Pero, claro, eso sirve cuando sirve y hasta cuando dura,… y ahora, en este momento de vacas flacas, lo están padeciendo. Ahora hay algunos que quieren correr mucho, y estas cosas no se hacen en un día, ¿no?" (A5, p 16)

"Los procesos de innovación en las que tienen una estructura de I+D en su propia empresa están bien estructurados, hay una estrategia de I+D definida, tienen un horizonte y están bien organizados. En las empresas que no tienen personas, ni una

única persona de I+D, eso es un desastre porque se..., bueno, vamos a ver, se actúa por impulsos y por intuición, y hoy día la intuición cuenta, y mucho, pero tiene muchas posibilidades de fracasar, ¿no? Entonces, nosotros insistimos mucho en que, aunque la empresa sea pequeña, una persona no va a hacer que la estructura de la empresa se descalabre, pero una persona puede gestionar muchas cosas de I+D porque hay muchas herramientas para poder subcontratar, llámense centros tecnológicos, llámense ingenierías, llámense "x", apoyos de muchos tipos como para que una única persona pueda llevar la I+D de empresas no tan pequeñas ya. Empresas de 100, 150 ó 200 operarios, con una única persona sabiendo lo que es la I+D y sabiendo gestionar, y sabiendo dónde están sus puntos de apoyo, puede hacer una labor tremenda. Con una única persona las cosas funcionan ya bastante bien si esa persona tiene criterio y habla con la propiedad, o con el Comité de Dirección, o con el consejo de Administración o la figura que tengan en esa empresa, y definen la estrategia. "¿Hacia dónde quiere ir esta empresa? Pues, nuestra empresa quiere ir hacia aquí, hacia allá... Vale. Pues, sabiendo esa estrategia, la I+D tiene que ir enfocada ahí." (A5, pp. 20-21)

"Una única persona puede definir la estrategia de I+D alineada con la estrategia de la empresa, puede dedicarse a captar los soportes o los apoyos necesarios para desarrollar esa I+D. Imaginemos que esa persona decide que hay tres proyectos de nuevos productos que tienen que lanzar en esa empresa, él solo no va a poder gestionar todo lo que supone, porque ni va a tener una estructura de cálculo, primero, ni una vigilancia a ver si esa idea es buena o no es buena, ni de un cálculo estructural y una simulación, ni una simulación, ni una optimización, ni unos medios técnicos físicos para hacer unos ensayos, ni poder organizar y correlacionar esos resultados... No, eso no va a poder hacerlo, pero sí que puede organizarlo. Entonces, lo fundamental de esa persona es que piense junto con la Dirección de la empresa hacia dónde quieren ir... Y por supuesto conocer bien qué tipo de convocatorias existen, qué ayudas existen. Porque ese sueldo de esa persona se va a amortizar muchas veces si hace las cosas medianamente bien, porque además ahí le va el futuro de la empresa." (A5, pp. 21-22)

"Hay un número de empresas, que no sé decir ni sé el porcentaje, en Navarra que son muy innovadoras y que están en todo, pero es que hay un porcentaje altísimo que siguen siendo muy tradicionales, sectores muy tradicionales y muy lejos de todas estas cosas. Bueno, nos hemos encontrado nosotros juntando a la gente en mesas que descubrían los centros tecnológicos." (A8, p 21)

"Punto fuertes es que hay muchos investigadores, hay buenos centros, bien dotados, y hay una serie de campos en los que podemos ser muy buenos. Y una administración cercana dispuesta a apoyar eso, que lo lleva apoyando, y con planes para apoyar eso. ¿Puntos débiles? Que la transmisión de eso a las empresas navarras no es muy buena. No porque los centros [tecnológicos] no transfieran, sino... que también... O sea, ahí hay por los dos lados, ¿no?, pero cuando tú miras las cifras de los centros [tecnológicos] y de las universidades y ves lo que transfieren, la cantidad, el porcentaje de esos ingresos, que son, que vienen de

empresas, no está mal. Sin embargo, cuando ves que las empresas navarras... no te sale... Lo que te dicen es que están vendiendo mucho fuera. Entonces, en las empresas navarras yo creo que en algunas falta cultura de ir hacia esa... Les hace falta acercamiento y foros de encuentro. Cuando se encuentran, como en Euroinnova, funcionan. Por lo tanto hacen falta foros de encuentro pero en torno a cosas concretas. No rollos patateros de que hay que innovar y no sé qué, porque eso ya están hartos de oírlo y te van a decir todos que sí. Pues las debilidades yo creo que están sobre todo en la transferencia a empresas y en la valorización de ese I+D. O sea, de toda esa investigación que hay, darle un valor comercial. Es un poco lo que está pendiente. Y por supuesto... Creación de empresas de las que salen de... [base] tecnológica, que también es una asignatura pendiente." (A9, p 13)

"[Respecto a las pymes] no estaría mal que tuvieran información de hacia dónde van las cosas y qué menú de cosas hay que ellos podrían hacer. ¿Vale?... Un poco lo que llamamos "vigilancia estratégica": qué están haciendo los competidores, hacia dónde parece que se mueve el mercado... ese tipo de información las pymes no la tienen... Información de nuevos mercados a los que poder ir... Luego, recoger todas las innovaciones que hay en todas las empresas, que se le ocurre a la gente que trabaja en las empresas. Es decir, estar organizadas internamente, ayudarles a que se organicen internamente, para que esas ideas no se pierdan. Y en el momento en que tengan alguna que no sepan cómo poner en marcha, que puedan saber cómo hacerlo. Y con eso no digo crear una agencia que se lo diga y no sé qué, sino que hay miles de consultoras capaces de hacer eso." (A9, pp. 14-15)

"En los análisis individualizados, o cuando tenemos ocasión de estar con empresas por algún otro programa nos damos cuenta de que hay muchas empresas que no acuden para nada a los centros tecnológicos, que están perdiendo esa oportunidad." (A10, p 9)

"Cuando analizamos los presupuestos que las empresas... a qué dedican las empresas sus presupuestos de I+D, y dentro de ese gasto miramos cuánto invierten en contratar con universidades, o con centros tecnológicos, nos sale muy poquito. Público, no público, es un follón... Empresa y centros de conocimiento, por decirlo de alguna manera." (A14, p 2)

"Es más. Si tú a uno le animas [a una empresa a que se relacione con un centro tecnológico]... "Oye, ¿por qué no...?". "No, es que lo mío es distinto". ¿Entiendes? "No, lo mío es distinto, y...". "No, porque no saben ayudarme...". "No, es que, qué van a decirme, qué... Yo... Es experiencia, ¿eh?" Y la experiencia es una ciencia de ignorantes, ¿no? Pero tantas veces esas contestaciones... "Pero ¿qué me van a decir?" "No, es que son lentos, es que son...". "Es que les cuesta...". "¡Bah!, para cuando se enteran de que...". "Es que, además, lo mío es distinto". "Éstos saben de esto, pero nosotros tenemos que hacer otra cosa, no sé cómo..." "Y, además... No, no, no... Porque luego, además, éste no, porque trabaja con mi competidor también, y entonces, no, y tal...". Todo son excusas, excusas, excusas, excusas... Cuando no –sospecho yo, incluso– celos. Claro, si el señor de I+D de la empresa *sospecha que su jefe sospecha que sabe más otro de fuera de esto, dice: "¡A ver si me van a quitar...!" (A14, p 6)*

"Hay pymes de tamaño un poco mayor o que por circunstancias de mercado dicen: "Oye, no, yo quiero tener un producto propio, quiero tener una componente de servicio o una componente de producto que no me genere una dependencia excesiva de un único cliente, por ejemplo. Tengo que diversificar clientes, y para ello tengo que tener un producto propio, o tal..." (A1, p 10)

"Las empresas navarras, mayoritariamente, y por desgracia a día de hoy, saben mucho de procesos, hacen las cosas muy bien, tienen todavía mucho que mejorar, pero donde más tienen que alcanzar es en producto. Las decisiones de los productos están sobre todo en las grandes empresas, no están en Navarra." (A5, p 4)

"Esto lo hemos visto por el mapa de demanda tecnológica de agro. ¿Vale? Allí hemos entrevistado a toda la oferta. Y ésa la tenemos muy bien recogida, y a la demanda, a las empresas. Cuando tú vas a las empresas a preguntarles qué demandas tecnológicas quieres, y primero no saben de qué les hablas, porque muchas de ellas saben de problemas, no de demandas tecnológicas. Entonces, también hay que traducir de "problema" a "posible solución." (A9, p 9)

"Las debilidades, según piensan los empresarios, porque se lo hemos preguntado..., pues siempre te dicen que creen que la debilidad es que no hay I+D+I, y que no hay transferencia, y que no hay transferencia porque ellos no conocen lo que está, y porque lo que hay y la gente que lo hace, no se asimila a sus ritmos. ¿Vale?" (A9, p 12)

Según apuntan distintos agentes, la formulación, por parte de la empresa, de proyectos de I+D susceptibles de ser financiados en convocatorias públicas es un instrumento que ayuda a las empresas a formalizar y planificar sus actividades internas de I+D. La consultoría entrevistada destaca por su labor en este sentido. Desde esta consultoría se señala que, en el caso de las pymes, la clave es hacer que el gerente o responsables levanten la vista a 1-2 años y planifiquen la I+D, siempre alineada con la estrategia de la empresa.

"Entonces, nosotros cogemos lo que él está haciendo: una idea... le ponemos objetivos, cronograma, presupuesto... O sea, coger la idea, que siempre es irregular, y luego mirar si entra en un sitio o en otro, presentarlo y llevarlo hasta el final... Entonces, pasar la idea a proyecto, y entonces presentar. Luego... Mira, tú olvídate, lo vamos a presentar... Estamos hablando luego, que, de alguna empresa, que consigues, pues una decena de millones. Bruselas es siempre el fondo... Una decena de millones... Echaron un CDTI, igual también cinco millones de euros, una desgravación de diez... Estás hablando de veinte o treinta millones de euros, ¿eh? Cuidado. Que él tiene derecho." (A7, p 10-11)

"El proceso de innovación en las pymes, lo más importante es, esto... si tienen una planificación. O sea, muchas son muy innovadoras, pero están haciendo... "Mira,

esto yo lo hago en tres meses y ya está". Eso es... Cuando esa empresa la coges y le pones proyectos a un año... Tú, tu estrategia, por una parte... Por eso trabajamos un poco en planes estratégicos, de entrar en tema. Luego, planificación. Qué cosas se pueden hacer en función del tiempo. Y si ese tiempo... Tampoco a una pyme le puedes pedir cinco años. Pero si ese tiempo es un año, o año y medio, gana mucho el proyecto. Mucho. Y en vez de hacer un proyecto, haces un racimo... Y luego, otra de las cosas, es que ya identificas los proyectos, y dices: "bueno, éste lo voy a hacer rápido, pero si hago éste, la empresa da un salto terrible". Y luego, al valorar, pues ya tienes una visión. Pasa en todas las pymes. Mira, vas, y todo el mundo piensa... Yo todavía he visto... como he estado en las empresas siempre con millones de pesetas... Mira: diez, veinte, treinta millones de pesetas... Cuando le dices "Mire... A mí me sale el proyecto más de 100 millones"... Y dices, mira: "Tú hoy de gasto puedes tener... 50% (al 0%), y 20% de subvenciones. Simplificando mucho. Y desgravas el 30% de la cuota [...] del Impuesto de Sociedades. Entonces, comienzan a contratar gente, comienzan... Y despegan." (A7, p 14)

"A mí por ejemplo me gusta el modelo europeo: el modelo Craft. El modelo de "bueno, yo financio a las pymes para que puedan contratar a centros de investigación... Ese modelo... de colaboración entre pymes, también... Yo creo que son buenos modelos, porque al final, está claro, sobre todo las pymes, por sí solas no pueden hacer I+D. O sea, pueden hacer mejoras un poquito incrementales... Pero al final, para hacer I+D de verdad, necesitan... de alguien –centros, universidades, consejos, lo que sea–, pero claro, cuando una pyme, de repente dice "quiero hacer esto", si quiere hacer verdaderamente cosas ambiciosas, al final se tienen unos presupuestos altos. Y las pymes se asustan (y más ahora). Entonces, bueno, todas esas políticas de "mira, tú vas a poner mucho trabajo, pero sobre todo, desde el punto de vista del flujo financiero, no vas a tener que vaciar tu caja". Porque bueno, tú trabajas, esto te lo paga un tercero, y al final te quedas con los resultados, pues oye, yo creo que eso hace que muchos esas reticencias se las quiten." (A4, p 14)

"En el momento en que, ya te digo, en un proyecto hay implicación, la transferencia es inmediata." (A3, p 12)

"En esos programas [Cenit, Euroinnova] las empresas subcontratan a los centros de I+D la tarea de investigación, y desde luego no hay mejor manera de hacer transferencia de tecnología que haciendo proyectos encargados por las empresas en un entorno de financiación." (A6, pp. 9-10)

Un aspecto clave en las relaciones entre empresa y agente tecnológico es la confianza. Una barrera a superar a este respecto es el miedo a que el conocimiento de una empresa acabe en manos de otras empresas del sector o competidoras que se relacionan con el mismo centro tecnológico. Los agentes entrevistados señalan la importancia de la confianza en las relaciones entre empresa y centro tecnológico, y la dificultad de llegar a establecerla. También indican que, una vez que se consigue dicha confianza (por ejemplo a través de un primer proyecto exitoso), las relaciones se refuerzan y continúan, y las empresas comienzan a sofisticar o elevar el nivel de su demanda tecnológica. En última instancia, para una cooperación fructífera entre una empresa y un agente externo de I+D, es imprescindible el establecimiento de relaciones de confianza, puesto que la empresa debe desvelar parte de sus competencias centrales o estratégicas. Se trata, en palabras de un centro tecnológico, de "ver las líneas de desarrollo, las líneas estratégicas del cliente y ver si pueden confluir con nuestro conocimiento" (A5, p 2). No es de extrañar, por tanto, el recelo de las empresas ante la posibilidad de que parte de su conocimiento estratégico acabe en manos de la competencia o de otras empresas del sector a través de sus relaciones con un mismo centro tecnológico.

> *"Dicen "no, es que si trabajo con alguien de muy lejos es más difícil que me copien". Porque claro, las empresas, muchas veces, en los centros de investigación —me da igual públicos privados— tienen una cierta reticencia a decir "bueno, pero si yo hago algo contigo y tú lo sabes, ¿quién me dice a mí que no se lo has contado al vecino?" Dices "hombre, la confianza es absoluta". "Ya, pero te estoy dando un conocimiento que puedes aprovechar con el vecino"... Y eso, sinceramente, no sé cómo se puede romper esa mentalidad." (A6, p 18)*

> *"Yo creo que la principal dificultad [con las pymes] es el tener una primera experiencia y que además resulte exitosa." (A1, p 9)*

> *"Nosotros, por ejemplo, sabemos de electrónica, podemos desarrollar un proyecto para una empresa de Vending, lo que no hacemos es desarrollar el mismo proyecto para otra empresa de Vending... procuramos aplicar esos conocimientos de forma multisectorial y que no coincidan proyectos similares en empresas del mismo sector." (A1, p 11)*

> *"Comprar I+D no es algo tan específico, entonces es complicado, y al final siempre llega una relación entre personas, dar confianza, demostrar que se tienen unos conocimientos." (CT 1, p 13)*

> *"La gente que trabaja con nosotros en general continúan y continúan." (A2, p 26)*

Los niveles de relación con la empresa varían entre los distintos centros tecnológicos. En base a las entrevistas realizadas, puede afirmarse que el centro tecnológico más "arraigado" en el territorio, que a su vez es el mejor relacionado con las asociaciones empresariales, ayuda en primer lugar a sus empresas socias y clientes a definir su estrategia y les asesora en temas económico-financieros, jurídicos (incluyendo por ej. convenios colectivos) y de formación. La persona entrevistada afirma que, a partir de este asesoramiento, se consiguen unas relaciones "excelentes" (basadas en la confianza) con las empresas, lo que sin duda favorece una posible ulterior colaboración en I+D. La visión integral de la innovación que tiene este centro, que incluye aspectos de organización y comunicación, además de los propiamente tecnológicos, parece muy interesante para las pymes.

Algunos otros agentes entrevistados han apuntado también la importancia de atender a las dimensiones organizativas de la innovación, como son las relaciones entre las áreas o departamentos de la empresa, el capital humano (cualificación de los empleados) y los sistemas de organización ("es necesario que la empresa se organice internamente para que las ideas no se pierdan" A9, p 15). En el apartado siguiente se harán algunas otras referencias a la cuestión de la innovación organizativa, así como al papel del los trabajadores en la innovación.

"Tenemos los compañeros del departamento de Estrategia: ayudan a las empresas a definir su estrategia. … que, si antes tenías una columna que era "clientes", "mercados", "medios productivos", etc., etc., aquí hay una cuarta columna que es la pata de la innovación. Con lo cual, acudas desde la estrategia, acudas desde el I+D, que es un poco mi punto tradicional, como acudas desde el punto de recursos humanos, de repente te das cuenta de que es que converges. Y hay que ofrecer a las empresas un servicio formado por un equipo multidisciplinar… Estamos introduciendo, y de hecho hemos desarrollado un modelo de gestión integral de la innovación." (A3, p 5)

"Hay partes de los programas formativos, o de acciones de otro tipo, que [la asociación empresarial X] confían en nosotros para desarrollarla." (A3, p 10)

"Puesto que el tejido navarro, fundamentalmente, está formado por pymes, nuestra relación no es que sea buena, es que excelente. Te puedo decir yo, vamos, la cantidad de empresas, normalmente de pequeño tamaño, o de mediano tamaño, que confían, pero vamos, no mueven un lápiz en la mesa sin consultar, pues al jefe del departamento de Economía en un tema económico-financiero, en asesoría jurídica…, convenios colectivos… Asesoría de todo tipo." (A3, p 14)

"Diría que si en las empresas no se innova más probablemente sea porque hay también departamentos estancos." (A8, p 16)

"Hace 10 años había muy pocas empresas que hacían cálculos por elementos finitos, simulaciones, prototipos virtuales, simulaciones virtuales, bueno, todo eso era un mundo muy desconocido. Con la incorporación de los nuevos profesionales que vienen de la Universidad ya con conocimiento de herramientas, que en las empresas que había aquí en Navarra y en cualquier otro sitio eso era un tanto desconocido, eso está haciendo que se facilite con esas herramientas el acceso a una nueva visión de la realidad. Eso, unido a que hay muchísimos clientes, estos clientes nuestros, que están demandando esas herramientas o esos conocimientos… ¿Qué está haciendo que esto cambie? Primero, la demanda de los propios clientes que imponen ("esto, y si no, no te lo voy a admitir") y, segundo, el empuje que están teniendo las nuevas generaciones con los nuevos conocimientos." (A5, pp. 17-18)

"[Respecto a las pymes] no estaría mal que tuvieran información de hacia dónde van las cosas y qué menú de cosas hay que ellos podrían hacer. ¿Vale?... Un poco lo que llamamos "vigilancia estratégica": qué están haciendo los competidores, hacia dónde parece que se mueve el mercado… ese tipo de información las pymes no la tienen… Información de nuevos mercados a los que poder ir… Luego, recoger todas las innovaciones que hay en todas las empresas, que se le ocurre a la gente que

trabaja en las empresas. Es decir, estar organizadas internamente, ayudarles a que se organicen internamente, para que esas ideas no se pierdan. Y en el momento en que tengan alguna que no sepan cómo poner en marcha, que puedan saber cómo hacerlo. Y con eso no digo crear una agencia que se lo diga y no sé qué, sino que hay miles de consultoras capaces de hacer eso." (A9, pp. 14-15)

6.4 Políticas públicas y entorno

En general los agentes entrevistados valoran muy positivamente la política de I+D del Gobierno de Navarra. Se considera que, con el Plan Tecnológico, se ha realizado una apuesta seria y continuada en el tiempo, y que se dedica un nivel alto de recursos al apoyo de los proyectos de I+D de las empresas. Junto con los proyectos de I+D y la financiación que se les dedica ("si hay proyecto, hay financiación" A5, p 27), un instrumento muy bien valorado es el programa Euroinnova de cooperación entre empresas y agentes de I+D en un conjunto de áreas seleccionadas, y se pide su continuidad en el tiempo. En general, bastantes agentes coinciden en señalar la necesidad de un mayor énfasis en los proyectos de cooperación como instrumento para la colaboración entre centros tecnológicos y empresas. En las entrevistas realizadas se pone de manifiesto, no obstante, la existencia de cierta desconfianza entre los actores del sistema de innovación, al tiempo que se evidencia la falta de una cultura de cooperación en el tejido empresarial. Las ayudas que promueven la realización de proyectos en cooperación favorecen, a juicio de los entrevistados, la generación y consolidación de esta cultura. Dentro de este caldo de cultivo, otros instrumentos de facilitación de la cooperación, como pueden ser los clústeres, todavía no han dado sus frutos, probablemente, porque cuentan todavía con pocos años de andadura y porque en algunos casos, como puede ser el de la automoción, no existe un compromiso claro de las empresas tractoras a nivel regional.

"Ahí los instrumentos [proyectos de cooperación] están. Yo pienso que es más el criterio y el control los que hay que perfeccionar, y en los parámetros potenciar sobre todo el colaboracionismo... Estás hablando con una empresa y dices: "Oye, ¿esto podría converger con la tecnología que tiene la otra empresa?" "Sí, bueno, pero yo con ese no...". Ese tipo de prejuicios hay que quitarlos. Entonces, esto se quita así, con dinero... Los instrumentos están, desde mi punto de vista están. Yo lo veo más en que se sea más riguroso y que se vaya a esos casos de éxito, aunque sean menos. No es cuestión de repartir." (A5, pp. 34-35)

"En cooperación se ha dado un paso muy importante con Euroinnova, ¿eh? Antes te comentaba que también es un punto antes y un punto después. Porque de repente nos hemos encontrado con que somos capaces de sentarnos a una mesa. Exponer, por un lado, qué tecnologías estoy desarrollando. Por otro lado, qué tecnologías necesito, imbricarlo, sacar proyectos y ponerse a hacerlos." (A3, p 21)

"En estos momentos, pues no os podría decir de memoria, pero podemos tener proyectos en cooperación –en estos, vivos, ¿eh?–, con el orden de quince centros tecnológicos, cuatro o cinco universidades, un par de centros del Consejo... A nivel nacional. Yo desde luego creo que es muy positivo. Y ya te digo, la filosofía es, en

general, la que mantenemos siempre, es: "Si se puede cooperar con alguien, hagámoslo". Porque los proyectos van más rápido, las dos partes aprenden, y además se establecen relaciones de confianza que luego vienen muy bien para seguir trabajando." (A4, p 5)

"Falta la cultura del asociacionismo empresarial sin límites, de forma que podamos ir diez empresas a un proyecto, que estemos en Navarra, que podamos ser competencia y que estemos trabajando, pues, yo qué sé, en el desarrollo de un componente que tiene "x" subcomponentes (yo hago este, tú el otro y lo demás allá). En eso aquí hay muchísimos recelos y muchísima desconfianza. Sí que es cierto, y esto es un paréntesis, que en los proyectos Euroinnova, que afecta a otros sectores como pueden ser las biotecnologías, ahí ha alcanzado muchísimo éxito porque han compartido experiencias los bios, alimentación, los nanos..., bueno, ahí han tenido su éxito." (A5, p 28)

"El Programa Euroinnova, por ejemplo, que es un programa de colaboración empresas-centros tecnológicos-universidades, que es una especie de espejo de lo que son los programas Cenit a nivel nacional, dentro del nivel regional, y yo, desde luego, desde la perspectiva de centro tecnológico me parece el mejor elemento que se pueda articular para engrasar la relación empresas- centros de I+D. Es decir, sobre todo en esta dinámica de "qué se puede hacer para mejorar", pues, se inventan muchas historias y se han inventado muchos procedimientos, y mi conclusión es que al final la mejor manera de hacer esto es haciendo proyectos, y para que esto sea hay que estimularlos. Entonces, a nivel nacional, desde luego, los programas Cenit es un ejemplo, yo creo, de hacer bien las cosas... En Cenit son 40 millones de euros los proyectos, que aglutinan a muchas empresas y a muchos centros de I+D... En esos programas las empresas subcontratan a los centros de I+D la tarea de investigación, y desde luego no hay mejor manera de hacer transferencia de tecnología que haciendo proyectos encargados por las empresas en un entorno de financiación." (A6, pp. 9-10)

"En la cooperación en I+D hay una primera dificultad, que existe en todas las cooperaciones, que es, entre competidores, de pasarse información. Es decir, es más fácil hacerles cooperar en proyectos de muy largo plazo que de medio plazo. Que ahí ya están con su sitio en el mercado. ¿Vale? Entonces, la I+D de largo plazo suele ser más fácil. Pero por otro lado también nosotros hemos visto que cuando tú pones dinero y pones gente en Euroinnova, por ejemplo. Euroinnova era "bio, nano y renovables" y entonces lo que hicimos fue poner juntos a centros tecnológicos, universidades y empresas que ya habían hecho un cierto I+D. Y decirles: "Señores, pongan todas sus ideas y todos sus proyectos, que se los vamos a cofinanciar. Pero solo vamos a cofinanciar los que obligatoriamente sean empresa, centro tecnológico y universidad. Si no, no. Entonces, salen proyectos. Salen setenta ideas, no sé qué... Y al final quince proyectos. Salen proyectos y la gente está contenta." (A9, p 9)

"Estas empresas [las pymes] no suelen disponer de un presupuesto para investigación. Entonces, dices "Ya, ya, tú no tienes, pero es que yo tampoco. Entonces, tenemos que ver entre los dos cómo lo conseguimos y tal". Sí que es verdad que a veces, hasta que no ha habido una iniciativa que nos ha obligado a sentarnos en el mismo foro... Pues tú puedes decir "He estado perdiendo verdaderas oportunidades de investigación, porque ni las empresas venían, ni yo me acercaba a ellas, y tal. Y sin embargo, mira qué proyecto más interesante ha salido de aquí. El Gobierno de Navarra ha hecho iniciativas en este sentido muy interesantes: Euroinnova." (A12, p 17)

"Se trataba de ver un poco cuáles eran los impactos en un sistema regional de las medidas políticas... Entonces, llegamos a una conclusión. O reafirmamos una conclusión. Y era que las ayudas producen aceleración en el gasto de I+D empresarial, pero no producen cooperación... Entonces, tenemos que hacer más visible, de alguna manera, en el marco de ayudas, la necesidad de la cooperación. Estamos revisando el marco de ayudas para dar más intensidades a cooperación, a proyectos en cooperación." (A14, p 8-9)

"Desgraciadamente, aunque parezca mentira, hay empresas que innovan bastante y cooperan muy poco. Hombre, no se da la que coopera mucho e innova poco. Entonces, de alguna manera, yo creo que la asignatura pendiente que tenemos primero es la de la cooperación. [Somos]... individualistas, y hay temas que no se puedan resolver de una manera sola. Te tienes que aliar verticalmente, la cadena del servicio, sí... en tipo de proyecto. Pero incluso, a veces, horizontalmente con tu competidor." (A3, p 19)

"El Clúster de Automoción es de reciente creación, tiene un año, y aquí yo veo un problema vinculado a la cultura de las empresas. A un clúster empresarial yo le veo sentido desde el momento en que sea un clúster enfocado hacia una I+D conjunta, proyectos conjuntos, y eso, por lo menos en automoción, en Navarra hoy por hoy no existe... Y hablando del Clúster de Automoción que es el que me compete, es muy nuevo, todavía la cultura de I+D no existe, y si no existe una cultura de I+D está la gente muy enrocada en su proceso, "voy a hacer lo mejor posible mi proceso y punto". Aquí hace falta que el Clúster de Automoción sea un punto de partida a que diferentes empresas puedan converger en un proyecto, en un producto, que cada una pueda hacer una cosa y poder salir adelante, pero los clústeres empresariales, el Clúster de Automoción en Navarra es todavía muy joven." (A5, p 28)

"El Clúster de Automoción del País Vasco, hombre, tiene más medios que nosotros, también es cierto, pero ya han generado un centro tecnológico común, donde, en ese centro tecnológico, van diferentes empresas y están en el propio centro tecnológico, conviven en el propio centro tecnológico y tienen medios de ensayo y medios de ingeniería y de simulación comunes y, bueno, lo están consiguiendo. De momento hay empresas que son bastante heterogéneas pero que están participando en proyectos conjuntos y que cada uno tiene que enseñar parte de lo que antes no enseñaba, ¿no? Entonces, pues hombre, es importante que esa cultura

exista... Ha conseguido aglutinar a todas las empresas en el clúster (hay... 180 empresas creo que son), la mayoría de las empresas están en el clúster. Fundamental: las empresas importantes del sector están en clúster como tractores, fundamental, cosa que aquí en Navarra no existe eso porque la principal empresa, que es Volkswagen, no está en el clúster ni quiere estar -Volkswagen actúa de una forma un tanto individualizada... -, menos con el éxito que está teniendo. Pero, de cara al clúster, si Volkswagen estuviese en el clúster y tirara de los diez proveedores fuertes que tuviera, y a su vez los diez proveedores fuertes tiraran de las otras pequeñas empresas el clúster tendría un éxito rotundo... Las pequeñas obedecen a su amo que es la empresa más grande que tiene encima. Si la empresa grande tira... Como su propio nombre indica, son empresas tractoras, que tiran de los demás, ¿no? Entonces, en el País Vasco están CIE Automotive, ZF Lemförder, esta Amaia Tellería, está Mercedes por supuesto, las principales empresas de vehículo como de componentes están ahí, Pierburg, bueno, podría citar un montón de empresas, el Grupo..... está ahí también, está Cromoduro. Bueno, son empresas que tiran mucho y dicen: "Señores, vamos a sentarnos en una mesa cada seis meses y vamos a hacer reflexión de lo que hay que hacer y de lo que no hay que hacer". Y todo el mundo está..., porque si van esos yo voy también..." (A5, pp29-31)

"Cuando tú te juntas, te haces no sé que, tienes ese marketing, patatín, vas, que ligas con otros, no sé qué... tienes mucha más masa para hacer cosas, ¿no? Yo creo que hay... Y ahora están saliendo cosas que se pueden hacer entre todos, que cada uno guardando su tema de confidencialidad, competitividad, muchas cosas se pueden hacer entre varios, ¿no? Lo que pasa es que yo creo que no hay que ir a las estructuras de toda la vida: ahora hago un clúster, ahora pongo un gerente, y ahora hago no sé qué, y tal... Eso, cuando lo hizo el País Vasco, que fue hace doce años, pues fenomenal, porque fueron los primeros, pero tío, ya doce años después, no te pongas a hacer eso. A esto ya le hemos dado una vuelta... Es que ya le hemos dado una vuelta." (A9, p 12)

"Entonces, para la cooperación entre agentes, si estamos hablando de cooperación entre empresas y agentes de su cadena, a mí, el clúster (el llamado "clúster", llámalo "x") me parece un buen instrumento. Los proyectos tipo Euroinnova, es decir, "poneos juntos y sacad buenos proyectos, que yo os los financiaré, o cofinanciaré", eso me parece otro buen instrumento. Información acerca de las cosas que hay, o hacia dónde van las cosas, y qué cosas hay en el mercado para innovar, ése es otro instrumento. Qué más cosas... Foros en los que se pueda generar confianza entre las empresas y los centros tecnológicos y las estos, otro instrumento. Comunicación permanente de casos concretos en los que se ha producido esa cooperación y ha sido exitosa, también. Es decir, comunicación de buenas prácticas también es otro instrumento. El tema de esas cruzadas para ir de la empresa al centro, del centro a la empresa, de la empresa a la universidad, de la universidad al centro... es decir, entre ellos, también me parece otro instrumento muy útil." (A9, p 15)

"Uno de los componentes significativos de la innovación en Navarra es que tiene una dependencia importante de políticas públicas. De subvenciones, en definitiva, ¿no? Y estas políticas públicas han ayudado mucho a las empresas de Navarra a innovar, que quizá habría que —en el capítulo concreto de las Pymes—, habría que enfocar esas ayudas de una manera significativa y prioritaria hacia el mundo de las Pymes, y luego, más allá de las subvenciones, también habría que fortalecer... se está haciendo, pero habría que fortalecer lo que es las agrupaciones empresariales en el ámbito de la innovación." (A13, p 4)

Como se ha indicado anteriormente, el gobierno regional juega un papel muy importante en la financiación de I+D en las empresas y, a un nivel más general, como "animador" de la actividad empresarial en Navarra. Las ayudas regionales a la I+D, así como la cercanía y atención personalizada de los técnicos de la administración foral, son valoradas muy positivamente por los agentes entrevistados. Los agentes valoran el asesoramiento que éstos prestan a las empresas a la hora de presentar proyectos así como la flexibilidad de la administración (por ej., el hecho de que la convocatoria de ayudas esté abierta todo el año). Los aspectos de mejora señalados se refieren a la lentitud de los procesos de concesión de ayudas (queja ésta que presentan muchos agentes), al insuficiente número de personas en la Administración que atienden los requerimientos de las empresas ante las convocatorias y a la necesidad de focalizar más las ayudas. La posibilidad de acudir a la cofinanciación de los proyectos tanto por parte del Gobierno regional como del CDTI es muy bien valorada, si bien, parece en ocasiones contribuir al retraso en la puesta en marcha de los proyectos. Algunos agentes consideran una dificultad que *partners* externos a la CFN no puedan recibir ayudas en los proyectos subvencionados por el Gobierno de Navarra. A tenor de las manifestaciones vertidas, parece conveniente realizar un mayor esfuerzo en becas de formación de investigadores, así como ayudas para la incorporación al sistema de personal extranjero. Esto permitiría mejorar la cualificación y adaptación de los investigadores que se incorporan a los centros tecnológicos. Se apunta también a la necesidad de una mayor internacionalización en la I+D, que corresponda al nivel de internacionalización que sí tienen las empresas navarras. Un agente de I+D manifiesta sentirse poco cómodo con los instrumentos existentes y considera que sería necesaria una mayor formalización y transparencia en las convocatorias de ayudas.

"Hay una administración cercana... que antes era rápida pero ahora es muy lenta." (A3, p 21)

"Se mete mucho dinero, pero en muchas acciones, con lo cual, la intensidad de la ayuda en cada una de las acciones individuales no es tan grande. Con lo cual, entonces, el efecto no es tan grande. Yo diría... A lo mejor, hay que ser un poquito más selectivo." (A3, p 22)

"La política tecnológica... quizá yo creo que tendría que focalizarse más en cosa muy concretas... Es decir, realmente yo creo que están intentando fomentar demasiadas cosas. Y yo creo que nuestra comunidad no da para más. Aquí, por supuesto, el tema de renovables siempre ha sido un tema que les ha preocupado. Ahora están con asuntos de biotecnología, por ejemplo: agrobiotecnología. Pero claro, de repente sale alguno con el tema, yo qué sé, del coche eléctrico, sale otro

con temas, yo qué sé, de seguridad. Nanotecnologías, también es otro de los temas en los cuales la universidad se implicó, y que también a alguien se le ocurrió algún día, y tal... Entonces, yo creo que quizá hay que ser más selectivo, ¿no? Porque el sistema... que tenemos tiene la capacidad que tiene, y desde luego, los centros, que al final producimos conocimiento, no tenemos capacidad para tanto. O sea, no podemos estar en nanotecnología, no podemos estar en renovables, no podemos estar en todo, Siendo buenos, claro." (A11, p 9)

"Entonces, yo lo que iría sería a seguir financiando, por supuesto, pero con objetivos. Es decir, qué retorno tiene esto, qué implicación, cómo lo vas a hacer... Cada vez te voy a ir pidiendo que subas un peldañito en la escalera... No me vuelvas a pedir dinero para hacer lo mismo que ya has hecho antes,... Complícate la vida, ¿no? Implicar un poco más también a universidades y centros tecnológicos." (A3, p 16)

"¿El Gobierno de Navarra? Hombre, yo creo que el Gobierno de Navarra... El apoyo que hay, yo creo que, y te lo dicen otras comunidades, es envidiable. Es así de claro.... Porque además, ocurre una cosa,... convocatoria todo el año. Es una cosa que no pasa en ninguna otra Comunidad Autónoma. Y eso le da a la empresa una flexibilidad. Es... tipo CDTI, y es muy bueno, porque una empresa tiene una idea en julio, ¿pues por qué va a tener que esperar hasta el año que viene para presentarla? Por un lado. Pero quizás hay dos problemas. Uno, que lo conocéis bien, que es el tiempo que tarda entre la solicitud y la resolución, porque muchas veces las personas se desesperan, porque claro, es una incertidumbre terrible, porque claro, dices ¿arranco, no arranco...?" (A4, p 9)

"El asesoramiento individualizado me parece muy bien. Hay unas personas, además de muy contrastada valía, que cada proyecto lo tienen que evaluar y ver lo que es, y le asesoran: "Oiga usted, mire, a este proyecto que usted me dice le vemos estas debilidades, estas fortalezas". Le hacen un.... en toda regla, le ayuda a esa empresa a tomar la decisión adecuadamente y le van a dotar de unos fondos si realmente ese asesoramiento individualizado revierte en que ese proyecto es válido, tiene futuro y va adelante. Y hay fondos para eso. Entonces, ahí el Gobierno de Navarra ayuda, asesora y después -yo estoy harto de oírlo- al propio departamento de Innovación: Señores, el que tenga un proyecto que venga aquí que le buscaremos un encaje. Pero que sea un proyecto, que no sea un cachondeo, que no sea una filfa, que sea un proyecto que tiene cara y ojos, que tiene un futuro, os asesoraremos, os ayudaremos, y luego ahí están las diferentes figuras de la I+D." (A5, pp. 24-25)

"Proyectos de I+D en Navarra hay a patadas, todos los que se quieran. Si hay proyecto, hay financiación. El Gobierno de Navarra ahí no escatima, lo que quiere son proyectos, pero proyectos en toda regla. Hay diferentes convocatorias en diferentes aspectos, que cubren todo tipo de casuísticas -pensamos que estamos muy bien cubiertos- y con una financiación en general muy superior a lo que hay por ahí. Entonces, ahí, el Gobierno de Navarra también fenomenal." (A5, p 27)

"Yo creo que las empresas, en general... los proyectos de I+D se apoyan bastante y creo que las empresas están contentas. Creo que, bueno, yo creo que es así, se quejan mucho las empresas de que falta un poco de rapidez en la aprobación de los proyectos, en tener finalmente la financiación. Yo creo ahí que las empresas se sienten muy apoyadas y escuchadas. Yo creo que cualquier empresa tiene acceso a los técnicos del Gobierno de Navarra que valoran proyectos de I+D, entonces yo creo que eso es buenísimo y que las empresas yo creo que sienten ahí apoyadas, pero creo que ahí falta agilidad." (A10, pp. 13-14)

"Entonces, yo creo que ahí sí que quedaría algo por hacer y debería ser bueno tener algunos programas -que yo sepa, todavía no existen- de incorporación de científicos y tecnólogos extranjeros a trabajar aquí. Yo creo que un programa de esos ayudaría, en cierta medida, a paliar la tremenda escasez que hay de personal cualificado." (A6, pp. 10-11)

"Bueno, pues identificaría [como aspectos positivos del sistema de I+D], como te he dicho, toda la existencia de centros tecnológicos, de universidades, la cercanía que hay para hablar entre empresas y entidades que promueven la I+D+i y que por tanto te pueden ayudar a reconducir las ayudas que hay, o sea, esa cercanía y la poca complejidad que hay en lo que es el Gobierno sobre todo." (A10, p 17)

"Hay pocas becas para hacer tesis doctorales, realmente para formar gente en investigación, sin embargo hay muchas para formación de tecnólogos, de las cuales la universidad se está beneficiando de una manera realmente muy importante." (A11, p 7)

"Falta todo lo que es la parte de formación de investigadores, que eso... Falta esa pata, de proyectos de investigación básica." (A11, p 8)

"[Se debería fomentar] la realización de tesis por parte de personal de empresas y de centros tecnológicos." (A11, p 11)

"[En la administración] las rigideces para hacer cualquier cosa son tales que no te permiten hacer cosas innovadoras... El Gobierno tiene una política..., y cuando intenta impulsar algo se encuentra con el interventor, y el no sé quién... ¿Sabes?" (A9, p 11)

"Pero también es cierto que, por ponerte un ejemplo, si en un proyecto necesitas un par de socios de unas tecnologías muy concretas, y no están en Navarra, ese proyecto ya no puede ir al Plan Tecnológico de Navarra, porque esos proyectos ya no van a venir financiados. Eso nos pasa a nosotros, por ejemplo, con un tema con Zaragoza, eso nos pasa con otros sitios. Entonces, ahí tenemos un sistema que dices "bueno, por un lado, ¿qué hago, subcontrato a otros socios?". Pero claro, subcontratar tiene sus peligros." (A4, p 12)

"[En cuanto a asesoramiento individualizado, proyectos...] Hay poca mano de obra para hacer eso. O sea, si tú dices que vas a dar dinero, y luego tardas muchísimo tiempo en mirarlo, no porque seas muy lento, sino porque sois muy pocos mirando proyectos –los proyectos de I+D son muy complejos–, nadie puede saber de todo, y entonces..." (A9, p 11)

"En el caso de Navarra los poderes públicos han tenido y tienen bastante influencia en la cultura y en las decisiones empresariales." (A13, p 5)

"Nosotros, en principio, hasta ahora, la verdad es que hemos tenido apoyo del Gobierno de Navarra, y yo creo que muy importante, en el sentido de que, bueno, están ahí. No sé lo que pasará este año. Porque están las cosas muy mal, ¿no? Pero bueno, quizá también... Hombre, nosotros siempre hemos seguido una política, un poco, como centro que estamos en Navarra, de siempre decir "bueno, todo lo que vamos a presentar lo presentamos primero a comunidades internacionales o nacionales. Y que Navarra nos ayude a cofinanciar lo que no lleguemos"... Claro, eso hace que al final, también teniendo en cuenta los medios que tiene el Gobierno de Navarra, que son limitados, pues llega un momento que te encuentras con que, como en Madrid se retrasa mucho, Navarra tiene que estar esperando a que Madrid responda, y entonces nos encontramos con que... Yo puedo tener una idea de cómo voy a tener, qué personas tengo en marcha, con qué personas... pues en octubre. Con lo cual, empiezas a hacer cambios de personal... Es decir, te supone un lío burocrático terrible, porque claro, hasta que no tienes tu cuadro completo hecho no sabes exactamente cómo reasignar cosas, ¿no? Tienes que hacer cambios sobre la marcha." (A 4, p 10-11)

"En estos momentos, con el nuevo sistema de financiación a nivel nacional del CDTI, o sea, tienen un presupuesto mínimo de 240.000 euros... te acabas de quitar de un plumazo el 50% de las empresas, que no pueden ir a CDTI, a empresas a las que les dices que tiene que presentar unos presupuestos de 240.000 euros, y te miran con una cara... Porque para ellos es un salvajada. Sin embargo, en ese aspecto, el Plan Tecnológico de Navarra... proyectos pequeños, mucho más adecuados al tamaño de la empresa. Entonces, esa empresa... del CDTI, inmediatamente, ya con estos límites. Eso en nuestro sector. En el sector químico o farmacéutico, a lo mejor no. Pero... un proyecto de 240.000 euros ya es un señor proyecto." (A4, p 12)

"No hay un catálogo claro de acciones concretas. No hay. O por lo menos yo creo que no. Al final esto siempre acaba siendo que uno se va de la mano con la empresa, o con quien sea, para el departamento de Innovación, habla con X, y "aquí tienes". Yo creo que es aquello de... Como esta comunidad es tan pequeña y tan particular, pues es aquello del boca a boca casi: "Oye, mira, que tengo esto. ¿Qué hago? Pues preséntalo por aquí". Pero que no hay unas convocatorias muy claras. Sobre todo en aquello en lo que las universidades podríamos participar. Ésa quizá sería la queja más importante." (A11, pp. 9-10)

"[Se debería fomentar] por ejemplo alguna línea específica, es decir, lo que te decía antes de que en el fondo no hay un catálogo de convocatorias de cosas, pues de la misma manera que a nivel nacional hay los proyectos que llaman…, me parece que se llaman así -antes se llamaban PETRI-, que son proyectos en los cuales participa una universidad y una pyme. Vamos a decir que la pyme pone su parte, y el trabajo de la universidad, en lugar de pagarlo una empresa, lo paga la Administración… Una convocatoria así, concreta… Oye, pues si yo conozco una empresa que en un momento dado la voy a contratar conmigo para hacer un proyecto, pero no tenía dinero, pues yo voy y le digo "oye, mira, que ha salido esta convocatoria; esto mismo que querías hacer, pues tú…., pero lo que yo te iba a cobrar me lo va a pagar la Administración". Pues lo va a hacer, ¿no? Entonces, en la gente nosotros detectamos muchas posibilidades que luego no se llevan a cabo porque no existe el instrumento de financiación adecuado. Seguro que si yo digo esto, en el Gobierno de Navarra me dirán: "Pues oye, venid aquí y seguro que buscamos la vía". "Sí, ya, lo que tú quieras". Pero sacas una convocatoria que sea competitiva, donde todos vayamos, que no sea que el primero que llega… se lo des… porque en esta Comunidad estas cosas pasan, unas veces para beneficio nuestro y otras para beneficio de los otros, ¿no? Pero oye, hay una convocatoria que sea competitiva, y vamos todos. Aquí la palabra "competitividad"… O sea, en ese sentido, ¿no?, no de competir las empresas, sino en ese sentido de que hay una convocatoria a la que todos concurran, que se evalúan todos a la vez y que los mejores salen…" (A11, pp. 11-12)

En relación con las políticas públicas, existe una percepción bastante ampliamente compartida que apunta a que los procesos de coordinación (referidos a las distintas áreas gubernamentales o a las relaciones entre los agentes de I+D) son mejorables. Por un lado, varios agentes indican que no hay suficiente coordinación entre el departamento de Empresa (antes Industria) y otros departamentos gubernamentales como Salud o Agricultura, que también tienen acciones de I+D. Por otro lado, distintos agentes apuntan que se precisa un mayor liderazgo en el sistema y una mayor claridad en el papel de algunos agentes como la Agencia Navarra de Innovación y otros organismos públicos intermediarios. En este sentido, es un tanto difícil de entender la asignación de la ANAIN al departamento de Economía, desgajada del departamento de Empresa e Innovación. Como se ha indicado en el apartado relativo a la universidad, desde este sector se indica que no existe una política científica regional propiamente dicha, y que el papel del departamento de Educación en el ámbito de la I+D es prácticamente inexistente. En cuanto a los foros de participación de agentes económicos y sociales, se apunta también a una cierta duplicidad entre la Fundación para la Diversificación y el Plan Moderna, que, en general, recibe una valoración positiva. En general los agentes de I+D demandan un mayor liderazgo al gobierno regional, pero desde el departamento de Innovación se responde que la estrategia debe ser participada por todos los agentes, especialmente, los agentes empresariales.

"Salud es otra de las patas, también… Está apostando por una serie de centros de investigación en el ámbito médico, tecnológico, es decir, no ya médico médico, que eso, claro nosotros ahí tenemos poco potencial, pero en el ámbito de ingeniería

médica, o de tecnologías aplicadas a la medicina... Pero sin embargo esto no está tampoco coordinado con todo lo demás." (A11, p 10)

"En el año 2005 esa coordinación no existía. Había gente que se conocía, que hacía las cosas y ya está. Nosotros en el año 2005 empezamos a reunir a todos los agentes de ciencia y tecnología... A la vista de que otros centros se habían agrupado en redes, nos pidieron que hiciéramos una red: RETECNA, de la Red de Centros Tecnológicos... En este momento, aglutinar, o sea, no hay fusión de sociedades ni nada, ¿eh? Es, digamos, más bien, de cooperar, de marketing y de finanzas." (A9, p 4)

"O sea, está Moderna -que no es lo mismo pero está trabajando también qué sectores, por qué sectores se va a apostar-, la Fundación Navarra para la Diversificación... O sea, yo creo que todas estas cosas, que yo creo que luego ya se acaban coordinando y no se repiten tantos esfuerzos, porque creo que se está haciendo así, sin embargo para las empresas es confusísimo, o sea, yo creo que tienen la percepción de que... En el Plan Tecnológico de Navarra ya se ponen unas líneas de qué sectores son los que se van a impulsar, pero parece que se ha hecho una reflexión y ahora se está volviendo a hacer en Moderna. Yo creo que se está haciendo con otro enfoque, pero a las empresas esas diferencias no les llegan, entonces tienen la sensación de que estamos todo el día haciendo cosas, decidiendo sobre..." (A10, p 16)

"¿Debilidades [del sistema de I+D]? Pues, yo creo que la falta de orden, tantos agentes haciendo algunos temas; la falta de..., no sé, hay pocos proyectos todavía que fomentan la cooperación, los proyectos colaborativos, que yo creo que es algo que hay que reforzar más." (A10, p 17)

"Existe una panoplia, una maraña de líneas, de financiaciones, de diferentes departamentos, ¿no? ... en un plano más general, más abierto. El Gobierno de Navarra tiene más de ciento y pico planes que ha... en diferentes momentos, y se solapan... No saben si han acabado algunos, en otros no ha intervenido... Aquí también el Gobierno de Navarra tiene muchos instrumentos públicos de..., de participación en... Más luego Caja Navarra, como... pública, que también tiene una serie de nichos... En definitiva, yo lo que resaltaría es, como si dijéramos, en negativo, la falta de coordinación de esto. Creo que sería necesario que la Agencia Navarra de la Innovación tuviera muchas más competencias, tuviera muchos más aspectos de coordinación interadministrativa... En definitiva, que la Agencia Navarra de Innovación tuviera un poder más ejecutivo, ¿no?... Dispersión de medidas, ayudas, empresas públicas... Yo creo que en ese sentido sí hace falta una coordinación." (A13, pp. 5-6)

"Hay una cierta tutorización de proyectos, hay una cierta cercanía, hay una cierta, en definitiva, proximidad, en cuanto que un empresario, en cuanto un... investigador plantea al Gobierno de Navarra... muy abierta, pero que eso forma parte, ya digo, de nuestra sociedad pequeña, ¿no?, y que por lo tanto no hay

grandes filtros. Yo creo que eso sería un elemento positivo, pero el elemento quizás más negativo en el que habría que incidir es desde luego la necesidad, ya que está la Agencia Navarra de Innovación, como sociedad pública... Pero creo que sus funciones son muy limitadas. Hay que [asignarle funciones]... más ejecutivas y más de coordinación interadministrativa." (A13, p 6)

"Yo creo que los grandes retos son, probablemente, la coordinación, por un lado... Es decir, a veces te encuentras con que están definiendo nodos estratégicos, constantemente, por varias administraciones, o por varias instituciones, o tal, y puedes tener un poco de lío, ¿no?" (A12, p 12)

"A veces también en esto hay un poco de avalancha. Es decir, que esto mismo lo está haciendo ANAIN, y a la vez lo hace CEIN, y a la vez lo hace... y a la vez AIN... Entonces, realmente es más interesante que estemos coordinados nosotros." (A12, p 19)

"A ver, ¿tú qué quieres ser de mayor?". Y dice [la empresa]: "No, esto... las líneas estratégicas, ya las diréis vosotros [el gobierno]". Esto nos lo han dicho haciendo el Plan Tecnológico: "Y las líneas estratégicas, ya las diréis vosotros". Dices: "Y a nosotros, ¿qué pasa, qué se nos ha aparecido alguien y nos ha dicho: "por allá"?... Bueno, yo tengo liderazgo en el sentido de que soy capaz de manejar el carro bien... Los recursos, y tal, y cual, y saber un poco congeniar las iniciativas, y llevar un poco la voz cantante. Pero... oye, que hemos decidido subir a aquel monte, y lo hemos decidido un poco entre todos, para que haya convencimiento entre todos. Pero si dice: "No, no, no... ponte delante, di a dónde, y tal...". Oye, todo eso no puede recaer en la... [Administración]... "Oye, ya me dirás tú a dónde hay que ir, y yo ya iré. Cederé el rato que me dé la gana ir, claro". Entonces, esto no funciona. Eso no funciona. El compromiso tiene que ser de todos." (A14, pp. 14-15)

"Lo que yo creo que falta mucho en todo este sistema de innovación, o como se le quiera llamar, faltan elementos de intermediación... que sean capaces de identificar claramente problemas, o posibles nuevos productos... Si realmente ves las cosas desde arriba, pues siempre puedes decir: "oye, mira, tú que [en lugar de] hacer esto, a lo mejor podrías hacer este tipo de otras cosas; o podrías colaborar con éste". Alguien que tenga una visión clara del sistema y que monte los proyectos: "Deberías hacer esto, y tus socios serían éste, éste y éste... Puede ser desde las universidades, puede ser desde los centros tecnológicos, puede ser desde la propia administración... Alguien que tenga una visión global y que cuente con todos.... Eso sí, que sea lo suficientemente generoso para contar con todos, aunque luego quien se vaya a beneficiar sea fundamentalmente quien le pague a él, claro. De eso se trata, ¿no? Pero ese tipo de agentes faltan." (A11, p 6)

En cuanto a otros aspectos del entorno, el hecho de ser una comunidad autónoma uniprovincial, de tamaño reducido, se valora positivamente, en tanto que posibilita una gran cercanía y proximidad entre los actores, así como una mayor agilidad en los procesos de toma de decisiones o agregación de intereses. El papel del gobierno regional y su cercanía a las empresas también es valorado positivamente, con los puntos de mejora mencionados anteriormente. Una desventaja del tamaño reducido, señalada por algunos actores, es la falta de peso en las decisiones económicas y políticas de ámbito estatal. Entre los activos colectivos de la CFN que favorecen la innovación se subraya su cultura industrial, que debe ser extendida ahora a sectores basados en las nuevas tecnologías.

"El industrial navarro, a todos los niveles, desde las grandes empresas hasta las muy pequeñas, es muy buen industrial y por tanto entiende –siempre hay excepciones, en este caso para mal, pero son la excepción- dónde está su factor de competitividad, y para muchas empresas su factor de competitividad está en trabajar bien, en hacer nuevos modelos y mejorarlos, en... ¿De acuerdo? En definitiva, en investigación, desarrollo, innovación, buen producto. Es lo que podríamos hablar de un industrial más que un comercializador, más que un mercader, por decirlo así; que no está mal, o sea, es otra manera de hacer las cosas. Pero el industrial navarro es lo que yo definiría como industrial. Entonces, en esa.... un centro tecnológico le va a venir muy bien." (A2, p 26)

"En Navarra es muy cercana la Administración. Con lo cual, se puede hablar de los proyectos, se pueden comentar con el técnico, se puede... te da indicaciones de: "oye, esto tenéis que orientarlo así, porque esta parte realmente, pues igual no queda bien en el proyecto". Es una administración cercana, que además afina los proyectos, con lo cual todo el mundo gana, porque los presupuestos están bien ajustados, al final la empresa sabe lo que tiene que hacer, etc. Eso yo creo que está muy bien. El mayor defecto de nuestro sistema de innovación es inherente a nosotros. Ya no estoy hablando del Gobierno de Navarra, sino del sistema. No dejamos de ser una comunidad pequeñita, con 600.000 habitantes. Y crear masas críticas tiene su complicación. O sea, al final, somos los que somos. Entonces, siempre tienes que salir fuera a buscar socios. Pero bueno, eso está muy bien." (A4, p 12)

"Navarra está en una posición privilegiada, creo yo, porque (lo que yo he percibido, cuando hablas con algunas de las otras comunidades) es que nos ponemos antes a hacer las cosas, nos ponemos todos a la vez, porque efectivamente estamos más coordinados, y al ser pequeños, quizás podemos hacerlo más eficazmente. Moderna es un ejemplo. Dices "Oye, me gustaría saber cuántas comunidades pueden haber avanzado tanto como nosotros." (A12, pp. 21-22)

"En este momento, todo el mundo pone el ejemplo de las energías renovables, cómo se han desarrollado en unos años, de los seis molinos primeros a la cantidad que es hoy el sector, un sector que tiene un empleo importante, un gasto en I+D importante, etc. Pues ahora, parece ser que el siguiente sector que lleva ese camino puede ser el tema biomédico. Porque ya empieza a generar una serie de empresas, y... Y alrededor del sector agroalimentario hay mucho que hablar todavía. En otros sectores, estaremos. Porque siempre habrá que hacer cosas, ¿no? Frigoríficos, coches..." (A14, p 12)

"Entonces, que haya un centro [el CIMA] con casi... ¿cuántas son? Casi... cerca de 400 personas. Al final ha surgido el sumar iniciativas que ya tenían. Y bueno, ahora hay unas cuantas empresas que se dedican a eso. Hay varias empresas ya, que se dedican a... Antes era nada más que... Bueno, X... La que hizo la apuesta por genéricos. Pero es que luego está Y, Z... Van saliendo una serie de iniciativas alrededor de, o a rebufo de, y está generándose un sector que podría ser importante. Hay quien ha estimado que, dentro de unos años, puede haber cerca de 4.000 empleados en ese sector, de la biomedicina. Cuando hubo seis molinos allí arriba, algunos decían: "¡Bah!, eso es una chapuza; porque da una energía más mala... Con un coseno de no sé qué...". Y eran ingenieros incluso algunos que decían esas cosas. Pues bueno, ahí hay algo ahora, ¿no? Mejorable, empeorable... todo lo que tú quieras, pero hay. Y lo otro puede pasar lo mismo. Pero bueno, ese futuro está más puesto, yo creo, en el Plan Moderna, y tal, y es... Pero el reto es grande, ¿eh? El reto es grande." (A14, p 22)

Otro reto pendiente es la extensión del concepto de innovación más allá del desarrollo e implantación de nuevas tecnologías, hacia la innovación en los sistemas de organización y gestión.

"Financiación del I+D... Se te llena la sala... Es que yo también entiendo a la Administración. Viene alguien y te dice: "Te presento un proyecto de I+D"... Y este proyecto es para hacer "este producto, este proceso". Es algo tangible, lo tocas. ¿Al final que de eso qué hay? Se coge con la mano. ¿Cuántos vas a vender? Oye, te presento un proyecto para cambiar un modelo de innovación, para cambiar a mi organización y hacerla más innovadora. ¡Jolín! ¿Y eso, cuánto se va a vender de eso? ¿Y eso cómo se toca? ¿Cómo lo controlas? Desde la Administración, yo entiendo que le tengan miedo. Pero hay otras comunidades autónomas, en el País Vasco, que ya están dando dinero para apoyar proyectos de innovación en la organización, en el marketing, en la comercialización." (A3, p 16)

"Navarra, en general, yo creo que sale bien posicionada en todos los datos que son de I+D, de patentes, pero creo que hay muchas empresas que no participan para nada en esto. Yo creo que la innovación la hacen muchas veces las mismas, es bastante tecnológica, y entonces creo que hay muchas pymes, muy pequeñas, que igual no están todavía en esa posición de hacer innovación tecnológica, que se están quedando fuera y con las que yo creo que hay que trabajar mucho más la innovación no tecnológica, mucho más la percepción de que tienen que estar siempre vigilantes de cambiar, la creatividad... O sea, en todo este tipo de innovación yo creo que hay mucho, mucho para hacer." (A10, 9-10)

"Mi valoración, en general, es bastante buena, sobre todo la I+D quiero decir, eso es lo que más se ha trabajado siempre y, no sé, le daría una nota de notable digamos. Y en cambio en lo que es la "i" pequeña creo que hay que hacer más cosas." (A10, p 16)

"Y luego, creo que los proyectos de I+D sí que están muy bien resueltos, sin embargo hay bastantes más vaivenes, más incertidumbre con lo que no es I+D y lo que es más otro tipo de innovación... [Por ejemplo] todo lo que tiene que ver con las TICs se apoya dependiendo de años; hay años que se apoyan mucho, hay años que se apoyan poco. Y así como en la I+D la apuesta es bastante continua, en otras innovaciones es más variable. Yo creo que ahí sí que falta un poco una apuesta más continuada, ¿no?" (A10, pp. 13-14)

"Con el nuevo marco comunitario, donde se habla mucho de la innovación de procesos, y también de la innovación en organización... Lo del proceso lo tenemos asumido. El I+D de proceso, existe. Y luego ya, el tema del sistema organizativo, ahí es donde estamos asomándonos, a veces, con un poco de miedo. Porque claro... Según te vas alejando de los hierros, por decirlo así, las cosas se vuelven más etéreas..." (A14, p 29)

"Sí que tenemos las ayudas para mejora de la competitividad, que ya llevan un recorrido de años, donde ahí sí que financiamos la contratación de ese tipo de servicios para mejora de procesos, productos, organización, etc. Pero...No solo de gestión de la calidad, sino incluso de gestión de la propia organización, de la planificación estratégica, tal... Lo que pasa es que son mensajes que todavía son complicados de captar, ¿eh? Yo no sé, pero yo creo que hay empresas a las que les hablas de planificación estratégica y... y no se sabe muy bien qué es eso." (A14, p 29)

"En el mundo ese un poco de la organización, y tal, que tiene que ver con servicios a empresas, etc., ahí sí que hay margen para la mejora. No sé si a través de ayudas, o a través de otro tipo de historias, ¿no?, que pueden ser. Ahí estamos. Ése es el pensamiento. Ahí tenemos que innovar." (A14, p 30)

En última instancia, el concepto amplio de innovación no parece compatible con una concepción jerárquica de la empresa, imperante en nuestro entorno[21]. La extensión del concepto de innovación requeriría un aumento de la participación de los trabajadores y una mayor atención a la formación y las cualificaciones. No obstante, esta concepción más "social" o participativa de la innovación, que implica un cambio cultural, está bastante lejana del núcleo de los procesos de innovación existentes en el entorno navarro o estatal.

"Los trabajadores tienen muchas cosas que decir... Pero claro, cuando les preguntamos a las trabajadoras y a los trabajadores cuáles son sus papeles en el proceso productivo a la hora de consultar, de ser informados en la participación, es "cero patatero." (A13, p 10)

"La innovación debe ir pareja a la calidad del empleo." (A13, p 11)

"La innovación está muy metida en el discurso de management... Pero no está llegando a los trabajadores,... el reto. Pero, fundamentalmente, depende también

de ese sistema educativo, de ese sistema productivo. Dices: bueno, en Navarra, en la última década, los puestos no cualificados habían aumentado." (A13, p 12)

"Si nos creemos que el conocimiento es el valor diferencial para hacer una economía competitiva, el conocimiento debe ser socializado. No cabe que el conocimiento se privatice o se enclaustre en un determinado colectivo. Y para que ese conocimiento sea socializado, realmente tiene que serlo en el sistema educativo, en los trabajadores, en los procesos productivos..." (A13, p 13)

"Multinacionales, y que no aportan desde luego socializar conocimiento en lo que son las empresas subsidiarias." (A13, p 13)

"La formación que dan los empresarios no es útil para la innovación, en el sentido de que uno de los elementos de la innovación básicamente es la polivalencia. Y la formación que los empresarios demandan, y forman, fundamentalmente a los trabajadores, y a todos los colectivos, pero a los trabajadores, fundamentalmente es una formación muy pegada al proceso anual, donde está dentro de la empresa." (A13, pp. 11-12)

- -

Notas del capítulo

20. Berechet, Les y San Miguel, 2006, pp. 98 y ss.

21. Huerta, E. (2003) *Los desafíos de la competitividad*. Bilbao: Fundación BBVA.

Capítulo 7

Principales resultados del estudio

7.1 El "despegue" de la I+D en Navarra

En este informe hemos analizado el espectacular crecimiento del sistema de I+D en Navarra en los últimos años, que ha pasado de un nivel inferior a la media estatal a finales de los noventa a situarse en las primeras posiciones junto con Madrid y la Comunidad Autónoma del País Vasco, habiendo alcanzado la media europea (UE-27) en años recientes o, en todo caso, situándose muy cerca de la misma.

El éxito en la movilización de recursos para la innovación es innegable, aunque cabría matizar que, a finales de los noventa, la Comunidad Foral de Navarra (CFN) ocupaba una posición en I+D un tanto retrasada, no acorde con el nivel industrial, económico y educativo de la región.

El aumento de los recursos dedicados a I+D en Navarra ha sido muy importante. En 1997 la CFN dedicaba un 0,71% de su PIB a investigación y desarrollo, un porcentaje inferior en casi un punto a la media española para dicho año (0,80%). Trece años después (2010), el nivel de recursos se había casi triplicado (1,97%), situándose en torno a la media europea (2%) y bastante por delante de la media estatal (1,39%).

En términos de personal, el avance ha sido también muy importante, habiéndose pasado de 1685 personas (en equivalente a dedicación plena) en actividades de I+D en 1997 a 5232 en 2010, esto es, tres veces más.

Hay que destacar que el crecimiento de las actividades de I+D en Navarra ha tenido lugar especialmente en el sector empresarial, que ha pasado de representar un 0,39% del PIB en 1997 al 1,36% en 2010, muy por encima de la media española (0,71%) y superando también la media europea (U-27: 1,25%). Aunque el dato deba ser tomado con cierta precaución por el peso de los centros tecnológicos en Navarra, que en parte son incluidos en este sector, no cabe duda que el sistema de I+D e innovación de la CFN tiene un fuerte carácter industrial.

Respecto al resto de sectores de ejecución de la I+D, los gastos en el sector de enseñanza superior en 2010 son algo inferiores a la media europea (0,44% de PIB en Navarra y 0,49% en la UE-27), pero superiores a los de Cataluña (0,38%) y la CAPV (0,36%).

En cuanto al sector público de I+D, supone un 0,16% del PIB, inferior a la media estatal (0,28%), pero superior al de la CAPV (0,12%), comunidad autónoma que, como Navarra, tiene también una clara orientación industrial. Este sector ha experimentado un fuerte crecimiento en los últimos años, presumiblemente por la inclusión en el mismo de algunos centros tecnológicos.

La evolución de los distintos sectores de ejecución de actividades de I+D puede observarse también atendiendo al número de personas dedicadas a estas actividades en cada uno de los mismos (en equivalencia a dedicación plena), ya que, al fin y al cabo, los gastos de personal suponen una gran parte de los gastos de I+D.

En 1997 había 665 personas dedicadas a I+D en el sector empresas, cifra que asciende a 2863 en 2010 (con un leve decrecimiento en el último año debido, muy probablemente, a la actual crisis económica). El sector enseñanza superior contaba con 965 efectivos en 1997, que han ascendido hasta 1995 en 2010. Finalmente, el sector público ha pasado de 55 personas en 1997 a 374 en 2010.

La perspectiva del sistema de innovación subraya la importancia de los aspectos institucionales y culturales en los procesos de innovación. En el caso de la CFN, dentro del entorno institucional destaca el papel del gobierno regional, especialmente del área de Industria, en la que están ubicadas las competencias y recursos más importantes de apoyo a la I+D e innovación[22].

Las políticas de I+D+i son, principalmente, unas políticas de distribución de recursos económicos (Sanz-Menéndez y Cruz-Castro, 2005). Por ello, la intervención decidida del Gobierno de Navarra en apoyo a la I+D, especialmente a partir de la formulación del primer Plan Tecnológico en el año 2000, ha sido el acicate que ha posibilitado en crecimiento del sistema (en los últimos años el presupuesto anual del Plan Tecnológico ha oscilado entre los 55 y los 74 millones de euros).

Autores como B.A. Lundvall (1992a, p.9) han señalado que la interrelación entre el sistema institucional y la estructura económica determinan los procesos de aprendizaje interactivo e innovación. En el caso de CFN, y a la luz de la evidencia empírica recogida en este informe, la dinámica de las relaciones (a través del apoyo a los proyectos de I+D) entre la administración regional y las empresas ha sido el motor del sistema, aunque el crecimiento reciente del sistema de innovación ha sido posible también por la interacción con otros factores preexistentes, como son la cultura industrial, el nivel educativo de la población (favorecido por la existencia de una importante infraestructura educativa) y el autogobierno político y económico (que ha hecho posible una dedicación intensiva de recursos a la I+D).

Dentro de las políticas del Gobierno de Navarra destaca, además del apoyo a los proyectos de I+D de las empresas, la apuesta por la creación de una infraestructura de centros tecnológicos dedicados al desarrollo de tecnología y a su transferencia a las empresas. En el III Plan Tecnológico 2008-2011 se recoge una aportación directa de 52 millones de euros a los centros tecnológicos (el 23% del presupuesto total), a la que habría que sumar la financiación recibida por estos agentes a través de otros instrumentos del plan como son, entre otros, los proyectos de cooperación, la incorporación de titulados, y la contratación y movilidad de tecnólogos y doctores. En diversos apartados de este informe se aportan elementos para un análisis del papel de los centros tecnológicos en el sistema de innovación regional.

Respecto a los mencionados factores preexistentes que han facilitado el crecimiento de la I+D y su orientación industrial, podemos mencionar brevemente los referidos a la especialización industrial y a la existencia de capital humano cualificado.

Como se muestra en el anexo primero de este informe, el peso del sector industrial en la CFN dobla la media española en términos de VAB industrial sobre el PIB (22,9% frente a 11,5% en 2010), situándose en el primer lugar entre las comunidades autónomas (CCAA). Navarra destaca especialmente por su especialización en industria alimentaria, metalurgia y fabricación de productos metálicos, maquinaria y equipo mecánico, equipo eléctrico, electrónico y óptico y fabricación de material de transporte. El peso del sector de la construcción es similar a la media española y el del sector servicios sensiblemente inferior. La tasa de desempleo se sitúa en la mitad la media española (11,8% frente al 20,1% en 2010), mientras que en términos de riqueza relativa, la CFN ocupa la segunda posición en el ranking de CCAA, por detrás de la Comunidad Autónoma del País Vasco (CAPV) y emparejada con Madrid.

Por otro lado, como también puede observarse en el anexo primero, Navarra cuenta con un capital humano con un elevado nivel de cualificación. Las tasas de población con estudios superiores y estudios en ciencia y tecnología son superiores a la media estatal, mientras que el porcentaje de población con techo de estudios primarios es sensiblemente inferior.

7.2 ¿Cómo innovan las PYMEs industriales? Aspectos internos

Respecto a las actividades de I+D e innovación ejecutadas por el sector empresarial en la CFN, hay que destacar en primer lugar, como se ha señalado en el apartado 4.2 de este informe, la concentración del gasto en I+D interna en sectores como la industria alimentaria, energía, metalurgia, material y equipo eléctrico, otra maquinaria y equipo, y vehículos de motor. La concentración de recursos para la innovación en los tres últimos sectores mencionados, caracterizados por las estadísticas de I+D como de nivel tecnológico medio-alto (estos sectores ejecutan el 26% de los gastos de I+D del sector empresarial, lo que supone la mitad de toda la I+D industrial), nos ha llevado a realizar las entrevistas cualitativas en empresas de estos sectores[23].

Respecto a las pequeñas y medianas empresas (pymes) industriales, que son el objeto específico de este trabajo, en el apartado 4.2 se han ofrecido datos sobre el porcentaje de empresas que realizan actividades de I+D. Considerando los distintos tamaños, a partir de 25 empleados, entre las empresas que tienen entre 25 y 74 empleados un 23% realiza actividades de I+D. En este tramo ha habido una evolución positiva desde 2002, aunque en 2010 ha tenido lugar una disminución, atribuible probablemente a los efectos de la crisis. En el tramo de 75-149 empleados se observa una evolución positiva a lo largo de los años, situándose el nivel en 2010 en el 47%. Finalmente, en el tramo de 150-249 se ven considerables altibajos, con una tendencia a la baja en el último año (el nivel se sitúa en el 46%, ligeramente inferior al del tramo anterior).

Considerando los gastos en innovación en el sector industrial, de los que la I+D interna es un componente, como se ha señalado en el apartado 4.2, la característica diferenciadora de la CFN frente a Cataluña, la CAPV y la media española es, en términos relativos, una mayor concentración del gasto en la I+D interna y una menor en la adquisición de I+D (I+D externa) y adquisición de maquinaria, equipos y software. Cuando se observan los tramos de tamaños, es interesante apuntar que en los tramos 75-149 y 150-249 la I+D externa es superior a la media (23,1% y 23,7%, siendo la media el 16,2%). Para estos tramos la proporción del gasto en adquisición de maquinaria es sensiblemente interior a la media, lo cual puede ser la consecuencia de una relativa fortaleza de su I+D interna y externa.

Otro aspecto, en principio positivo, que puede mencionarse a partir del análisis de los datos ofrecidos por la Encuesta de Innovación del INE y revisados en el apartado 4.2, es el menor porcentaje de empresas industriales navarras, frente a las empresas de otras CCAA analizadas y a la media española, que considera que los factores de coste dificultan sus actividades de innovación.

Tras considerar algunas características de las actividades de I+D e innovación de las empresas industriales de la CFN en base a los indicadores habituales del INE, a continuación damos cuenta de los principales resultados obtenidos respecto a los aspectos internos de la innovación en pymes industriales por medio de la investigación cualitativa realizada.

El objetivo principal de este proyecto ha sido averiguar cómo innovan las pequeñas y medianas empresas industriales navarras atendiendo, tanto a aspectos internos (organización y planificación de la I+D, papel de las distintas áreas y niveles), como externos (relación con otras empresas y agentes tecnológicos). También hemos pretendido contrastar los postulados de la perspectiva del sistema de innovación, según la cual el entorno institucional, notablemente las políticas públicas, así como otros factores culturales y sociales, tienen una influencia importante en los procesos de innovación.

Dentro del marco de este proyecto se han realizado, por un lado, entrevistas cualitativas con 20 pymes de más de 50 empleados pertenecientes a sectores de tecnología media-alta[24]. Como hemos mencionado, consideramos que estos sectores son particularmente representativos del estilo de innovación de las pymes industriales navarras. Por otro lado, el equipo del proyecto llevó a cabo entrevistas cualitativas con 14 agentes tecnológicos y agentes de intermediación[25] (para más detalle sobre aspectos metodológicos del proyecto véanse el apartado tercero y el anexo 3 de este informe).

De acuerdo con las entrevistas realizadas a las pequeñas y medianas empresas industriales, la creación de conocimiento por parte de éstas consiste en la combinación y desarrollo de elementos existentes, dentro de un proceso de tipo incremental. En las pymes industriales entrevistadas, considerablemente innovadoras, se detecta un énfasis en el desarrollo de productos nuevos (para la empresa) o modificados, específicos, utilizando, integrando y desarrollando para ello nuevos componentes o tecnologías existentes en el mercado.

Las innovaciones parten normalmente de las necesidades de los clientes, típicamente clientes grandes de sectores como la automoción o la energía eólica, que "tiran" de las empresas, obligándolas a realizar nuevos desarrollos. Para poder entrar en nuevos sectores de mayor valor añadido, como el eólico en los últimos años, acompañando a los clientes, algunas de las pymes más dinámicas entrevistadas han llevado a cabo estrategias de diversificación o diferenciación y crecimiento, aumentando para ello sus capacidades internas de conocimiento.

Bastantes de las empresas entrevistadas están especializadas en series cortas o maquinaria específica, adaptada a las necesidades del cliente, lo cual lleva a una adaptación e integración continua de nuevas tecnologías.

El motivo de la innovación es siempre la obtención de un valor y una rentabilidad, lo que permite a la larga la supervivencia de la empresa. Se innova para vender, y de este modo la empresa obtiene ventajas competitivas y se mantiene en el mercado.

La base principal de conocimiento es interna (el *know how* del producto, sus materiales, el desarrollo de productos específicos, únicos), aunque las fuentes externas son muy importantes, tanto en lo que se refiere a proveedores (por ej. proveedores líderes en una nueva tecnología) como a clientes (para los cuales las empresas realizan desarrollos específicos). De las entrevistas realizadas se deduce la importancia que tiene para estas empresas el desarrollo de una actividad de vigilancia tecnológica de las tendencias observadas en el mercado (ej. necesidades de clientes y productos desarrollados por competidores), evolución de las tecnologías interesantes para su sector. Esta vigilancia tecnológica se realiza principalmente a través del departamento comercial, asistencia a ferias y contactos con proveedores.

El carácter del conocimiento propio, del *know how* interno, consistente como se ha indicado en combinaciones o desarrollos específicos de elementos existentes, hace que para la mayoría de las empresas entrevistadas las patentes no constituyan un mecanismo de protección relevante ante posibles procesos de imitación. Las pymes imitan y son imitadas, en procesos que llevan consigo un nivel de producción de conocimiento nada desdeñable.

Cuando el nivel de desarrollo o novedad es mayor, las empresas consideran la estrategia de patentación, aunque sólo sea como instrumento defensivo, para evitar que empresas competidoras puedan prohibir la venta del producto en cuestión en algún país del mundo.

Para las empresas líderes en sectores como el eólico[26], la actividad patentadora adquiere una gran importancia, tanto en un sentido de protección del conocimiento propio como para no infringir derechos de competidores. Estas empresas encargan desarrollos a algunas de las pymes entrevistadas con la condición de que la propiedad del conocimiento generado pertenezca a la empresa contratante del servicio.

En cuanto a la organización de la innovación, en las empresas entrevistadas se han detectado distintos niveles de planificación de la innovación. En las empresas auxiliares o fabricantes de tamaño pequeño se da frecuentemente una situación de planificación informal (o "emergente") de la innovación, a medida que los clientes exigen nuevos productos y soluciones.

En un segundo nivel se encuentran las pymes que llevan a cabo una mayor formalización de sus actividades de innovación, dedicando más tiempo o recursos a planificar las necesidades o productos futuros más allá de la respuesta inmediata a los clientes. En general, estas empresas entran en los proyectos del CDTI y Gobierno de Navarra e insertan la planificación de los proyectos dentro de una planificación estratégica general. Algunas de estas empresas tienen un componente importante de ingeniería, productos finales o han apostado por ser proveedores de empresas líderes (por ej. en el sector eólico).

Por otro lado, también hemos detectado empresas filiales de distintos tamaños (algunas de ellas bastante grandes y proveedoras de fabricantes de automóviles) que no realizan I+D, puesto que esta función está ubicada en sus sedes centrales.

En cuanto a la organización interna de la I+D, la situación más frecuente que hemos encontrado es la existencia de una Oficina Técnica o departamento de Ingeniería, de entre una y cinco personas, que compatibiliza las tareas de desarrollo de nuevos productos con actividades de apoyo a la producción u otras.

Un aspecto importante desde el punto de vista de la perspectiva del sistema de innovación son las relaciones intra e inter-organizacionales y sus efectos sobre los procesos de innovación. A través de las entrevistas cualitativas realizadas a pymes industriales, hemos podido comprobar que en sus procesos de innovación suelen participar la Gerencia o Dirección (que toma las últimas decisiones o lidera el proceso), la Oficina Técnica o departamento de Ingeniería, la parte comercial (que tiene un componente técnico importante en el diálogo con el cliente o en la detección de necesidades) y el área de producción/ fabricación. La relación con el cliente es continua a lo largo de este proceso. Se puede afirmar que los procesos de innovación de las pymes Navarras son procesos de ajustes y aprendizaje interactivo continuos de las pymes industriales hacia sus clientes. El caso paradigmático es el de las empresas productoras de maquinaria específica, pero estos procesos son también típicos en empresas auxiliares de automoción.

Un aspecto que hemos podido detectar en las entrevistas, y que no suele ser objeto de atención en los estudios sobre la innovación, es la participación de los trabajadores cualificados (con titulación de Formación Profesional) en los procesos de innovación. Aunque estos trabajadores no participan normalmente en los comités de planificación de la innovación (formados por los responsables de las áreas mencionadas), sí juegan un importante papel en los procesos de puesta a punto y ajustes continuos de los nuevos prototipos. En los procesos de implantación (y realimentación hacia el diseño y desarrollo), los trabajadores técnicos cualificados (con formación de FP) y con experiencia en la empresa realizan aportaciones y mejoras importantes. Las empresas más avanzadas incorporan a algunos de estos trabajadores en los grupos de diseño y desarrollo. En distintas entrevistas se señala la relevancia de los estudios de FP de grado superior frente a los de grado medio. También se apunta que los trabajadores técnicos son en buena medida los encargados de la ejecución de los proyectos de I+D subvencionados con fuentes públicas. En algunos casos se detectan técnicos de FP en labores de encargados de área, e incluso casos de personas con dicha formación que han llegado a ser directivos de las empresas.

En suma, recapitulando sobre las características internas de los procesos de innovación en las pymes, cabe señalar que se cumplen los postulados de la teoría del sistema de innovación en el sentido de que las innovaciones en estas organizaciones consisten en procesos de creación y adaptación de conocimiento a partir de elementos existentes y siguiendo una "trayectoria" marcada por las bases de conocimiento y capacidades internas. Las empresas se mueven hacia nuevos desarrollos tecnológicos traccionadas por las demandas de clientes que normalmente tienen un mayor poder de negociación que las pymes entrevistadas, o buscando nuevos nichos de mercado donde pueden aplicar y desarrollar su conocimiento.

En las empresas más pequeñas o auxiliares, el desarrollo de nuevo conocimiento responde a un proceso escasamente formalizado, mientras que las empresas con capacidades internas de conocimiento mayores entran, ayudadas por los proyectos con financiación pública, en procesos de mayor formalización de la innovación e integración de la misma en la estrategia empresarial.

Un postulado básico de la teoría del sistema de innovación es que la creación y aplicación de nuevo conocimiento es un proceso de aprendizaje interactivo. En este apartado hemos podido ver que la relación entre fabricante y cliente es central en los procesos de innovación de las pymes de la CFN. En el apartado siguiente se incidirá más en este aspecto. En cuanto a los procesos internos, cabe destacar que la participación en los procesos de innovación queda reducida frecuentemente a los directores/as de departamento o área, además de la gerencia. Se detecta un potencial para una mayor participación de los trabajadores técnicos cualificados, que son quienes realizan en última instancia las implementaciones de los nuevos sistemas.

7.3 Relaciones con clientes y proveedores

En el apartado 4.2 de este informe se han ofrecido algunos datos sobre cooperación de las pymes industriales innovadoras en base a la Encuesta de Innovación del INE (tablas 23, 24 y 25). El porcentaje de empresas que cooperan en innovación es similar al estatal, si bien la incidencia de la cooperación con proveedores, clientes y otras empresas del grupo es mayor en el caso de la CFN.

El nivel de cooperación con universidades y centros tecnológicos en el bienio 2008-2010 es, en cambio, inferior a la media española. Este dato es sorprendente, especialmente en el caso de los centros tecnológicos, teniendo en cuenta el peso de este agente en el sistema navarro de innovación. Sin embargo, puede tratarse de una disminución coyuntural (condicionada quizá por el primer impacto de la crisis de 2008), puesto que el nivel de cooperación en bienios anteriores es considerablemente superior.

A partir de la explotación propia realizada a partir de las respuestas de 237 empresas innovadoras a la Encuesta de Innovación del INE de 2008, en el apartado 4.3 de este informe hemos podido incidir en algunos aspectos adicionales sobre las relaciones externas y la cooperación.

En primer lugar, y en lo que se refiere a las fuentes de información para los procesos de innovación, queda clara la importancia tanto de las bases internas de conocimiento de las empresas (para un 81% de las pymes de 25 o más empleados tiene una importancia intermedia o elevada) como de sus relaciones con proveedores (62%) y clientes (52%). La importancia relativa de estos socios externos es muy superior a la de los centros tecnológicos (27%) o las universidades (15%).

En segundo lugar, el tamaño, el nivel tecnológico y la pertenencia a un grupo empresarial son características asociadas estadísticamente con la cooperación para la innovación.

En tercer lugar, las empresas que cooperan realizan en mayor medida (siendo las diferencias estadísticamente significativas) I+D interna, I+D externa y actividades de formación relacionadas con la innovación. La realización conjunta de I+D interna y externa aumenta la incidencia de todas las formas de cooperación, y especialmente con agentes tecnológicos y científicos.

Todas estas actividades (I+D interna, I+D externa, cooperación en la innovación) aparecen estadísticamente asociadas con la existencia de subvenciones públicas a la I+D en una suerte de "círculo virtuoso de la innovación", lo que muestra la importancia de este aspecto del entorno institucional en los procesos de innovación de las empresas. Más adelante incidiremos más en esta cuestión.

Finalmente, en cuanto al número de socios con el que se ha cooperado en las actividades de innovación en periodo considerado (2006-2008), una gran mayoría de empresas (82%) ha cooperado con entre uno y tres socios.

Las entrevistas cualitativas realizadas dentro de este proyecto a pymes industriales nos han permitido obtener información complementaria sobre las relaciones de las pymes industriales con clientes y proveedores. La evidencia recogida confirma el supuesto de la teoría de los sistemas regionales de innovación según el cual las pequeñas y medianas empresas innovan a través de procesos de "aprendizaje interactivo", continuados en el tiempo, en sus relaciones con un número reducido actores, principalmente, de proveedores y clientes.

Frecuentemente, el poder de negociación de clientes como los fabricantes de automóviles o de eólica respecto a las empresas entrevistadas es grande, pero ello no impide, de acuerdo con la teoría mencionada, el surgimiento de relaciones de confianza en un contexto de beneficio mutuo generado por una colaboración continuada. Estos procesos de ajuste mutuo continuo se basan en relaciones de confianza y en muchos casos de cercanía geográfica, y se dan típicamente entre fabricantes de maquinaria especial o producto final (por ejemplo, muebles frigoríficos) y sus proveedores y/o clientes finales.

Dentro de las empresas fabricantes de maquinaria o con producto propio entrevistadas se han detectado distintos tipos de cooperación con proveedores. En ocasiones estas empresas "traccionan" de sus proveedores, invitándoles a participar en los nuevos desarrollos que van a llevar a cabo, y solicitándoles los requerimientos y características técnicas que debe tener el componente o elemento en cuestión. Esta colaboración puede llegar a plasmarse en proyectos financiados con fuentes públicas, de los cuales forma parte el desarrollo que debe llevar a cabo el proveedor.

En otras ocasiones los proveedores de elementos de alto nivel técnico ofrecen sus novedades a un fabricante de maquinaria (por ejemplo maquinaria para la industria de la alimentación), que contribuye a testar o poner a prueba dicho componente para posibles revisiones.

En cuanto a las dificultades para la cooperación con los proveedores, algunos casos detectados se relacionan con las relaciones de poder asimétricas entre empresas, así como con la falta de autonomía, por ejemplo en situaciones en las que el cliente (una gran multinacional del automóvil) impone unos determinados proveedores a la empresa entrevistada. Se da la circunstancia de que la empresa en cuestión tiene poca autonomía, al situarse la I+D y otras funciones generales en su sede central, fuera de Navarra.

En las relaciones con el cliente, factor clave en la innovación en las pymes industriales navarras, se detectan procesos similares de aprendizaje interactivo continuado entre un número reducido de actores.

A este respecto, un caso que podríamos denominar "típico" de cooperación, especialmente intensa, es el del fabricante de maquinaria especial que realiza diseños y desarrollos específicos para clientes con los que tiene una relación continuada en el tiempo y para los cuales llega a realizar una I+D específica. Tanto en este caso, como en el de fabricantes de maquinaria para alimentación o en el de las pymes auxiliares del automóvil, las empresas entrevistadas realizan los diseños y desarrollos siguiendo los requerimientos del cliente, y llevan a cabo el ajuste final de sus prototipos en casa del cliente, con lo cual la innovación está completamente adaptada a las necesidades de éste.

No obstante, en otras ocasiones, empresas entrevistadas del sector de maquinaria de alimentación o mueble frigorífico buscan activamente clientes para testar sus desarrollos e innovaciones. La relación es, por tanto, bidireccional, dentro de procesos de cooperación entre un número reducido de actores, caracterizados por la continuidad y el surgimiento de relaciones de reciprocidad y confianza.

En cuanto a las barreras a la cooperación, también se han encontrado empresas auxiliares de automoción sujetas a relaciones más asimétricas e impositivas por parte de sus grandes clientes multinacionales, o de empresas que realizan desarrollos para clientes líderes del sector eólico, los cuales ponen como condición la apropiación (un tanto unilateral) de la propiedad intelectual que pudieran generarse de dichos desarrollos.

7.4 Relaciones entre empresas y centros tecnológicos

Tras considerar las relaciones interempresariales en los procesos de innovación, pasamos a centrar la atención en las relaciones entre las empresas y los agentes tecnológicos (centros tecnológicos y universidades). La creación de una estructura regional de desarrollo y transferencia de tecnología (principalmente los centros tecnológicos) ha sido uno de los objetivos principales de las políticas regionales de innovación en la CFN, sobre todo a partir del Primer Plan Tecnológico del año 2000. Por medio de las entrevistas cualitativas realizadas a empresas hemos pretendido comprobar el impacto que estas estructuras están teniendo en los procesos de innovación de las pymes, supuestos destinatarios últimos de los servicios de los agentes tecnológicos.

En las entrevistas realizadas hemos podido constatar que la mayoría de las empresas contactadas han tenido relaciones con los centros tecnológicos y que, en general, se encuentran satisfechas con dichas relaciones. Un primer aspecto a destacar es que las relaciones entre empresas y centros consisten, generalmente, en la contratación de servicios puntuales desde aquéllas hacia éstos, tales como análisis de materiales, validaciones, simulaciones o resolución de problemas concretos encontrados en la producción. Algunas empresas cuentan con la asistencia de centros tecnológicos en el apoyo a la gestión de proyectos de I+D o en la impartición de formación.

En todo caso, la continuidad en la prestación de servicios a una empresa es un primer paso importante que, como señala un entrevistado, redunda incluso en una mejor imagen pública de la empresa (las empresas muestran a sus clientes potenciales los centros tecnológicos y sus instalaciones como si fueran una parte más de la empresa).

En menor medida, las empresas cooperan con los agentes tecnológicos en proyectos de I+D e innovación. Esta colaboración, que se produce en el marco de proyectos de financiación pública a la innovación, ayuda a que se vayan construyendo entre empresas y centros tecnológicos relaciones de confianza y colaboraciones más estratégicas. Algunas empresas han llegado a este tipo de relación continuada que toma formas como los proyectos de desarrollo conjuntos en los que la empresa se centra en la parte de industrialización y el centro conserva la patente. También se mencionan como positivas las colaboraciones en proyectos Cenit subvencionados por el gobierno central.

Sin embargo, existen también importantes barreras que impiden una mejor imbricación entre centros tecnológicos y empresas. Algunas empresas señalan que los centros no tienen contacto suficiente con la realidad empresarial, y se dan bastantes quejas sobre sus tiempos de respuesta (no suficientemente rápidos) y sobre sus precios, considerados excesivamente altos. Algunas empresas entrevistadas sugieren que la oferta de centros tecnológicos puede ser excesiva para una comunidad del tamaño de Navarra, teniendo en cuenta, además, la existencia de centros tecnológicos en las regiones vecinas. En todo caso, en un primer momento, el comprensible celo de las empresas en la protección de su *know how* y capacidades internas centrales dificulta que un centro tecnológico pueda dar servicio a empresas que compiten en un sector.

En este estudio hemos completado la percepción de los agentes empresariales con la de los agentes tecnológicos. Para ello, tal y como se ha indicado, se han realizado 14 entrevistas con agentes tecnológicos y organismos de intermediación. De estas entrevistas se desprende que las empresas no están utilizando suficientemente las capacidades existentes en los centros tecnológicos. Agentes tecnológicos y agentes de intermediación entrevistados coinciden en señalar que el nivel de contratación de servicios y proyectos desde las pymes industriales hacia los centros tecnológicos y universidades es insuficiente[27]. Buena parte de las pymes no parece conocer suficientemente la oferta de los centros tecnológicos.

Una variable importante a este respecto es la falta de capacidades y estructuras de I+D e innovación internas a las empresas. Agentes tecnológicos señalan la conveniencia de que las pymes dediquen al menos una persona a la gestión de I+D con capacidad de diálogo con la gerencia y departamentos principales, de modo que comience un proceso de planificación de la I+D y de alineamiento con la estrategia de la empresa. En paralelo, el/la responsable de gestión de la I+D sería el interlocutor con agentes externos que puedan asistir a la empresa en la formulación de un proyecto a corto plazo susceptible de ser financiado. Dicho proyecto sería un primer indicador de la planificación de la I+D en la empresa. Un segundo escalón serían los proyectos a más largo plazo.

Otra barrera parece ser el foco de las pymes en la innovación en procesos, en detrimento de las innovaciones de producto, más frecuentes en las grandes empresas, y que generarían una mayor demanda hacia los centros tecnológicos.

En todo caso, bastantes agentes coinciden en indicar la necesidad de instrumentos que fomenten la contratación de servicios y proyectos tecnológicos externos. Se mencionan, como experiencias exitosas, los programas Euroinnova y Cenit (este último dependiente del Ministerio de Ciencia e Innovación[28]), pero se da a entender que faltan iniciativas al respecto en Navarra o foros específicos donde se establezca un conocimiento mutuo entre empresas y agentes que pueda llevar a la formulación de proyectos. Se sugiere que la administración regional podría jugar un papel más activo en la organización de dichos foros.

Los agentes tecnológicos entrevistados señalan que, una vez que se comienza la cooperación con las empresas, ésta tiende a continuar a lo largo del tiempo, produciéndose un alineamiento mutuo entre la planificación de la I+D de las empresas y las estrategias de especialización de los agentes tecnológicos. También se han detectado experiencias exitosas de centros tecnológicos que establecen una cooperación y confianza con las pymes a partir de servicios generales (asesoría económica, jurídica, formación), avanzando posteriormente hacia la utilización de servicios de carácter tecnológico.

A través de las entrevistas a agentes tecnológicos hemos pretendido también incidir en la problemática de la coordinación entre los distintos centros tecnológicos, creados o desarrollados fuertemente en los últimos años al albur de las políticas regionales.

En las entrevistas realizadas a centros tecnológicos se ha detectado que existe cooperación entre los centros cuando sus capacidades son "complementarias". Ante una petición de proyecto o servicio por parte de una empresa cliente, el centro tecnológico en cuestión completaría sus capacidades internas con capacidades complementarias de otro u otros centros para dar a su empresa cliente un servicio más global. En este sentido se mencionan también, como experiencia positiva, proyectos recientes financiados por el Ministerio de Ciencia e Innovación, donde cada centro tecnológico desarrolla aquella parte en la que es más fuerte.

Al parecer, dentro de la red Retecna se está trabajando con esta idea de complementariedad, aunque de las entrevistas realizadas se desprende que todavía existen importantes barreras que superar al respecto. Algunos centros tecnológicos entrevistados señalan que la cooperación es posible con centros transversales, que cubren tecnologías genéricas, e incluso con centros del mismo sector, siempre que exista una complementariedad. Sin embargo, dentro de un mismo sector se detectan problemas cuando los tamaños son muy diferentes y el centro grande tiende a cubrir todas las áreas.

También se detectan problemas de competencia entre centros tecnológicos por cubrir nuevas áreas emergentes o "calientes", y algunos agentes señalan la conveniencia de que, en estas situaciones, el gobierno regional intervenga más decididamente para ordenar la oferta tecnológica.

En general, a los problemas derivados de la existencia de una "población" en cierto modo numerosa de centros tecnológicos, bastantes de ellos de reciente creación, que compiten por los mismos fondos públicos, se añade el de la existencia de centros tecnológicos de comunidades autónomas limítrofes especializados en tecnologías similares. La coordinación entre los agentes de la potente estructura de oferta tecnológica existente en Navarra, que constituye una de las características más distintivas de su sistema de I+D, debe seguir siendo un objetivo de las políticas regionales.

7.5 Las relaciones universidad-empresa

En las entrevistas realizadas a las empresas se ha podido constatar que las relaciones con las universidades son menos frecuentes que las que se establecen con los centros tecnológicos. Se detecta que los becarios/as, proyectos de fin de carrera y tesis pueden ser un mecanismo de relación interesante, siendo el caso que muchos de estos becarios/as terminan siendo contratados por la empresa. Estas relaciones pueden ser un primer paso para la realización de proyectos conjuntos.

Sin embargo, en opinión de las empresas, barreras como la lentitud de respuesta son más acusadas en la universidad que en los centros tecnológicos. También se indica que, aunque hay profesionales muy valiosos, no hay grupos o estructuras de I+D estables en la universidad, y que dicho agente no se aproxima a la empresa. Las empresas señalan también que no hay incentivos suficientes para que los profesores se dediquen a estas labores y que el énfasis en la publicación es incompatible con la transferencia de conocimiento a la empresa.

De las entrevistas realizadas a agentes tecnológicos (entre ellos universidades) se desprende también que existen obstáculos importantes que dificultan una mayor conexión entre la universidad y las empresas.

Por un lado, el sistema navarro de I+D, canalizado principalmente a través del Plan Tecnológico y de las ayudas a la I+D+I del departamento de Industria tiene una fuerte orientación hacia el desarrollo tecnológico y la innovación, algo que es visto como positivo por los agentes (incluida la universidad), si bien el ámbito de la política científica, competencia del departamento de Educación y con un peso de I+D reducido en los presupuestos del Gobierno de Navarra, queda un tanto desconexo del mismo.

Las entrevistas a agentes tecnológicos han revelado algunos obstáculos que deben ser superados de cara a una mayor inserción de la universidad en el sistema de I+D. Se parte de la constatación de que sólo algunos (más bien pocos) grupos de investigación realizan regularmente actividades de transferencia de conocimiento a la empresa. Estos grupos se encuentran con importantes dificultades debido a la falta de estructuras estables de investigación (cada vez que comienza un proyecto debe buscarse personal técnico de apoyo, en un proceso que se alarga en el tiempo) y a rigideces normativas y de funcionamiento de la universidad (por ej. el personal no puede ser contratado hasta que el dinero llega a la universidad). A un nivel más general, se señala el problema de la falta de incentivos (de tipo económico o de carrera académica) para que los profesores dediquen más atención a las necesidades de las empresas.

Diversos agentes tecnológicos o de intermediación señalan que la conexión entre la universidad y las empresa del entorno es más bien escasa y demandan más investigación aplicada y más investigación básica orientada, además de la investigación básica propiamente dicha, que se reconoce como una función central de la universidad. También se demanda a la Universidad Pública (UPNA) una mayor concentración de esfuerzos en un número reducido de áreas, si bien desde ésta se indica que en ocasiones recibe demandas contradictorias desde los distintos departamentos del gobierno regional.

En todo caso, en opinión de las universidades, para que haya una relación fructífera a medio-largo plazo entre grupos de investigación universitarios y empresas, debe darse un proceso de confluencia entre las líneas de investigación de los grupos y los objetivos de las empresas (por ejemplo, una búsqueda de diversificación en un nuevo nicho de mercado). La interacción debe ser continuada en el tiempo y basada en un equipo mixto, que incluya personal de las empresas. Desde la universidad se señala que es difícil encontrar este tipo de interlocución en las empresas del entorno.

En todo caso, no hay que olvidar la función de la universidad como formadora de capital humano que, cuando llega a las empresas, aporta nuevo conocimiento y herramientas a las mismas. Un centro tecnológico entrevistado señala el cálculo de elementos finitos y las simulaciones virtuales como ejemplos de herramientas que eran desconocidas hasta hace pocos años en las empresas navarras. Hoy en día los graduados universitarios llegan a las empresas con estos conocimientos, lo cual supone un importante avance.

A través de las entrevistas a agentes tecnológicos y de intermediación, hemos pretendido también atender a las relaciones entre la universidad y los centros tecnológicos. En las entrevistas realizadas se da a entender que existen importantes puntos de mejora a este respecto. Una mayor conexión entre dichos agentes, en principio centrados en funciones diferentes (la investigación orientada o aplicada, en el caso de la universidad, y la captación de conocimiento y el servicio a la empresa, en el caso de los centros tecnológicos) beneficiaría a ambos y, en última instancia, a las empresas clientes. No obstante, de las entrevistas realizadas a agentes tecnológicos se desprende que existen diversas dificultades al respecto.

Desde la universidad se señala que algunos centros tecnológicos están focalizados en el servicio a la empresa y que se encuentran, por tanto, alejados de la universidad. No obstante, algunos centros tecnológicos indican que la universidad no realiza un esfuerzo suficiente de acercamiento a los centros. Se da a entender que algunas demandas que recibe la universidad desde las empresas, realizadas por profesionales de las empresas que son exalumnos de la universidad y que, por tanto, tienen a ésta como primer punto de referencia, deberían ser redirigidas hacia los centros tecnológicos. Una mayor especialización de la universidad y los centros tecnológicos en sus respectivos papeles, acompañada de más cooperación entre ambos agentes, evitaría frustraciones con los plazos y los precios de los proyectos y servicios que dichos agentes realizan para las empresas.

En algunos centros tecnológicos existe una mayor cooperación con universidades a través de distintas formas de relación, como son: la captación de universitarios doctores como personal de los centros; la colaboración de profesionales de los centros en las universidades como profesores a tiempo parcial; y el reparto de papeles entre la investigación fundamental (realizada en la universidad) y la aplicación y servicio a la empresa (realizada por el centro). En suma, el aumento de la coordinación y cooperación entre la universidad y los centros tecnológicos puede contribuir a una mejor relación entre aquélla y las empresas.

7.6 El papel de las políticas regionales

De acuerdo con la perspectiva del sistema de innovación, el entorno institucional, y en concreto las políticas públicas, juegan un importante papel en la promoción de las actividades de I+D e innovación en las empresas. A este respecto, en el apartado 4.2 se han ofrecido algunos datos elaborados a partir de la Encuesta de Innovación del INE de 2010 que permiten realizar una primera aproximación a esta cuestión.

Los fondos públicos suponen un 21,3% del gasto de I+D empresarial en la CFN, porcentaje ligeramente inferior a la media española (22,2%). Este nivel es superior al de Cataluña, pero casi 10 puntos inferior al de la CAPV. En cuanto a la evolución de esta magnitud, puede verse un importante crecimiento a partir del año 2001, coincidiendo con la puesta en marcha del Plan Tecnológico de Navarra. Los fondos públicos para I+D son especialmente importantes para las pymes de 25-74 y 75-149 empleados (24,2% y 27,2% respectivamente).

Respecto al indicador más amplio de gastos de innovación, y en base a información elaborada a partir de la mencionada encuesta del INE del 2010, se observa que un 75% de las empresas innovadoras han recibido ayudas públicas de la administración regional, porcentaje superior en 11 puntos a la media estatal (64%). Es interesante señalar, así mismo, que un 58% de las empresas innovadoras navarras han recibido ayudas públicas para innovación procedentes de la administración central del Estado, porcentaje superior a la media española (50%) y muy superior al de la CAPV (43%), y que puede deberse a las iniciativas de coordinación con el gobierno central impulsadas desde el área de Industria del Gobierno de Navarra. Finalmente, el nivel de financiación procedente de la Unión Europea en Navarra (5,5%) es inferior a la media estatal (7,3%).

La explotación propia, dentro de este proyecto, de las respuestas de 237 empresas navarras de 25 a 249 empleados a la Encuesta de Innovación del INE de 2008, nos ha permitido profundizar en las relaciones entre la realización de actividades de I+D, la cooperación en actividades de innovación y la financiación pública. Como se ha mostrado en el apartado 4.3 de este informe, se confirma que existe un "círculo virtuoso" de interrelaciones entre estas variables.

Por un lado, las pymes innovadoras que recibieron financiación pública llevaron a cabo en mayor medida actividades de I+D internas y externas, mientras que las pymes innovadoras que no recibieron dicha financiación llevaron a cabo en mayor medida actividades de adquisición de maquinaria.

Por otro lado, la experiencia en cooperación para innovación y el acceso a subvenciones son dos cuestiones claramente relacionadas para las empresas innovadoras. Siendo la financiación pública una característica minoritaria entre las empresas innovadoras, entre las que cooperan las subvencionadas aumentan proporcionalmente hasta un 72% Esta relación se cumple igualmente atendiendo al alcance geográfico de las subvenciones. Las empresas que han cooperado son las que más frecuentemente llegan a la financiación pública tanto regional como estatal (y europea), con una incidencia que dobla la de las empresas que no cooperan.

La obtención de ayudas públicas para la I+D está relacionada con mayores niveles de cooperación, tanto vertical (clientes y proveedores) y horizontal (otras empresas, competidores), como, especialmente, tecnológica (centros tecnológicos y consultorías) y científica (universidades y organismos públicos de investigación).

Las entrevistas semiestructuradas realizadas, en el marco de este proyecto, a pymes industriales y agentes tecnológicos y de intermediación, han permitido obtener información cualitativa complementaria sobre la importancia de las políticas públicas, y más específicamente el papel del gobierno regional, en el sistema de innovación de la CFN.

Las políticas públicas del Gobierno de Navarra, junto con la preexistencia de una cultura industrial en la región, han sido un factor decisivo en el reciente crecimiento de las estructuras de I+D en la Comunidad Foral, hasta alcanzar un nivel medio europeo. En este sentido, se confirman los postulados de la teoría del sistema de innovación que indican la influencia de aspectos institucionales y culturales en los procesos de innovación.

De acuerdo con dicha perspectiva, las administraciones públicas juegan un importante papel como "animadoras" del desarrollo económico, creando las condiciones para que los agentes empresariales y tecnológicos entren en procesos autoorganizados de aprendizaje interactivo. Estas condiciones se refieren tanto al marco legal y regulador formal como al fomento de relaciones informales basadas en la reciprocidad y la confianza. En concreto, tal y como señala la teoría de los sistemas regionales de innovación, el nivel regional y local de gobierno es especialmente adecuado para el fomento de las relaciones entre las empresas, los agentes tecnológicos, las asociaciones empresariales, los agentes públicos y los agentes sociales.

En el caso de la CFN, y de acuerdo con la evidencia empírica cualitativa recogida en las entrevistas a empresas y agentes tecnológicos, la relación entre las empresas y el gobierno regional (en concreto el área de Industria) ha sido un factor clave en el "despegue" y desarrollo del sistema de I+D. El tamaño reducido de la Comunidad Foral, junto con el autogobierno económico y fiscal, han facilitado una relación cercana (un "diálogo") entre empresas y administración regional que ha hecho posible la movilización y crecimiento de los recursos de I+D en Navarra.

Otro aspecto interesante del caso navarro es la coordinación, buscada desde el gobierno regional, entre las ayudas regionales y los programas del CDTI del gobierno central, así como la apuesta por la coordinación con las instancias de dicho gobierno para el establecimiento en Navarra de estructuras científico-tecnológicas de ámbito estatal, como son el CENER en energías renovables y el CNTA en el área alimentaria.

En las entrevistas realizadas a empresas hemos podido detectar que un buen número de las pymes industriales entrevistadas ha recibido o recibe habitualmente ayudas a la I+D del CDTI y del Gobierno de Navarra. La coordinación entre ambas fuentes es bien valorada y tiene como resultado un nivel de financiación pública superior al de otras comunidades autónomas. En particular, el papel de los técnicos del área de ayudas a la I+D del Gobierno de Navarra (departamento de Industria) es muy bien valorado por su cercanía y atención a las empresas.

Las empresas entrevistadas han relatado experiencias de crecimiento, diversificación (por ejemplo, una empresa auxiliar de automoción que da el salto al sector eólico) y desarrollo de nuevos productos e inversiones en nueva maquinaria que no hubieran sido posibles sin las ayudas del gobierno regional. Normalmente, estos procesos se llevan a cabo en base a una ayuda continuada de fuentes públicas a los sucesivos proyectos que son formulados por las empresas, que logran de este modo mantener una "tensión" en las actividades innovadoras.

Sin embargo, para algunas empresas, de tamaño más pequeño, los procesos burocráticos de solicitud de las ayudas, así como sus dilatados marcos temporales, son un freno a la petición de ayudas. Otras son reacias a solicitar estas ayudas por miedo a desvelar partes centrales de su *know how*. Algunas empresas señalan que, con el énfasis en la ayuda al desarrollo de productos, quedan fuera las posibles ayudas a mejoras de los componentes o a la innovación en procesos.

En todo caso, las empresas que acceden a las ayudas cuentan con el apoyo de consultorías para los procesos de solicitud y gestión de las mismas. Algunas empresas se quejan del doble proceso burocrático de las ayudas del CDTI y del gobierno regional, que utilizan diferentes formatos, y reclaman una "ventanilla única", aunque también entienden que los procesos de selección de proyectos deben ser rigurosos para evitar abusos que se hayan podido producir en el pasado.

Las experiencias en proyectos de cooperación entre empresas parecen poco extendidas, y algunas empresas muestran recelos a las mismas. Se menciona como positiva la experiencia en proyectos Cenit (CDTI) de generación de conocimiento para las empresas más punteras, dentro de los cuales están empresas competidoras de un mismo sector. La solución adoptada en el inicio de estos proyectos es el reparto de áreas entre las empresas y agentes participantes, de modo que se minimice el riesgo de choque de intereses.

Por otro lado, se han encontrado pocas experiencias de participación en proyectos europeos, que son bien valoradas por las empresas que han participado como posibles fuentes de ventaja competitiva, a pesar de la carga burocrática que generan.

En las entrevistas cualitativas a empresas se solicitó también una valoración general sobre el sistema de I+D en Navarra. A partir de las respuestas obtenidas, puede afirmarse que el papel del gobierno regional como "animador" de la innovación se considera decisivo. El tamaño reducido de la comunidad autónoma facilita la "supervisión" (por decirlo de alguna manera) de la administración regional sobre las empresas. De nuevo se menciona la cercanía y la atención de los funcionarios que gestionan las ayudas de I+D en el área de Industria del gobierno regional, así como la importancia de los distintos tipos de ayudas (inversión, terrenos, maquinaria). Esto marcaría la diferencia frente a otras comunidades autónomas.

Otro factor destacado es la existencia de un entorno industrial donde existe una "aglomeración" o clusterización de clientes, proveedores y competidores, así como la existencia de instituciones educativas, que posibilitan la existencia de mano de obra cualificada, y de agentes de apoyo a la I+D, principalmente, los centros tecnológicos. Un caso reciente destacado en este sentido ha sido el surgimiento del sector eólico en Navarra y la reorientación de empresas auxiliares y de maquinaria especial hacia dicho sector.

Como aspectos de mejora, aunque se reconoce que existe una importante oferta general de acciones en torno al sistema de I+D, algunas de las empresas entrevistadas señalan que sería positivo que se organizaran foros, encuentros de intercambio de experiencias o mesas redondas específicas para pymes, y que tuvieran un carácter selectivo. Indican que es difícil salir del día a día, pero también reconocen que estos intercambios serían interesantes.

También se señala que sigue habiendo un número grande de empresas que no acceden al sistema de I+D ni solicitan ayudas (a este respecto se indica que los centros tecnológicos y agentes de I+D podrían realizar una labor más proactiva) y que existen desequilibrios territoriales, con una posible concentración excesiva de las actividades y servicios de I+D en el área metropolitana de Pamplona. La situación es especialmente grave en comarcas de tradición industrial como Sakana, que doblan la tasa de desempleo de la comunidad autónoma, y se reclama mayor atención al respecto al gobierno y agentes sociales.

Los agentes tecnológicos y de intermediación entrevistados fueron requeridos también para valorar las políticas regionales de apoyo a la I+D. La valoración de dichas políticas es muy positiva. Se valora positivamente el nivel de ayuda económica del Gobierno de Navarra a la I+D en las empresas, así como la cercanía y el apoyo de los técnicos de la administración en la gestión de los proyectos. También se valora positivamente la coordinación con el CDTI. Como aspectos de mejora, se señalan la lentitud de los procesos de decisión y una posible falta de personal suficiente en dichas funciones en la administración regional.

A nivel de instrumentos, entre los agentes tecnológicos y de intermediación entrevistados existe una percepción generalizada de que es necesario prestar más atención a la cooperación entre agentes en los proyectos de I+D, especialmente entre empresas y agentes tecnológicos. Las empresas no parecen tener iniciativa suficiente para formular proyectos de cooperación, y se pide una mayor intervención al respecto al gobierno regional como "animador" de la cooperación. Como se ha mencionado anteriormente, la iniciativa de proyectos integrados Euroinnova apoyada por el gobierno regional es muy bien valorada, pero se ve como necesario completar las ayudas a la I+D empresarial con proyectos de cooperación donde las empresas subcontraten partes del proyecto a los centros tecnológicos. También se indica la necesidad de concentrar y focalizar más los recursos públicos dedicados a I+D.

De las entrevistas cualitativas realizadas en el marco de este proyecto a agentes tecnológicos y de intermediación se desprende que la cooperación entre empresas es insuficiente y que las recientes iniciativas de formación de clústeres han tenido un impacto limitado, en ocasiones por la falta de participación de empresas tractoras. En todo caso, el mejor marco para el establecimiento de relaciones interempresariales "concretas" parecen ser los proyectos de cooperación, frente a estructuras de carácter más "general" como son los clústeres.

Respecto a la coordinación entre agentes, en dichas entrevistas se apunta un cierto "desorden", tanto en la oferta tecnológica, como en los mecanismos y agentes de intermediación. El crecimiento del sistema de I+D en los últimos años ha provocado una "proliferación" de agentes que será necesario consolidar y coordinar. La red RETECNA es un primer paso a este respecto en el campo de los centros tecnológicos. En lo que se refiere a los agentes de intermediación, se indica que el papel de la agencia de innovación ANAIN y sus competencias ejecutivas no terminan de estar claras. En relación con esto, también se señala que los departamentos del gobierno no tienen suficiente coordinación entre sí (por ejemplo entre los ámbitos de Industria y Salud), y que se carece de una política científica propiamente dicha suficientemente desarrollada. Así mismo, se indica la necesidad de coordinar más (o simplificar) los diferentes planes e iniciativas implicadas en el campo de la innovación (Fundación para la Diversificación, Plan Moderna, Plan Tecnológico, planes departamentales del gobierno, etc.).

Considerando la CFN como entorno de la innovación, los agentes tecnológicos y de intermediación entrevistados valoran positivamente la existencia de un empresariado con cultura industrial, el tamaño reducido y la consiguiente cercanía entre los actores, que permite formular con rapidez respuestas eficaces ante nuevos retos, así como la cercanía entre el gobierno regional y las empresas. Como se ha mencionado, esta combinación de factores ha provocado recientemente el surgimiento de nuevos sectores, como el de las energías renovables, especialmente la eólica. Respecto al futuro, se plantea la posibilidad de un mayor crecimiento del sector biomédico. En cuanto a las limitaciones del entorno regional uniprovincial, se señalan la dificultad de generar masas críticas y la falta de peso en las decisiones de ámbito estatal.

7.7 Principales conclusiones del estudio

Para terminar, quisiéramos enumerar brevemente las principales conclusiones que se derivan de este estudio, en relación con las hipótesis iniciales planteadas (véase apartado segundo), que han quedado a nuestro entender en gran medida confirmadas. Queda evidenciado que, en poco más de una década, la CFN ha pasado de ocupar una posición inferior a la media estatal en I+D a ocupar una posición destacada entre las CCAA y a alcanzar la media europea. Adicionalmente:

o   Se constata un incremento del porcentaje de empresas que realizan I+D durante los últimos diez años entre las pyme de menos de 150 trabajadores (muy especialmente, en el tramo de empresas con 75-149 empleados). En cambio, el porcentaje de pymes grandes y de empresas grandes que efectúan I+D se ha reducido. (Primera hipótesis, H1)

o   Las pymes industriales navarras, que constituyen un pilar muy importante del desarrollo económico de la región, innovan desarrollando combinaciones nuevas de elementos y tecnologías existentes. Los nuevos elementos y tecnologías son desarrollados e integrados en las capacidades centrales y sistemas técnicos y productivos de las empresas, a través de procesos de innovación incremental. En ocasiones las pymes industriales realizan modificaciones y desarrollos en sus capacidades internas al objeto de aplicar su conocimiento a nuevos nichos de especialización. (H2)

o   Los procesos internos de innovación son el resultado de las relaciones entre los principales responsables de área (gerencia, área técnica, área comercial, producción/fabricación). La participación de los trabajadores cualificados (con perfil de FP) se limita generalmente a la implantación de los nuevos diseños y desarrollos. Se detecta un potencial de mayor participación de estos trabajadores. (H3)

o   La dinámica central de los procesos de innovación de las pymes tiene lugar a través de las relaciones con proveedores y clientes clave. Estas relaciones son frecuentemente bidireccionales y continuadas, y en ellas surgen orientaciones de reciprocidad y confianza mutua. Estos procesos de "aprendizaje interactivo" pueden considerarse típicos de las pymes industriales más dinámicas. (H4)

o   También se encuentran casos de relaciones más asimétricas e impositivas con clientes, incluso en empresas de considerable tamaño, típicamente de montaje, que carecen de capacidades de I+D o por encontrarse éstas en otras plantas del grupo alejadas geográfica o "culturalmente". (H4)

o   Las empresas valoran positivamente la existencia de una infraestructura regional de centros tecnológicos. Bastantes de las empresas entrevistadas han tenido relaciones con dichos agentes aunque, a día de hoy, estas relaciones se refieren sobre todo a servicios puntuales por parte de los centros tecnológicos. (H5)

o   Es necesario superar distintas barreras (naturales en un primer momento) por parte de ambos agentes de cara a la generación de relaciones más estratégicas entre los mismos. La prestación de servicios, asesoramiento o formación es un primer paso, pero se detecta una percepción bastante generalizada de la necesidad de un mayor impulso, desde la administración regional, a los proyectos de cooperación entre empresas y agentes tecnológicos. (H5)

o   El gobierno regional ha jugado un papel decisivo en la promoción de la I+D y en la movilización de los recursos propios de I+D de las empresas. La cercanía y papel "animador" del gobierno regional, así como sus instrumentos de apoyo económico continuado a los proyectos de I+D de las empresas y a la creación de una infraestructura de centros tecnológicos en la región, han tenido un impacto decisivo en el surgimiento de un sistema de I+D e innovación en Navarra. (H6)

o   La cultura industrial de la región, que se manifiesta en su especialización industrial, en la existencia de importantes instituciones educativas (universidades y centros de Formación Profesional) y en la disponibilidad de un nivel importante de capital humano cualificado, son factores pre-existentes que ayudan a explicar el éxito de la labor animadora gubernamental. (H6)

o   La coordinación de los instrumentos regionales con los instrumentos del gobierno central (proyectos del CDTI), impulsada por el gobierno regional, así como la política de colaboración en la creación en Navarra de centros tecnológicos de ámbito estatal, han generado importantes sinergias en el sistema regional de innovación. (H6)

o   Las ayudas a la I+D son una palanca que facilita la generación de capacidades internas de I+D, la formalización y planificación de dichas actividades, y el "diálogo" entre la función de I+D y la estrategia empresarial. (H6)

o   Desde los actores del sistema se reclama en ocasiones un papel gubernamental más activo y selectivo en el fomento de iniciativas cooperación entre las empresas. (H6)

En suma, tras el importante proceso de movilización y creación de recursos para la I+D e innovación llevado a cabo en la última década en Navarra, y a la luz de la información recogida en este estudio, en este momento el reto principal parece estar en la generación de iniciativas y estructuras cooperativas y de agregación más potentes, tanto entre las propias empresas, como entre éstas y los agentes tecnológicos, como, finalmente, entre los distintos agentes tecnológicos (de modo que aumente la complementariedad y coordinación entre éstos).

- -

Notas del capítulo

22. Desde 2011 el departamento se denomina "Desarrollo Rural, Industria, Empleo y Medio Ambiente". En la anterior legislatura autonómica el departamento se denominaba "Innovación, Empresa y Empleo". Para simplificar, en este apartado se utilizará en ocasiones la denominación "Industria".

23. Dentro de los sectores de nivel técnico medio-alto habría que contabilizar también el de "Otro material de transporte", pero ello no es posible por el secreto estadístico.

24. Las entrevistas a empresas se realizaron entre noviembre de 2010 y marzo de 2011. La información recogida se refiere principalmente a las actividades internas de innovación, las relaciones con agentes externos y la valoración de las políticas públicas y del entorno regional. En el anexo cuarto se incluye el guión utilizado.

25. Las entrevistas a agentes tecnológicos y agentes de intermediación se realizaron en el último cuatrimestre de 2009 y primero de 2010. Se preguntó a estos agentes por sus actividades en el ámbito de la investigación, desarrollo e innovación, por sus relaciones con otros agentes, especialmente pymes industriales y por su valoración de los instrumentos públicos de fomento de estas actividades y del sistema regional en general. En el anexo cuarto se incluye el guión utilizado.

26. Alguna de ellas ha sido entrevistada en tanto que organización perteneciente a un grupo empresarial.

27. Este hecho se reconoce en el propio Plan Tecnológico de Navarra 2008-2011, p. 34.

28. En 2011 las competencias en ciencia y tecnología han pasado al Ministerio de Economía y Competitividad.

Capítulo 8

Bibliografía

ARNDT, O. y STERNBERG, R. (2000): "Do Manufacturing Firms Profit from Intraregional Innovation Linkages? An Empirical Based Answer", *European Planning Studies*, 8 (4): 465-485. http://dx.doi.org/10.1080/713666423

ARNOLD, E. (1998): "Developing Company Technological Capabilities", *Proceedings of the 4th. Atlanta Workshop on the evaluation of industrial modernization*, Georgia Institute of Technology.

ASHEIM, B.T. e ISAKSEN, A. (2003): "SMEs and the regional dimension of innovation", en Asheim, B. T.; Isaksen, A.; Nauwelaers C. y Tödtling, F. (Eds.): *Regional innovation policy for small-medium enterprises*, Cheltenham, Edwar Elgar, pp. 21-46.

ASHEIM, B.T. y COENEN, L. (2005): "Knowledge bases and regional innovation systems: comparing nordic clusters", *Research policy*, 34(8): 1173-1190. http://dx.doi.org/10.1016/j.respol.2005.03.013

ASHEIM, B.T.; ISAKSEN, A.; NAUWELAERS C. y TÖDTLING, F. (2003) (Eds.): *Regional innovation policy for small-medium enterprises*, Cheltenham, Edwar Elgar, pp. 21-46.

BERECHET, C.; LES, M.A. y SAN MIGUEL, F. (2006): *El sistema de investigación, desarrollo e innovación en Navarra*, Pamplona: Cámara Oficial de Comercio e Industria de Navarra e Institución Futuro.

BRACZYK, H.; COOKE, P. y HEIDENREICH R. (1996) (Eds.): *Regional Innovation Systems. The Role of Governances in a Globalized World*, London, University College London Press.

BRESCHI, S. y MALERBA, F. (1997): "Sectoral Innovation Systems: Technological Regimes, Shumpeterian Dynamics and Spatial Boundaries", EDQUIST, C. (Eds.): *Systems of Innovation: Technologies, Institutions and Organizations*, London, Pinter, pp. 130-156.

COOKE, P. y MORGAN, K. (1998): *The associational economy. Firms, regions and innovation*, New York, Oxford University Press.

COOKE, P.; GÓMEZ-URANGA, M. y ETXEBARRÍA, G. (1997): "Regional innovation systems: Institutional and organizational dimensions", *Research Policy*, 26 (4-5): 475-491. http://dx.doi.org/10.1016/S0048-7333(97)00025-5

COPUS, A., SKURAS, D. y TSEGENIDI, K. (2008): "Innovation and peripherality: an empirical comparative study of SMEs in six european union member countries", *Economic Geography*, 84(1): 51-82. http://dx.doi.org/10.1111/j.1944-8287.2008.tb00391.x

DOLOREUX, D. (2003): "Regional innovation systems in the periphery: the case of Beauce in Quebec (Canada)", *International Journal of innovation management*, 7(1): 67-94. http://dx.doi.org/10.1142/S1363919603000738

DOLOREUX, D. (2004): "Regional innovation systems in Canada: a comparative study", *Regional Studies*, 38(5): 479-492. http://dx.doi.org/10.1080/0143116042000229267

DOSI, G.; FREEMAN, C.; NELSON, R.; SILVERBERG, G. y SOETE, L. (1988) (Eds): *Technical Change and Economic Theory*, London, Pinter.

EDQUIST, C. (Eds.) (1997): *Systems of innovation. Technologies, institutions and organisations*, London, Pinter.

FREEL, M.S. (2000): "Strategy and structure in innovative manufacturing SMEs: the case of an English Region", *Small Business Economics*, 15(1): 27-45. http://dx.doi.org/10.1023/A:1012087912632

FREEL, M.S. (2003), "Sectoral patterns of small firm innovation, networking and proximity", *Research Policy*, 32(5): 751-770. http://dx.doi.org/10.1016/S0048-7333(02)00084-7

FREEL, M.S. y HARRISON, R.T. (2006): "Innovation and cooperation in the small firm sector: Evidence from 'Northern Britain'", *Regional Studies*, 40(4): 289-305. http://dx.doi.org/10.1080/00343400600725095

FREEMAN, C. (1987): *Technology, Policy, and Economic Performance: Lessons from Japan*, London, Pinter.

FRITSCH, M. (2001): "Co-operation in regional innovation systems", *Regional Studies*, 35 (4): 297-307.

GEBAUER, A.; WOON NAM, C. y PARSCHE, R. (2005): "Regional technology policy and factors shaping local innovation networks in small German cities", *European Planning Studies*, 13(5): 661-683. http://dx.doi.org/10.1080/09654310500139301

GROTZ, R. y BRAUN, B. (1997): "Territorial or transnational networking: spatial aspects of technology oriented cooperation within the German mechanical Engineering Industry", *Regional Studies*, 31 (6): 545-557. http://dx.doi.org/10.1080/00343409750131686

HASSINK, R. (1997): "Technology transfer infrastructures: some lessons from experiences in Europe, the US and Japan", *European Planning Studies*, 5(3): 351-370. http://dx.doi.org/10.1080/09654319708720404

HAUSMAN, A. (2005): "Innovativeness among small businesses: Theory and propositions for future research", *Industrial Marketing Management*, 34: 773-782. http://dx.doi.org/10.1016/j.indmarman.2004.12.009

IAMMARINO, S. (2005): "An evolutionary integrated view of regional systems of innovation: concepts, measures and historical perspectives", *European Planning Studies*, 13(4): 497-518. http://dx.doi.org/10.1080/09654310500107084

JENSEN, M.B.; JOHNSON, B.; LORENZ, E. y LUNDVALL, B.A. (2007): "Forms of knowledge and modes of innovation", *Research Policy*, 36 (5): 680-693. http://dx.doi.org/10.1016/j.respol.2007.01.006

JOHNSON, B. (1992): "Institutional learning", en Lundvall, B. A. (Eds.): *National systems of innovation*, London, Pinter, pp. 23-44.

KALANTARIDIS, C. y PHELBY, J. (1999): "Processes of innovation among manufacturing SMEs: the experience of Bedfordshire", *Entrepreneurship & Regional Development*, 11(1): 57-78. http://dx.doi.org/10.1080/089856299283290

KAUFMANN, A. y TÖDTLING, F. (2000): "Systems of innovation in traditional industrial regions: the case of Styria in a comparative perspective", *Regional Studies*, 34: 29-40. http://dx.doi.org/10.1080/00343400050005862

KAUFMANN, A. y TÖDTLING, F. (2002): "How effective is innovation support for SMEs? An analysis of the region of Upper Austria", *Technovation*, 22 (3): 147-159. http://dx.doi.org/10.1016/S0166-4972(00)00081-X

KAUFMANN, A. y TODTLING, F. (2003): "Innovation pattern of SMEs", en ASHEIM, B.; ISAKSEN, A.; NAUWELAERS C. Y TÖDTLING, F. (eds.): *Regional innovation policy for small-medium enterprises*, Cheltenham, Edward Elgar, pp. 78-115.

KAUFMANN, A. y WAGNER, P. (2005): "EU regional policy and the stimulation of innovation: the role of European Regional Development Fund in the objective 1 Region Burgenland", *European Planning Studies*, 13 (4): 581-599. http://dx.doi.org/10.1080/09654310500107274

KOSCHATZKY, K. y STERNBERG, R. (2000): "R&D cooperation in innovation systems- some lessons from the European Regional Innovation Survey (ERIS)", *European Planning Studies*, 8(4): 487-501. http://dx.doi.org/10.1080/713666415

KOSCHATZKY, K. y ZENKER, A. (1999): "The regional embeddedness of small manufacturing and service firms: regional networking as knowledge source for innovation?", *Working Papers Firms and Regions Nº R2/1999*, Fraunhofer Institute systems and innovation research.

LUNDVALL, B.A. (1992a): *National Systems of Innovation: Towards a Theory of Innovation and Interactive Learning*, London, Pinter.

LUNDVALL, B.A. (1992b): "User-producer relationships, national systems of innovation and internationalization", en Lundvall, B. A. (Eds.): *National systems of innovation*, London, Pinter, pp. 45-67.

LUNDVALL, B.A. y LORENZ, E. (2007): "Modes of Innovation and Knowledge Taxonomies in the Learning economy", *CAS workshop on Innovation in Firms*, Oslo.

MASKELL, P. (2001): "Social capital, innovation and competitiveness", en S. Baron, J. Field, y T. Schuller (Eds.), *Social Capital: Critical perspectives*, Oxford, Oxford University Press, pp. 111-123.

MASKELL, P. y MALMBERG, A. (1999): "Localised learning and industrial competitiveness", *Cambridge Journal of Economics*, 23(2): 167–186. http://dx.doi.org/10.1093/cje/23.2.167

NELSON, R.R. (1993) (Eds.): *National innovation systems: a comparative analysis*, New York, Oxford University Press.

NELSON, R.R. (2002): "Technology, institutions, and innovation systems", *Research Policy*, 31(2): 265-272. http://dx.doi.org/10.1016/S0048-7333(01)00140-8

NELSON, R.R. (2008): "What enables rapid economic progress: What are the needed institutions?", *Research Policy*, 37(1): 1-11. http://dx.doi.org/10.1016/j.respol.2007.10.008

OECD (2001): *The Well-being of Nations. The Role of Human and Social Capital*, Paris, OECD.

OINAS, P. (2000): "Distance and learning: does proximity matter?", en Boekema, F.; Morgan, K.; Bakkers, S. y Rutten, R. (eds.) : *Knowledge, Innovation and Economic Growth. The theory and practice of learning regions*, Chentelham, Edward Elgar, pp. 57-69.

ROSENBERG, N. (1994): *Exploring the Black Box: Technology and Economics*, Cambridge, Cambridge University Press. http://dx.doi.org/10.1017/CBO9780511582554

SANZ-MENÉNDEZ, L. y CRUZ-CASTRO, L. (2005) "Explaining the science and tecnology policy of regional governments", *Regional Studies*, 39(7): 939-954.

SHARIF, N. (2006): "Emergence and development of the National Innovation Systems concept", *Research Policy*, 35 (5): 745–766. http://dx.doi.org/10.1016/j.respol.2006.04.001

SIMMIE, J. (2002): "Knowledge spillovers and reasons for the concentration of innovative SMEs". *Urban Studies*, 39(5-6): 885-902. http://dx.doi.org/10.1080/00420980220128363

SMALLBONE, D.; NORTH, D. y VICKERS, I. (2003): "The role and characteristics of SMEs", en Asheim, B.T.; Isaksen, A.; Nauwelaers, C. y Tödtling, F. (Eds.), *Regional innovation policy for small-medium enterprises*, Cheltenham, Edwar Elgar, pp. 3-20.

STORPER, M. (1997): *The regional economy*, New York, Guilford Press.

TODTLING, F. y TRIPPL, M. (2005): "One size fits all? Towards a differentiated regional innovation policy approach", *Research Policy*, 34(8): 1203-1219.

VICKERS, I. y NORTH, D. (2000): "Regional technology initiatives: some insights form the English regions", *European Planning Studies*, 8(3): 301-318. http://dx.doi.org/10.1080/713666413

VON HIPPEL, E. (1988): *The sources of innovation,* New York, Oxford University Press.

Capítulo 9

Anexo 1. Estructura económica regional

9.1 Datos socioeconómicos básicos de referencia

Dentro de las condiciones socioeconómicas regionales se contemplan en primer lugar algunas variables como la renta per cápita, la estructura productiva, algunos indicadores del mercado de trabajo y del nivel educativo de la población, todas ellas dimensiones con incidencia en la construcción y desarrollo de un sistema regional en I+D.

9.1.1 Generación de riqueza

En términos de riqueza relativa, en la tabla *PIB per cápita 2010* se puede ver que Navarra ocupa el segundo lugar en el ranking de comunidades autónomas, siendo superada sólo por la C.A. del País Vasco. Este indicador se sitúa un 30% por encima de la media estatal.

Respecto a su especialización productiva, hay que señalar que la CFN obtiene un 22,9% de su PIB de la industria, siendo a este respecto la comunidad autónoma con mayor especialización industrial del Estado, y estando muy por encima de la media estatal (11,5%), a la que prácticamente dobla (ver tabla *PIB a precios de mercado*).

Comunidad Autónoma	Valor	Índice España = 100
Andalucía	17.405	75,5%
Aragón	24.886	107,9%
Asturias (Principado de)	21.882	94,9%
Balears (Illes)	24.672	107,0%
Canarias	19.746	85,6%
Cantabria	23.464	101,7%
Castilla y León	22.974	99,6%
Castilla - La Mancha	17.621	76,4%
Cataluña	27.053	117,3%
Comunitat Valenciana	20.465	88,7%
Extremadura	16.828	73,0%
Galicia	20.343	88,2%
Madrid (Comunidad de)	29.963	129,9%
Murcia (Región de)	18.654	80,9%
Navarra (Comunidad Foral de)	29.982	130,0%
País Vasco	31.314	135,8%
Rioja (La)	25.020	108,5%
Ceuta	21.960	95,2%
Melilla	20.832	90,3%
Total Nacional	23.063	100,0%

Tabla 49. PIB per cápita 2010. (INE, Contabilidad Regional de España)

Comunidad Autónoma	Valor	%	VAB Industrial	VAB Industrial sobre PIB
Andalucía	143.300.454	13,5	9.648.495	6,7
Aragón	32.656.838	3,1	4.881.491	14,9
Asturias (Principado de)	23.115.779	2,2	3.145.884	13,6
Balears (Illes)	26.629.483	2,5	952.373	3,6
Canarias	41.288.068	3,9	1.384.251	3,4
Cantabria	13.577.643	1,3	1.998.931	14,7
Castilla y León	57.279.525	5,4	7.068.738	12,3
Castilla - La Mancha	35.912.817	3,4	3.996.690	11,1
Cataluña	197.919.372	18,6	30.854.878	15,6
Comunitat Valenciana	102.064.279	9,6	13.095.075	12,8
Extremadura	18.201.456	1,7	853.745	4,7
Galicia	55.631.002	5,2	6.401.077	11,5
Madrid (Comunidad de)	190.390.696	17,9	15.165.886	8,0
Murcia (Región de)	27.324.745	2,6	2.913.376	10,7
Navarra (Comunidad Foral de)	18.596.177	1,8	4.264.813	22,9
País Vasco	66.900.053	6,3	13.914.137	20,8
Rioja (La)	7.869.185	0,7	1.535.638	19,5
Ceuta	1.655.035	0,2	32.521	2,0
Melilla	1.536.811	0,1	24.001	1,6
Extrarregional	741.582	0,1		
Total Estado	1.062.591.000	100,0	122.132.000	11,5

Tabla 50. PIB a precios de mercado en miles de Euros (2010). (INE, Contabilidad Regional de España)

9.1.2 Tasas de actividad, empleo y paro

Los datos de la EPA para las diferentes regiones muestran que la tasa de paro en la CFN, aunque importante, es muy inferior a la media estatal (11,8% frente al 20%) situándose, junto al País Vasco y Cantabria, entre las tres regiones que han registrado menos paro en el año 2010.

Por otro lado, la tasa de empleo, esto es, la razón entre la población ocupada y la población económicamente activa, se sitúa ligeramente por encima de la media estatal (52% frente a 48%).

	Tasa de actividad	Tasa de empleo	Tasa de paro
Andalucía	58,73	42,3	27,97
Aragón	58,16	49,57	14,77
Asturias (Principado de)	51,65	43,4	15,97
Balears (Illes)	66,01	52,56	20,37
Canarias	62,1	44,28	28,7
Cantabria	55,91	48,16	13,87
Castilla y León	55,14	46,44	15,78
Castilla - La Mancha	57,84	45,7	20,99
Cataluña	62,81	51,66	17,75
Comunitat Valenciana	60,47	46,38	23,3
Extremadura	54,61	42,03	23,04
Galicia	54,58	46,18	15,4
Madrid (Comunidad de)	65,1	54,63	16,08
Murcia (Región de)	62,26	47,72	23,35
Navarra (Comunidad Foral de)	60,11	52,99	11,85
País Vasco	57,59	51,52	10,55
Rioja (La)	59,52	51,02	14,27
Ceuta	55,06	41,78	24,12
Melilla	52,32	39,89	23,75
Total Estado	60,00	47,96	20,06

Tabla 51. Tasas de actividad, empleo y paro por comunidad autónoma (2010). (INE, Contabilidad Regional de España)

9.1.3 Nivel educativo de la población adulta

Por otro lado, interesan también aquellos indicadores relacionados con el capital humano (véase apartado 4.4.3 donde se comentan los resultados del *European Innovation Scoreboard* para Navarra). En la siguiente tabla se puede ver el nivel educativo de la población adulta de 25 a 64 años por comunidades autónomas. La Comunidad Foral de Navarra presenta, respecto a la media estatal, un mayor porcentaje de población con estudios superiores a los obligatorios (Ed. Primaria y primera etapa de la Ed. Secundaria), concretamente, un 60% frente a un 52%. Ello se debe, principalmente, a que en esta Comunidad la población con estudios terciarios y doctorado tiene un peso superior. Asimismo, cabe señalar que el porcentaje de la población con techo de estudios en los estudios primarios (12,3%) es sensiblemente inferior a la media estatal (20,4%).

	E.Primaria e inferior 1ª etapa	1ª etapa E.Secundaria	2ª etapa E.Secundaria	Ed.Superior y Doctorado
Andalucía	24,2	31,8	19,0	24,9
Aragón	19,5	22,3	26,7	31,6
Asturias (Principado de)	17,2	28,6	21,9	32,2
Balears (Illes)	16,9	34,7	26,5	21,9
Canarias	23,7	28,6	24,2	23,5
Cantabria	15,8	29,7	21,1	33,5
Castilla y León	21,2	26,6	21,0	31,2
Castilla - La Mancha	25,9	31,2	19,3	23,6
Cataluña	24,5	23,1	22,3	30,1
Comunitat Valenciana	19,8	30,5	23,2	26,5
Extremadura	20,9	40,3	16,2	22,5
Galicia	17,3	34,1	18,7	29,9
Madrid (Comunidad de)	14,5	20,8	26,7	38,0
Murcia (Región de)	23,1	32,2	20,7	24,0
Navarra (Comunidad Foral de)	12,3	27,7	24,0	36,0
País Vasco	11,5	23,6	21,3	43,6
Rioja (La)	17,2	25,6	22,2	34,9
Ceuta y Melilla	32,3	26,9	16,5	24,1
Total Estado	20,4	27,8	22,1	29,7

Tabla 52. Nivel de estudios de la población adulta (25-64 años) por comunidad autónoma (%, 2009). (Sistema estatal de indicadores de la educación, Ministerio de Educación)

Otro indicador relacionado con el capital humano disponible para la innovación es la tasa de graduados superiores en ciencia y tecnología. La Comunidad Foral de Navarra presenta mejores resultados que la media estatal. Concretamente en Navarra hay un 15,3% de graduados por 1.000 habitantes entre 20 y 29 años, mientras que la media estatal se sitúa en el 11,6% (Sistema estatal de indicadores de la educación Ministerio de Educación).

La Formación Profesional, y más específicamente la FP de Grado Superior, adquiere una importancia creciente como generadora de capital humano adaptado a las necesidades de las empresas, y en última instancia también como fuente de innovación. A este respecto es interesante prestar atención al peso de este tipo de enseñanza dentro del sector de educación superior.

	Total Enseñanza Superior	Formación profesional superior	Enseñanza universitaria
Andalucía	7,9	2,7	5,3
Aragón	13,6	4,5	9,1
Asturias (Principado de)	15,9	5,9	10,0
Balears (Illes)	2,6	1,1	1,5
Canarias	6,3	2,4	3,9
Cantabria	12,6	4,8	7,8
Castilla y León	15,9	4,7	11,2
Castilla - La Mancha	6,2	3,2	2,9
Cataluña	11,1	3,9	7,2
Comunitat Valenciana	10,2	3,2	7,1
Extremadura	8,2	3,2	5,0
Galicia	12,0	4,8	7,1
Madrid (Comunidad de)	12,6	3,0	9,6
Murcia (Región de)	7,5	2,4	5,1
Navarra (Comunidad Foral de)	15,3	5,7	9,6
País Vasco	24,0	10,2	13,8
Rioja (La)	9,5	4,3	5,2
Ceuta	3,3	2,3	0,9
Melilla	0,9	0,9	0,0
Total Estatal	11,6	3,7	8,0

Tabla 53. Número de graduados en Educación Superior en Ciencias, Matemáticas y Tecnología por 1.000 habitantes de la población de 20 a 29 años por CCAA (2007-2008). (Sistema estatal de indicadores de la educación, Ministerio de Educación)

9.2 Características del sector empresarial: Tamaño, ramas de actividad

El tejido empresarial navarro muestra una gran atomización, con un gran número de micro y pequeñas empresas. El 88% de los establecimientos tienen menos de 6 empleados y representan el 45% del empleo (Plan Moderna, 2010). En la siguiente tabla que muestra la distribución por tamaños de las empresas industriales en las tres regiones comparadas se puede observar, no obstante, que las empresas con más de 25 empleados tienen un peso superior en Navarra frente a la media estatal y a las otras regiones comparadas.

	Total estatal		Cataluña		Navarra		País Vasco	
	N	%	N	%	N	%	N	%
0 a 24	220.490	94,3	41.790	93,3	3.686	89,4	13.668	91,2
25 a 74	9.642	4,1	2.074	4,6	283	6,9	909	6,1
75-149	2.042	0,9	495	1,1	81	2,0	232	1,5
150 249	765	0,3	196	0,4	33	0,8	85	0,6
250 y +	864	0,4	236	0,5	38	0,9	87	0,6
TOTAL	233.803	100	44.791	100	4.121	100	14.981	100

Tabla 54. Empresas industriales según estratos de tamaño y región (2011). (DIRCE, INE)

Respecto al número de empresas activas, en la Comunidad Foral de Navarra, el 9,6% de éstas se encuadra en el sector industrial, peso por encima de la media estatal (6,8%). Por otro lado, el peso de las empresas de servicios es ligeramente inferior en esta región (74,4% frente al 78,3% en el total estatal).

Comunidad autónoma	Total	Industria	Construcción	Comercio	Resto de servicios
Andalucía	492.341	6,2	13,3	27,8	52,6
Aragón	90.858	8,1	16,3	22,8	52,8
Asturias	69.877	5,7	14,8	23,2	56,4
Balears (Illes)	87.461	5,4	18,4	20,2	56,1
Canarias	132.488	4,2	12,2	25,3	58,3
Cantabria	38.867	5,9	17,0	22,8	54,3
Castilla y León	166.509	7,7	16,9	24,9	50,6
Castilla-La Mancha	130.079	10,4	18,7	25,9	45,0
Cataluña	601.801	6,9	15,0	22,3	55,8
Comunitat Valenciana	348.955	7,6	14,6	25,6	52,1
Extremadura	65.103	7,9	14,8	29,7	47,6
Galicia	196.535	7,0	16,6	26,0	50,4
Madrid (Comunidad de)	501.669	5,0	13,5	19,6	61,8
Murcia (Región de)	90.856	7,9	16,4	27,1	48,5
Navarra (Comunidad Foral de)	41.541	9,6	16,0	23,2	51,2
País Vasco	165.496	8,5	16,9	22,8	51,8
Rioja (La)	22.801	11,3	15,8	24,5	48,4
Ceuta y Melilla	7.339	1,9	9,1	42,8	46,1
Total	3.250.576	6,8	15,0	24,1	54,2

Tabla 55. Empresas activas según sector económico, por comunidad autónoma (2011). (DIRCE, INE)

9.3 Tejido productivo: empleo y valor añadido bruto (VAB) según ramas de actividad; nivel tecnológico industrial

El VAB industrial supone el 28,4% del total, más de 10 puntos por encima de la media estatal. Si atendemos a los subsectores que lo componen podemos ver que los sectores industriales con mayor peso en la economía navarra son metalurgia y fabricación de productos metálicos (5,4% del VAB y 4,1% del empleo, respectivamente), fabricación de material de transporte (4,9% del VAB y 4,8% del empleo, respectivamente) maquinaria y equipo mecánico (3,5% del VAB y 3,2% del empleo, respectivamente) e industria de la alimentación (3,1% del VAB y 3,9% del empleo, respectivamente). Todas estas actividades representan valores muy por encima de la media estatal.

En el ámbito de los servicios destacan, a los efectos de este estudio, las actividades inmobiliarias y de servicios empresariales (12,9% del VAB y 7,2% del empleo, respectivamente), las actividades sanitarias, veterinarias y de servicios sociales (6,9% del VAB y 9,2% del empleo, respectivamente) y las actividades de Educación (4,6% del VAB y 5,6% del empleo, respectivamente). Es relevante el papel desempeñado en la comunidad foral por parte de las actividades sanitarias y sociales, situándose muy por encima de la media del Estado y también de las otras regiones que se comparan en este análisis.

	España		Cataluña		Navarra		País Vasco	
Agricultura, ganadería y pesca	26.494.000	2,7	2.571.465	1,4	469.932	2,8	662.255	1,1
Industria	169.670.000	17,0	39.731.942	21,4	4.797.824	28,4	17.702.724	28,5
Industrias extractivas y energía	28.360.000	2,8	4.156.629	2,2	436.640	2,6	2.174.234	3,5
Industria de la alimentación, bebidas y tabaco	20.245.000	2,0	4.096.899	2,2	522.578	3,1	969.429	1,6
Industria textil y de la confección; cuero y del calzado	6.377.000	0,6	2.255.475	1,2	60.709	0,4	90.429	0,1
Industria de la madera y el corcho	3.176.000	0,3	495.215	0,3	64.229	0,4	171.670	0,3
Industria del papel; edición y artes gráficas	12.332.000	1,2	3.585.817	1,9	329.227	1,9	792.142	1,3
Industria química	13.907.000	1,4	5.888.036	3,2	159.113	0,9	694.091	1,1
Industria del caucho y materias plásticas	6.359.000	0,6	1.831.916	1,0	162.812	1,0	1.155.715	1,9
Industria no metálica	11.420.000	1,1	1.746.422	0,9	266.723	1,6	513.566	0,8
Metalurgia y fabricación de productos metálicos	25.763.000	2,6	4.936.013	2,7	909.691	5,4	6.046.566	9,7
Maquinaria y equipo mecánico	10.997.000	1,1	2.897.441	1,6	595.193	3,5	2.211.268	3,6
Equipo eléctrico, electrónico y óptico	9.003.000	0,9	2.732.343	1,5	299.495	1,8	832.173	1,3
Fabricación de material de transporte	14.579.000	1,5	3.618.644	2,0	831.558	4,9	1.497.472	2,4
Industrias manufactureras diversas	7.152.000	0,7	1.491.092	0,8	159.856	0,9	553.969	0,9
Construcción	113.511.000	11,4	18.500.811	10,0	1.806.810	10,7	6.010.629	9,7
Servicios	686.336.000	68,9	124.732.057	67,2	9.841.707	58,2	37.813.857	60,8
Comercio y reparación	104.696.000	10,5	21.132.029	11,4	1.629.133	9,6	5.952.096	9,6

	España		Cataluña		Navarra		País Vasco	
Hostelería	72.122.000	7,2	13.420.128	7,2	910.198	5,4	3.845.492	6,2
Transporte y comunicaciones	66.921.000	6,7	13.015.891	7,0	847.507	5,0	3.727.227	6,0
Intermediación financiera	52.804.000	5,3	10.181.821	5,5	731.288	4,3	3.113.469	5,0
Inmobiliarias y servicios empresariales	174.816.000	17,6	33.782.392	18,2	2.186.991	12,9	8.827.853	14,2
Administración pública	62.491.000	6,3	7.622.342	4,1	967.213	5,7	3.512.823	5,6
Educación	48.156.000	4,8	7.524.584	4,1	785.451	4,6	2.903.984	4,7
Actividades sanitarias y veterinarias; servicios sociales	58.992.000	5,9	10.221.229	5,5	1.174.655	6,9	3.661.787	5,9
Otros servicios y actividades sociales; servicios personales	37.396.000	3,8	6.577.429	3,5	513.392	3,0	1.909.715	3,1
Hogares que emplean personal doméstico	7.942.000	0,8	1.254.212	0,7	95.879	0,6	359.411	0,6
Valor añadido bruto total	996.011.000	100	185.536.275	100	16.916.273	100	62.189.465	100

Tabla 56. Valor Añadido Bruto (miles de euros) según subsectores (2008). (Contabilidad Regional de España, INE)

	España		Cataluña		Navarra		País Vasco	
Agricultura, ganadería y pesca	914,1	4,3	84,0	2,2	16,3	4,6	22,0	1,9
Industria	3.191,7	14,8	753,7	19,7	88,0	24,8	278,0	24,1
Industrias extractivas y energía	143,9	0,7	19,6	0,5	1,4	0,4	7,2	0,6
Industria de la alimentación, bebidas y tabaco	474,5	2,2	96,2	2,5	14,0	3,9	15,7	1,4
Industria textil y de la confección; cuero y del calzado	229,9	1,1	71,2	1,9	2,1	0,6	2,5	0,2
Industria de la madera y el corcho	111,7	0,5	16,0	0,4	2,1	0,6	5,6	0,5
Industria del papel; edición y artes gráficas	247,7	1,2	68,6	1,8	5,7	1,6	16,2	1,4
Industria química	172,5	0,8	77,9	2,0	2,0	0,6	8,7	0,8
Industria del caucho y materias plásticas	129,3	0,6	38,1	1,0	3,6	1,0	18,4	1,6
Industria no metálica	221,3	1,0	28,7	0,7	4,4	1,2	8,7	0,8
Metalurgia y fabricación de productos metálicos	498,2	2,3	103,1	2,7	14,6	4,1	92,9	8,1
Maquinaria y equipo mecánico	228,1	1,1	60,3	1,6	11,5	3,2	41,0	3,6
Equipo eléctrico, electrónico y óptico	178,6	0,8	54,7	1,4	5,4	1,5	16,6	1,4
Fabricación de material de transporte	310,5	1,4	74,8	2,0	16,9	4,8	27,9	2,4
Industrias manufactureras diversas	245,5	1,1	44,5	1,2	4,3	1,2	16,6	1,4
Construcción	2.437,2	11,3	372,0	9,7	39,8	11,2	103,4	9,0
Servicios	14.952,0	69,6	2.625,4	68,5	210,4	59,4	750,2	65,0
Comercio y reparación	3.299,8	15,4	620,4	16,2	47,3	13,3	162,3	14,1
Hostelería	1.514,8	7,0	274,1	7,1	17,0	4,8	73,4	6,4

	España		Cataluña		Navarra		País Vasco	
Transporte y comunicaciones	1.221,2	5,7	227,2	5,9	15,6	4,4	60,7	5,3
Intermediación financiera	418,2	1,9	78,1	2,0	5,3	1,5	22,6	2,0
Inmobiliarias y servicios empresariales	2.145,3	10,0	426,3	11,1	25,7	7,2	108,6	9,4
Administración pública	1.420,9	6,6	140,6	3,7	16,1	4,5	60,4	5,2
Educación	1.114,8	5,2	183,3	4,8	19,7	5,6	60,0	5,2
Actividades sanitarias y veterinarias; servicios sociales	1.410,2	6,6	266,2	6,9	32,5	9,2	85,8	7,4
Otros servicios y actividades sociales; servicios personales	1.063,5	4,9	198,4	5,2	13,7	3,9	53,7	4,7
Hogares que emplean personal doméstico	1.343,3	6,2	210,8	5,5	17,5	4,9	62,7	5,4
Total de puestos	21.495,0	100,0	3.835,1	100,0	354,5	100,0	1.153,6	100,0

Tabla 57. Empleo (miles de puestos) según subsectores (2008). (Contabilidad Regional de España, INE)

Respecto a la presencia de sectores de alta y media-alta tecnología en Navarra, hay que señalar que el 36,7% del VAB industrial, diez puntos por encima de la media estatal. Por otro lado, un 35,7% de los ocupados en la industria se encuentra en sectores de media-alta y alta tecnología, lo que está también por encima de la media estatal (25,7%) (año 2009).

	Total estatal	Cataluña	Navarra	CAPV
Sectores manufactures de alta y media-alta tecnología				
Valor Añadido Bruto (VAB)	32.175.238	10.062.979	1.518.599	4.021.717
% VAB industrial	26,6	33,7	36,7	31,7
Ocupados (miles de personas)	712,1	236,8	27,6	77,6
% sobre ocupados en sector industrial	25,7	37,9	35,7	36,3
Sectores manufactureros de tecnología alta				
Valor Añadido Bruto (VAB)	6.777.754	2.822.908	268.654	499.026
% VAB industrial	5,6	9,5	6,5	3,9
Ocupados (miles de personas)	132,2	45,4	1,5	8,7
% sobre ocupados en sector industrial	4,8	7,3	1,9	4,1
Sectores manufactureros de tecnología media-alta				
Valor Añadido Bruto (VAB)	25.397.483	7.240.071	1.249.946	3.522.692
% VAB industrial	21,0	24,3	30,2	27,8
Ocupados (miles de personas)	579,9	191,4	26,1	68,9
% sobre ocupados en sector industrial	20,9	30,6	33,7	32,2

Tabla 58. Peso de los sectores manufactureros de alta y media-alta tecnología en términos de VAB industrial y empleo (2009) (Miles de euros). (Indicadores de Alta Tecnología, INE, elaboración propia)

La siguiente tabla muestra el peso de las diferentes ramas de actividad en los sectores de alta y media-alta tecnología. Así, dentro de los sectores industriales de media-alta tecnología de la fabricación de material y equipo eléctrico, de maquinaria y equipo y de vehículos de motor. En los sectores industriales de alta tecnología, el mayor peso corresponde al peso de la fabricación de productos informáticos, electrónicos y ópticos, y también con una importante presencia de la fabricación de productos farmacéuticos.

	España		Cataluña		Navarra		País Vasco	
Sectores manufactures de alta y media-alta tecnología	32.175.238	100,0	10.062.979	100,0	1.518.599	100,0	4.021.717	100,0
Sectores manufactureros de tecnología alta	6.777.754	21,1	2.822.908	28,1	268.654	17,7	499.026	12,4
Fabricación de productos farmacéuticos	3.902.982	12,1	2.244.181	22,3	69.178	4,6	64.934	1,6
Fabricación de productos informáticos, electrónicos y ópticos	1.852.612	5,8	576.978	5,7	199.476	13,1	280.090	7,0
Construcción aeronáutica y espacial y su maquinaria	1.022.160	3,2	1.749	0,0	0	0,0	154.001	3,8
Sectores manufactureros de tecnología media-alta	25.397.483	78,9	7.240.071	71,9	1.249.946	82,3	3.522.692	87,6
Industria química	5.964.107	18,5	2.589.992	25,7	79.777	5,3	282.794	7,0
Fabricación de armas y municiones	82.541	0,3	17.992	0,2	0	0,0	32.434	0,8
Fabricación de material y equipo eléctrico, Fabricación de maquinaria y equipo, Fabricación de vehículos de motor	17.292.702	53,7	4.212.000	41,9	1.146.641	75,5	2.808.785	69,8
Fabricación de otro material de transporte	1.441.339	4,5	262.446	2,6	16.726	1,1	358.881	8,9
Fabricación de instrumentos y suministros médicos y odontológicos	616.794	1,9	157.641	1,6	6.802	0,4	39.798	1,0

Tabla 59. VAB en los sectores de alta tecnología según rama de actividad y CCAA (2009). (Indicadores de Alta Tecnología, INE, elaboración propia)

Anexo 2. Agentes de I+D

La red de agentes de oferta de ciencia y tecnología de la Comunidad Foral de Navarra está formada por tres universidades, 14 centros tecnológicos, la gran mayoría de ellos de carácter sectorial y algunos agentes de interfaz. En muchos casos se trata de agentes creados recientemente con todavía un escaso recorrido histórico.

9.4 Universidades

9.4.1 Universidad pública de Navarra

En 1987 se creó la Universidad Pública de Navarra con el fin de que ampliara la oferta de titulaciones existentes y de que reuniera las enseñanzas universitarias impartidas en centros públicos. En la actualidad cuenta con 8.635 alumnos y 932 profesores (año 2010)

La Universidad Pública de Navarra cuenta con 104 grupos de investigación (año 2010). En la siguiente tabla se puede observar el crecimiento que han experimentado las actividades de transferencia a las empresas.

	2005	2006	2007	2008	2009
Proyectos de I+D	1.088.329	3.079.225	2.653.830	2.281.258	1.862.626
Servicios asesoramiento tecnológico	282.192	469.493	430.741	460.799	340.345
Acuerdos y convenios colaboración	2.097	86.115	182.544	44.902	508.956
Servicios de asistencia técnica	22.703	70.223	64.195	117.041	205.009
Servicios de formación	17.365	29.621	7.323	6.893	33.485
TOTAL	1.412.686	3.734.677	3.338.633	2.910.893	2.950.421

Tabla 60. Evolución de los contratos art.83 en la UPNA (2005-2009) (cantidades en euros).
(Bayona, C. y González, R. (2010). La transferencia de Conocimiento en la Universidad Pública de
Navarra

9.4.2 Universidad de Navarra

La Universidad de Navarra, fundada en el año 1952, cuenta con 9.245 alumnos y 691 profesores y 586 investigadores. En 1986 se constituyo el Instituto Científico y tecnológico (ICT) cuya función es impulsar la transferencia de los conocimientos y resultados de investigación generados en la Universidad. En el curso 2009-2010 el ICT firmó 140 contratos con empresas con un volumen de contratación cercano a los 3 millones de euros.

9.4.3 UNED

Los centros asociados de la UNED en Pamplona y Tudela cuentan con 4404 alumnos y 157 profesores.

9.5 Centros tecnológicos

9.5.1 AIN

AIN (Asociación de la Industria Navarra), es una centro de innovación y tecnología fundado en 1963, propiedad de las empresas asociadas (en la actualidad 142, que suponen el 80% de la actividad empresarial de Navarra), que presta servicios tecnológicos y de asistencia técnica a las empresas con el objetivo de que incrementen su competitividad.

En esta organización trabajan 150 personas de los cuales el 77% son titulados universitarios. El 83,1% de su facturación proviene de la facturación de servicios, el 15% del desarrollo de proyectos y un 1,9% de las cuotas de sus asociados. Respecto a su facturación por tipo de actividad casi un 40% de sus ingresos (38,8%) se corresponde con actividades de consultoría y asesoramiento técnico, un 25,1% a actividades de I+D, un 19% a actividades de ingeniería y un 17% a actividades de formación (datos recogidos de la página web de la AIN en el año 2011).

9.5.2 CEMITEC

CEMITEC, Centro Multidisciplinar de Innovación y Tecnología de Navarra, es un Centro Tecnológico especializado en cuatro disciplinas: electrónica, mecánica de fluidos e ingeniería térmica, materiales metálicos y materiales poliméricos, que tiene por misión contribuir a la mejora de la competitividad de las empresas a través del desarrollo de proyectos de I+D, servicios tecnológicos y otras actividades de fomento de la innovación. En junio de 2008 CEMITEC cuenta en plantilla con 53 personas.

CEMITEX busca ser el socio tecnológico de sus clientes. Así, utiliza el concepto de "clientes estratégicos" con los que se busca la realización de acuerdos formales que persiguen su fidelización.

Este centro busca mantener un equilibrio entre sus funciones de captación y transferencia de conocimiento. Para la primera de estas funciones acuden a los Programas Tecnológicos de las

Administraciones. Por otro lado, en esta labor de transferencia de tecnológica desarrollan Proyectos y Servicios de I+D+i para empresas.

CEMITEC persigue que la cifra de negocio de transferencia tecnológica a empresas suponga entre el 50% y el 70% de la cifra de negocio total y las actividades de captación de conocimientos, el resto (entre el 50% y el 30%). Esto se ha venido cumpliendo y el porcentaje de ingresos bajo contrato se mantiene por encima del 60%.

En la actualidad uno de los retos del centro es el desarrollo, protección y explotación de productos propios, a través de Empresas Innovadoras de Base Tecnológica (EIBTs), para lo que colaboran con el CEIN.

Para la adquisición de nuevos conocimientos y para el desarrollo de productos propios CEMITEC ha colaborado con otros centros tecnológicos (CNTA; CITEAN; IDEKO; CIDETEC).

Los principales competidores de CEMITEC son Centros Tecnológicos de regiones limítrofes, como los del País Vasco, que cuentan con una dilatada experiencia y, en general, son de mayor volumen que CEMITEC.

9.5.3 *CENER*

El Centro Nacional de Energías Renovables (CENER) es un centro tecnológico especializado en la investigación aplicada, el desarrollo y fomento de las energías renovables. Se trata de una Fundación que inició su actividad en 2002, cuyo Patronato está compuesto por el Ministerio de Industria, el Ministerio de Ciencia e Innovación, Ciemat, y el Gobierno de Navarra. En la actualidad cuenta con una plantilla de casi 200 profesionales. Este centro presta servicios y realiza trabajos de investigación en 6 áreas en el campo de las energías renovables: 1) Energía Eólica, 2) Energía Solar Térmica, 3) Energía Solar Fotovoltaica, 4) Energía de la Biomasa, 5) Arquitectura Bioclimática, 6) Integración en Red de Energías Renovables. Su función es apoyar la actividad de I+D+i de las empresas mediante la prestación de servicios tecnológicos, realización de proyectos de I+D bajo contrato y consultoría.

9.5.4 *CIMA*

El Centro Internacional de Medicina Avanzada (CIMA) fue inaugurado en el año 2004, promovido por la Universidad de Navarra, a través de la Fundación para la Investigación Médica Aplicada. El CIMA busca aproximar la investigación básica a la aplicación clínica y colabora con la industria farmacéutica y biotecnológica en el desarrollo de productos para diagnóstico y tratamiento. En el CIMA trabajan cerca de 400 profesionales de 25 países de Europa. Las áreas de especialización del centro son: 1) Terapia Génica y Hepatología, 2) Ciencias Cardiovasculares, 3) Neurociencias y 4) Oncología. El presupuesto del CIMA para el año 2009/10 superaba los 21 millones de euros con un ratio de financiación privada sobre gasto del 66%.

9.5.5 CITEAN

El centro tecnológico de automoción de Navarra (CITEAN) fue creado en 2001 en el marco del I Plan Tecnológico de Navarra, impulsado por el Gobierno de Navarra para potenciar, mediante la aportación de tecnología e investigación aplicada, la competitividad del tejido industrial de la región, fuertemente vinculado a la industria del automóvil. La iniciativa contó con un acuerdo de colaboración entre DANA Automoción, AP Amortiguadores (actualmente KYBSE), Universidad Pública de Navarra y Fundación CETENA.

El Centro de Innovación Tecnológica de Automoción de Navarra, el cual inició su actividad en 2003 y en el que trabajan 34 personas (datos recogidos de la página web de CITEAN en el año 2011) pretende ayudar a las empresas del sector a ser más competitivas, aumentando su capacidad de investigación, desarrollo e innovación tecnológica (I+D+i).

CITEAN focaliza su actividad en cuatro áreas: 1) simulación y análisis estructural, 2) fatiga y durabilidad, 3) ruido y vibraciones y 4) cinemática y dinámica. CITEAN aborda todas las fases del desarrollo de nuevos productos e incide en la optimización del diseño conceptual, la simulación virtual y la verificación y validación mediante ensayos.

En definitiva, CITEAN pretende ser un socio tecnológico, consultor y colaborador de referencia, de empresas del sector, esto es, fabricantes de vehículos a proveedores de componentes, así como empresas de otros sectores con necesidades análogas al de automoción: Ferroviario, Energías Renovables, etc.

9.5.6 CNTA

El Centro Nacional de Tecnología y Seguridad Alimentaria es una entidad privada sin ánimo de lucro, creado en 1981 por iniciativa del sector industrial conservero del Valle del Ebro. El CNTA presta servicios analíticos, de asistencia técnica (asesoramiento consultoría y formación) y de I+D+i a más de 500 empresas del sector agroalimentario. En la actualidad cuenta con 200 empresas asociadas, además de 300 empresas clientes. Su presupuesto de 5 millones de euros (2007). En la actualidad cuenta con una plantilla de 111 personas, de los cuales el 45% son licenciados y el 20% doctores.

Dentro de sus actividades de I+D el centro desarrolla proyectos de investigación de carácter aplicado, tanto de interés general para el sector (promovidos por el Centro y/o en colaboración con Universidades, Centros Públicos de Investigación o empresas) como proyectos concertados con empresas. Dentro de la labor de soporte técnico, el centro realiza labores de asesoramiento, consultoría y formación (nuevos procesos y tecnologías, instalaciones industriales, legislación y normativa, tramitación de expedientes sancionadores, seguridad e higiene, implantación de sistemas APPCC, trazabilidad).

9.5.7 EVENA

La Estación de Enología y Viticultura de Navarra (Evena) es un organismo autónomo adscrito al Departamento de Desarrollo Rural y Medio Ambiente creado para impulsar el sector vitivinícola navarro. Este organismo tiene como misiones principales, la investigación, experimentación y divulgación de las técnicas más adecuadas para el cultivo de la vid y la elaboración del vino, y la gestión del catastro oficial vitícola del Gobierno de Navarra, y actúa como centro de consulta y asesoramiento de viticultores, bodegas y enólogos.

9.5.8 FIDENA

Se trata de un centro de reciente creación en el área de nanotecnología. Sus órganos de gobierno son SODENA (Sociedad para el Desarrollo de Navarra), la Universidad Pública de Navarra y Principia Technology Group, spin -off americana del MIT, fundada en 2005.

9.5.9 IDAB

El Instituto de Agrobiotecnología y recursos naturales es un centro de investigación creado en julio de 1999, en los ámbitos de la agroproductividad y la agrosanidad y en el que trabajan unas 60 personas. El IDAB es un centro mixto de la Universidad Pública de Navarra, el Consejo Superior de Investigaciones Científicas y el Gobierno de Navarra. Las principales líneas de investigación están relacionadas con aspectos tales como la bioquímica y biología molecular de procesos infecciosos y la respuesta inmune, la utilización de organismos como biofactorías, y el metabolismo y la genética de plantas.

9.5.10 IDIMA

El Centro Tecnológico Medioambiental IDIMA es una Fundación con sede en Estella constituida por treinta empresas y el Gobierno de Navarra cuya finalidad es la de impulsar la I+D+i medioambiental para mejorar la competitividad de las empresas en este ámbito de gestión. Trabaja, fundamentalmente, en dos áreas: 1) Reutilización, reciclado y valorización energética de los residuos industriales, y, 2) Minimización del residuo producido en los procesos industriales.

9.5.11 ILL

El Instituto Lactológico de Lekunberri nació de un acuerdo de los gobiernos navarro y vasco y fue el primer Centro creado en España (1984) especializado en leche y productos lácteos. En la actualidad el ILL está compuesto por un equipo humano de más de 20 personas prestando sus servicios a casi 2.000 empresas del sector. El Instituto Lactológico de Lekunberri, está gestionado por la Asociación Lechera de Vacuno y Ovino del País Vasco y Navarra (ALVO), asociación sin ánimo de lucro, compuesta por las organizaciones y empresas del sector de Navarra, País Vasco y La Rioja. El ILL presta servicios analíticos, de asistencia técnica y de I+D+i, a explotaciones ganaderas e industrias lácteas. Dentro de las actividades de I+D, el instituto está realizando proyectos de interés general para el sector, así como otros más específicos concertados con empresas privadas. Se trata de líneas de investigación que mejoren las técnicas, faciliten procesos de fabricación y ayuden a los elaboradores a mejorar la calidad de sus productos.

9.5.12 ITGA

El Instituto Técnico y de Gestión Agrícola (ITGA) se dedica a la experimentación e investigación en todas aquellas materias relacionadas con la producción de cultivos extensivos, hortofrutícolas y de invernadero. Así mismo, realiza una importante labor de formación en el sector así como de la divulgación de sus resultados La plantilla del ITG Agrícola consta de un total de 70 empleados (2006).

9.5.13 ITGG

El Instituto Técnico y de Gestión Ganadero (ITGG) es una organización sin ánimo de lucro que busca la mejora de las explotaciones y del sector ganadero de Navarra mediante la formación, realización de estudios la prestación de servicios y la divulgación de técnicas y sistemas de producción. Está formado por 39 personas.

9.5.14 L'UREDERRA

La fundación L'Urederra es una entidad sin ánimo de lucro que está reconocida como Centro Tecnológico por el Ministerio de Educación y Ciencia y que realiza actividades de investigación y desarrollo tecnológico aplicado en los campos de nuevos materiales y medio ambiente avanzado.

9.6 Agentes de interfaz entre actores del sistema de innovación

En este apartado haremos referencia a algunos agentes cuya finalidad principal es la de promover la cooperación entre los actores del sistema a través de diferentes medios.

9.6.1 RED RETECNA

En 2006 nació la red de centros tecnológicos RETECNA para fomentar la cooperación entre centros tecnológicos. En la actualidad están integrados en la red los siguientes centros tecnológicos: AIN, CEMITEC, CENER, CIMA, CITEAN, CNTA, IdAB, ILL y L'UREDERRA.

	2006	2007	2008	2009	2010
Nº de proyectos de I+D iniciados en el año	144	222	292	228	240
Ingresos I+D (miles de euros)	47.648,3	53.754,6	59.472,08	57.351,5	66.517,3
Plantilla I+D (sin admón. y becarios)	537	665	775	743	728
Doctores en plantilla	205	212	250	242	228
Empresas receptoras de servicios	827	3348	3088	2810	3045

Tabla 61. Indicadores de la red RETECNA (2006-2010). (Red Tecnológica de Navarra, RETECNA)

9.6.2 CLÚSTERES

El Gobierno de Navarra está tratando de articular la demanda empresarial en torno a clústeres. En la actualidad existen 4 clústeres: agroalimentación, automoción, logística y TICs.

Clúster Agroalimentario: El Gobierno de Navarra, a través del Departamento de Innovación, Empresa y Empleo, ha impulsado la realización de un mapa-inventario con las principales demandas y ofertas tecnológicas de empresas, Universidades y Centros Tecnológicos de Navarra.

Clúster de Automoción: La sociedad pública Centro Europeo de Empresas e Innovación de Navarra (CEIN, S.A.) es la entidad encargada de dinamizar este clúster a través de la puesta en marcha de los proyectos estratégicos que se recogen en el Plan Estratégico del Sector de la Automoción en Navarra (2007).

El **Clúster de la Logística** y el Transporte de Mercancías en Navarra es una iniciativa impulsada por el Gobierno de Navarra, a través del Departamento de Obras Públicas, Transportes y Comunicaciones, en la que participan las asociaciones, empresas, profesionales y entidades relacionadas con el sector. Dentro del clúster se han creado distintos foros de trabajo.

Clúster de TICs: Este clúster que busca la mejora de la competitividad del sector TIC mediante la cooperación y la innovación es gestionado por el CEIN. Se han creado distintos foros de trabajo para la realización de proyectos estratégicos dentro del clúster.

La estructura de funcionamiento general de los clústeres es la siguiente:

Existe una asamblea del clúster en la que participan todos los miembros del clúster y a partir de la cual se forman grupos de trabajo para abordar iniciativas y/o proyectos estratégicos. Por otro lado, se crea una "mesa de desarrollo", que es el grupo encargado de definir los objetivos a cumplir por el clúster, de velar por su buena marcha y de dar coherencia a los proyectos e iniciativas abordados en los grupos de trabajo. Así mismo, existe un equipo técnico/gerente, que es el responsable de llevar adelante el clúster y sus proyectos. Realiza la labor operativa de puesta en marcha de grupos de trabajo, así como los servicios comunes (comunicación y marketing, formación, vigilancia, etc.) del clúster. Se encarga de gestionar la operativa de convocatoria a la Mesa de desarrollo.

Por otro lado los Grupos de Trabajo y Proyectos Temáticos se propondrán en la Mesa de Desarrollo, y el equipo técnico es el encargado de convocarlos y coordinarlos. Su duración es temporal.

9.6.3 ANAIN

En 1999 se crea la Agencia Navarra de Innovación (ANAIN) como una sociedad anónima perteneciente al Gobierno de Navarra con el objeto de promover el incremento cuantitativo y cualitativo de la innovación de la Comunidad Foral. Entre sus funciones se encuentran las siguientes:

- Coordinar la definición de MODERNA, un Nuevo Modelo de Desarrollo Económico para Navarra, su puesta en marcha, seguimiento y actualización constante

- Fomentar la colaboración entre los agentes del Sistema Ciencia- Tecnología-Empresa en Navarra y su participación en el espacio internacional de I+D+i

- Promover a Navarra como referente a nivel internacional en I+D+i

- Promover la transferencia de tecnología y la Vigilancia Estratégica

- Gestionar la creación de Mesas Sectoriales y Temáticas y Clústeres

- Impulsar la formación en materia de innovación y tecnología

- Sensibilización y difusión de la cultura de la innovación y la incorporación de nuevas tecnologías entre los agentes Ciencia-Tecnología-Empresa

- Comunicación y difusión de los beneficios de la innovación a la sociedad navarra

Anexo 3. Entrevistas realizadas

9.7 Entrevistas realizadas a empresas

Entre noviembre de 2010 y marzo de 2011 se realizaron 20 entrevistas en pymes industriales navarras de más de 50 empleados pertenecientes a sectores de media-alta tecnología, excluyendo el sector químico.

Para la selección de las empresas a entrevistar se ha utilizado la base de datos SABI de Bureau van Dick, realizando un filtrado de esta base de datos con los siguientes criterios:

- ○ Ubicación de la empresa: Navarra

- ○ Último número de empleados: entre 50 y 249 empleados.

- ○ Actividad: Empresas de media-alta tecnología excluido el sector químico (Códigos CNAE2009: 25.4, 27, 28, 29, 30.1, 30.3, 32.5), esto es:
    - Fabricación de armas y municiones
    - Fabricación de material y equipo eléctrico
    - Fabricación de maquinaria y equipo
    - Fabricación de vehículos de motor, remolques y semirremolques
    - Fabricación de otro material de transporte excepto: construcción naval; Construcción aeronáutica y espacial y su maquinaria
    - Fabricación de instrumentos y suministros médicos y odontológicos)

- ○ Estado: Activa

Se partió de una población de 57 empresas, y se comenzó a contactar con las mismas atendiendo, en principio, a la importancia aparente de su actividad innovadora, hasta completar 19 entrevistas. También se entrevistó a una asociación empresarial comarcal.

La ubicación de las empresas entrevistadas por comarcas es la siguiente:

COMARCAS	N
Zona Pamplona	10
Zona Ribera Alta	4
Zona Tudela	3
Zona Noroeste	1
Zona Navarra Media Oriental	1
Zona Tierra Estella	1 (Asociación)

Tabla 62. Ubicación de las empresas entrevistadas por comarcas. (Elaboración propia)

La distribución de las empresas entrevistadas por tamaño es la siguiente:

TAMAÑO	N
50-149 empleados	11
150-249 empleados	8

Tabla 63. Distribución de las empresas entrevistadas por tamaño. (Elaboración propia)

La relación de entrevistas realizadas en empresas es la siguiente:

	Número empleados	Sector
E1	190	Fabricante máquinas expendedoras
E2	89	Fabricante maquinaria para industria alimentación
E3	54	Fabricante maquinaria para industria alimentación
E4	Asociación de empresas comarcal	
E5	53	Fabricante de aparatos domésticos
E6	60	Fabricante muebles de refrigeración comercial
E7	55	Fabricante maquinaria especial, líneas montaje y líneas transfer
E8	130	Fabricante maquinaria
E9	60	Fabricante cerradoras de envases metálicos
E10	126	Auxiliar automoción
E11	108	Auxiliar automoción
E12	69	Fabricante material ferroviario
E13	175	Fabricante maquinaria
E14	64	Auxiliar automoción
E15	150	Fabricante maquinaria
E16	50	Auxiliar automoción
E17	54	Fabricante moldes
E18	180	Auxiliar automoción
E19	77	Auxiliar automoción
E20	150	Auxiliar automoción

Tabla 64. Relación empresas, número de empleados y sector. (Elaboración propia)

9.8 Entrevistas realizadas a agentes tecnológicos y organismos de intermediación

Se han realizado, en el último cuatrimestre de 2009 y primero de 2010, 14 entrevistas con dos grandes grupos de agentes:

- o Agentes de I+D: dentro de esta categoría se incluyen universidades, centros tecnológicos y consultorías

- o Organismos de intermediación: agentes del gobierno y/u organizaciones de interfaz dirigidas a fomentar la innovación y la cooperación entre diferentes agentes del sistema

A1	Agente de I+D
A2	Agente de I+D
A3	Agente de I+D
A4	Agente de I+D
A5	Agente de I+D
A6	Agente de I+D
A7	Agente de I+D
A8	Organismo de intermediación
A9	Organismo de intermediación
A10	Organismo de intermediación
A11	Agente de I+D
A12	Agente de I+D
A13	Organismo de intermediación
A14	Organismo de intermediación

Tabla 65. Agentes de I+D y organismos de intermediación entrevistados. (Elaboración propia)

Anexo 4. Guión de las entrevistas realizadas

9.9 Guión de las entrevistas realizadas a empresas

- o Caracterización de la organización

    - Antecedentes y desarrollo de la compañía
    - Actividades/líneas de negocio actuales de la organización
    - Plantilla/ volumen de facturación
    - Mercados
    - Pertenencia a grupo empresarial
    - Etc

- o Actividades que desarrolla la organización entrevistada en el ámbito de la innovación

    - ¿Es una empresa innovadora?
    - ¿En qué ámbitos innova?
    - Motivos de la innovación
    - Fuentes de la innovación
    - En caso de ser no innovadora, motivos de la no innovación

- o Estrategia, estructura y recursos para la innovación

    - ¿Cuentan con un plan estratégico?
    - Papel de la innovación en él
    - Estructura organizativa para la innovación
    - Papel de los actores en el proceso de innovación (Gerencia, Oficina Técnica y/o Dep de I+D, trabajadores)
    - Formación. Formación para la innovación

- o Cooperación en la innovación con empresas

    - Valoración de las relaciones de cooperación para la innovación que mantiene con otras empresas (clientes, proveedores, competidores, etc.): rasgos positivos y dificultades

- o Cooperación y relaciones con agentes de innovación

- Valoración de las relaciones de cooperación para la innovación que mantiene con otros agentes de innovación (universidad, centros tecnológicos, centros públicos de investigación, consultorías/asesorías, centros de FP, etc.): rasgos positivos y dificultades)

o Valoración de las políticas de innovación y los resultados

- Valoración de los diferentes instrumentos de la política científica/tecnológica/industrial del Gobierno regional
- Valoración del sistema de I+D+i a nivel regional: fortalezas y debilidades
- Valoración de las ayudas y políticas estatales (CDTI) y en su caso europeas

9.10 Guión de las entrevistas realizadas a agentes tecnológicos y organismos de intermediación

o Actividades que desarrolla la organización entrevistada en el ámbito de la innovación

- Misión y actividades que realiza la organización
- Evolución de las actividades de la organización
- Fuentes de financiación
- ¿Cómo define su estrategia?

o Cooperación y relaciones con otros agentes de innovación

- Valoración de las relaciones que mantiene con otros agentes de innovación (universidad, centros tecnológicos, etc.): rasgos positivos y dificultades

o Si colabora con pymes

- Valoración de la actividad innovadora que realizan las pymes
- Dificultades de los procesos de innovación en dichas empresas
- Valoración de las relaciones que mantienen con pymes: rasgos positivos y dificultades

o Valoración de las políticas de innovación y los resultados

- Valoración de los diferentes instrumentos de la política tecnológica del Gobierno de Navarra
- Valoración del sistema de I+D+i en Navarra: fortalezas y debilidades

o Valoración sobre las líneas de actuación a desarrollar en el ámbito de la innovación de cara al futuro

- Instrumentos que se podrían poner en marcha para fomentar la innovación en pymes
- Instrumentos que potenciarían la cooperación entre agentes

Sobre los autores del libro

Mikel Olazaran

Mikel Olazaran Rodríguez (Pamplona, 1963) es doctor en Sociología por la Universidad de Edimburgo y profesor titular en el departamento de Sociología de la UPV-EHU. Ha realizado proyectos y publicaciones en las áreas de ciencia y tecnología, organizaciones, innovación y educación. Desde 2005 hasta febrero de 2012 ha sido decano del Colegio Oficial de Doctores/as y Licenciados/as en Ciencias Políticas y Sociología de Navarra.

Beatriz Otero

Beatriz Otero Gutiérrez es doctora en Sociología por la UPV-EHU y especialista en investigación aplicada y análisis de datos (Centro de Investigaciones Sociológicas). En la actualidad es profesora del departamento de Sociología de la UPV-EHU. Ha participado en diferentes proyectos y publicaciones en el ámbito de los sistemas de I+D, la innovación y la organización.

Peio Ayerdi

Peio Ayerdi Echeverri es profesor titular en la Universidad Pública de Navarra/Nafarroako Unibertsitate Publikoa. Sus intereses de investigación principales son "Estratificación social" y "Sociología de la juventud".

Ricardo Feliú

Ricardo Feliú Martínez es doctor en Sociología por la Universidad Pública de Navarra y experto en análisis multivariante por la UNED. En la actualidad es profesor asociado del departamento de Sociología de la Universidad Pública de Navarra, profesor tutor de la UNED y docente en ESIC Business & Marketing. Ha colaborado con empresas, entidades públicas y medios de comunicación como asesor en sociología urbana, sociología política, investigación social y estudio de mercados.

Iñaki Lavilla

Iñaki Lavilla Quílez (1955), empleado público del Gobierno de Navarra desde hace más de treinta años y profesor asociado de la Universidad Pública de Navarra desde hace más de diez años. Periodista por la UPV-EHU y sociólogo por la UNED.

Eneka Albizu

Eneka Albizu Gallastegi es profesor titular en la UPV-EHU. Sus intereses de investigación principales son "Innovación en pymes industriales" y "Recursos humanos e innovación". Ha participado en la redacción de varios libros y un importante número de artículos publicados en medios especializados.

Cristina Lavía

Cristina Lavía Martínez es doctora en Sociología por la Universidad de Deusto y Profesora Titular del departamento de Sociología en la UPV-EHU, especializada en metodología y análisis cuantitativo aplicados a ciencias sociales. Trabaja colaborando en proyectos de investigación sobre innovación y sistemas I+D así como también, más recientemente, en el desarrollo y análisis de indicadores sociales de diversa aplicación.